高等职业教育学前教育专业精品教材

幼儿游戏设计与指导

主　编　白燕梅　刘丽丹　焦　娇

副主编　王　娟　阿荣其其格　左海燕　徐　琳

北京理工大学出版社
BEIJING INSTITUTE OF TECHNOLOGY PRESS

版权专有　侵权必究

图书在版编目（CIP）数据

幼儿游戏设计与指导 / 白燕梅，刘丽丹，焦娇主编. -- 北京：北京理工大学出版社，2019.3（2024.1 重印）
ISBN 978 - 7 - 5682 - 6863 - 9

Ⅰ.①幼… Ⅱ.①白… ②刘… ③焦… Ⅲ.①学前教育 - 游戏课 - 职业教育 - 教材 Ⅳ.① G613.7

中国版本图书馆 CIP 数据核字（2019）第 051549 号

责任编辑：李慧智　　**文案编辑**：李慧智
责任校对：周瑞红　　**责任印制**：李　洋

出版发行 / 北京理工大学出版社有限责任公司
社　　址 / 北京市丰台区四合庄路 6 号
邮　　编 / 100070
电　　话 / （010）68914026（教材售后服务热线）
　　　　　　（010）68944437（课件资源服务热线）
网　　址 / http://www.bitpress.com.cn

版 印 次 / 2024 年 1 月第 1 版第 4 次印刷
印　　刷 / 定州市新华印刷有限公司
开　　本 / 787 mm×1092 mm　1/16
印　　张 / 14.5
字　　数 / 340 千字
定　　价 / 39.50 元

图书出现印装质量问题，请拨打售后服务热线，负责调换

总　序

中国的学前教育事业发展迎来了春天。学前教育成为社会热点，得到党和国家的高度重视。《国家中长期教育改革和发展规划纲要（2010—2020年）》和国务院《关于当前发展学前教育的若干意见》高度重视学前教育的发展，提出严格执行幼儿教师资格标准，切实加强幼儿教师培养培训，提高幼儿教师队伍整体素质。

教师教育课程在幼儿园教师培养中发挥着重要的作用，高质量的教材是教师教育课程质量的保障。为了适应学前教育改革和发展的需要，积极推进我国本、专科院校学前教育专业课程改革和教材建设，全面提升幼儿园教师教育课程的专业品质，培养能够适应幼儿园教育改革和发展需要的高素质的学前教育专门人才，北京理工大学出版社和兴安职业技术学院携手，开发了"实践取向型"的学前教育专业教材，力图构建具有先进的教师教育理念，体现教师教育未来发展方向，提升学前教育专门人才培养质量。

一、设计思路

"实践取向型学前教育专业规划教材"以2011年颁布的《教师教育课程标准（试行）》和2012年颁布的《幼儿园教师专业标准（试行）》为依据，以"理念先进、实践取向、开放兼容"为目标设计幼儿园教师教育课程教材。

（一）理念先进

高质量的幼儿园教师教育课程是培养造就高素质、专业化的幼儿园教师的前提，应当反映社会主义核心价值观，吸收关于儿童发展和学前教育的最新研究成果，引导未来教师树立正确的儿童观和教育观，形成学前教育的理想和信念，掌握从事学前教育工作必备的专业知识与能力。从这种对于幼儿园教师教育课程的质量标准的认识出发，"实践取向型学前教育专业规划教材"坚持先进的教育理念，将学科前沿知识、儿童发展和教育研究的最新成果、幼儿园优秀教学案例等充实到教学内容中，促进学前教育专业学生形成专业理想与信念，掌握专业知识，提升教育实践能力。

（二）实践取向

高质量的幼儿园教师教育课程应当丰富未来教师关于幼儿园教育实践的经验与体验，缩短他们从课堂走向实践的距离。"实践取向型学前教育专业规划教材"努力改变以往幼儿园教师教育课程和教材中只重理论灌输、轻实践能力培养的倾向，强化教育实践意识，创新教育教学模式，注重引导学前教育专业的学生关注学前教育的现实问题，了解学前教育改革与发展对幼儿园教师的新要求，运用大量教育实践案例丰富其实践经验与体验，注重培养其发现和解决实际问题的能力。

（三）开放兼容

学前教育的改革和快速发展对学前教育专业人才的需求数量急速上升。为了改变当前幼儿园教师队伍数量奇缺、专业化发展水平较低的状况，必须通过各种途径和渠道（包括职前和职后、传统课堂和网上课堂等）培养和培训幼儿园教师。"实践取向型学前教育专业规划教材"应对学前教育发展的新挑战，以"开放兼容"为指导思想，打通本、专科课程设置，打造立足高等院校本、专科层次的幼儿园教师培养课程，兼顾幼儿园教师学历提升和在职培训；既可独立使用，也可作为与网络课程配套使用的新型幼儿园教师教育精品教材。

二、课程架构

2012年颁布的《幼儿园教师专业标准（试行）》从专业理念与师德、专业知识和专业能力三个方面提出了幼儿园教师专业标准的基本内容，《教师教育课程标准（试行）》则从儿童发展与学习，幼儿教育基础，幼儿活动与指导，幼儿园与家庭、社会，职业道德与专业发展，教育实践这六大学习领域提出课程设置的建议模块，这两个标准为幼儿园教师教育课程体系的建设提供了依据。幼儿园教师教育课程应当帮助学生树立正确的儿童观和教育观，理解学前教育的特点和价值，形成学前教育的理想和信念，养成良好的职业道德，掌握和具备从事学前教育工作必备的专业知识与能力，学会按幼儿学习和发展的特点进行科学的保育和教育，创设适宜的教育环境，以游戏为基本活动，寓教于乐，让幼儿在愉快有益的幼儿园生活中健康成长。

"实践取向型学前教育专业规划教材"依据上述两个标准，建构幼儿园教师教育课程体系（参见下表），其指导思想是：① 遵循专业理念与师德、专业知识和专业能力三大课程建设目标；② 课程内容覆盖儿童发展与学习，幼儿教育基础，幼儿活动与指导，幼儿园与家庭、社会，职业道德与专业发展，教育实践六大学习领域；③ 打通本、专科课程设置，兼顾幼儿园教师职前培养、在职学历提升和职后培训的不同需要，建设职前、职后一体化设计的课程资源；④ 注重培养、激发学生的专业兴趣，鼓励学生的自主学习，在核心课程以外为学生提供选修课程，建构可选择、可优化完善的开放性课程体系。

目 录

项目一　幼儿游戏基础知识学习 ……………………………………………… 1
 模块一　幼儿游戏的本质 …………………………………………………… 3
  一、幼儿游戏的含义 ………………………………………………………… 3
  二、幼儿游戏的特征 ………………………………………………………… 5
  三、幼儿游戏的种类 ………………………………………………………… 8
  四、幼儿游戏的发展阶段 …………………………………………………… 14
  五、幼儿游戏的影响因素 …………………………………………………… 16
 模块二　幼儿游戏与学前教育 ……………………………………………… 23
  一、幼儿游戏与学前教育的关系 …………………………………………… 23
  二、游戏教育及其模式探索 ………………………………………………… 25
  三、游戏中玩具的运用 ……………………………………………………… 30
 模块三　幼儿游戏的观察与评价 …………………………………………… 33
  一、认识观察 ………………………………………………………………… 33
  二、游戏观察的步骤 ………………………………………………………… 35
  三、游戏观察中的常见问题及改进策略 …………………………………… 43
  四、幼儿游戏的评价 ………………………………………………………… 49
 模块四　成人对幼儿游戏的介入 …………………………………………… 71
  一、成人介入游戏的影响 …………………………………………………… 71
  二、成人介入游戏的角色定位 ……………………………………………… 73
  三、介入时机 ………………………………………………………………… 78
  四、介入方式 ………………………………………………………………… 81
  五、介入策略 ………………………………………………………………… 84

项目二　感知运动游戏的设计与指导 ………………………………………… 87
  一、感知运动游戏及其特点 ………………………………………………… 87

  二、感知运动游戏结构 ………………………………………………………… 88
  三、感知运动游戏的类别 ……………………………………………………… 88
  四、感知运动游戏指导 ………………………………………………………… 88

项目三　幼儿创造性游戏活动设计与指导 …………………………………… 90

 模块一　幼儿角色游戏活动设计与指导 ……………………………………… 90
  一、什么是角色游戏？ ………………………………………………………… 90
  二、角色游戏的产生和发展 …………………………………………………… 91
  三、角色游戏的特点 …………………………………………………………… 92
  四、角色游戏的教育作用 ……………………………………………………… 92
  五、教师在角色游戏中的能力素质 …………………………………………… 93
  六、角色游戏的设计与指导 …………………………………………………… 95
 模块二　幼儿表演游戏设计与指导 …………………………………………… 97
  一、什么是表演游戏 …………………………………………………………… 97
  二、表演游戏的特点 …………………………………………………………… 98
  三、表演的类型 ………………………………………………………………… 98
  四、表演游戏的教育作用 ……………………………………………………… 100
  五、表演游戏的组织与指导 …………………………………………………… 101
 模块三　幼儿结构游戏设计与指导 …………………………………………… 102
  一、什么是结构游戏 …………………………………………………………… 102
  二、结构游戏的特征 …………………………………………………………… 102
  三、结构游戏的种类 …………………………………………………………… 102
  四、结构游戏的培育作用 ……………………………………………………… 103
  五、结构游戏设计 ……………………………………………………………… 104
  六、结构游戏的组织与指导 …………………………………………………… 105

项目四　幼儿规则性游戏活动设计与指导 …………………………………… 109

  一、规则游戏及特点 …………………………………………………………… 110
  二、规则游戏的结构要素 ……………………………………………………… 110
  三、规则游戏的指导要点 ……………………………………………………… 111
 模块一　幼儿体育游戏设计与指导 …………………………………………… 112
  一、什么是体育游戏 …………………………………………………………… 112
  二、体育游戏的特点 …………………………………………………………… 112
  三、体育游戏的分类 …………………………………………………………… 113
  四、体育游戏的作用 …………………………………………………………… 113
  五、学前儿童体育游戏的设计与指导 ………………………………………… 114
 模块二　幼儿智力游戏设计与指导 …………………………………………… 128
  一、什么是智力游戏 …………………………………………………………… 128
  二、智力游戏结构与特点 ……………………………………………………… 129

三、智力游戏的教育作用 ……………………………………………… 130
　　四、智力游戏的种类 …………………………………………………… 130
　　五、幼儿智力游戏的设计与指导 ……………………………………… 133
  模块三　幼儿园民间体育游戏设计与指导 ………………………………… 142
　　一、民间体育游戏的相关概念 ………………………………………… 142
　　二、幼儿园开展民间体育游戏的意义 ………………………………… 143
　　三、幼儿园民间体育游戏的基本特征 ………………………………… 145
　　四、幼儿园民间体育游戏的目标与内容 ……………………………… 146
  模块四　幼儿音乐游戏活动设计与指导 …………………………………… 154
　　一、音乐游戏的分类 …………………………………………………… 155
　　二、音乐游戏活动设计 ………………………………………………… 157
　　三、音乐游戏的基本特点与指导 ……………………………………… 161
　　四、音乐游戏活动的组织与实施 ……………………………………… 162

项目五　幼儿亲子游戏设计与指导 ……………………………………… 164
　　一、幼儿园展开亲子游戏的意义 ……………………………………… 164
　　二、幼儿园亲子游戏的分类 …………………………………………… 165

项目六　幼儿园五大领域游戏活动设计 ………………………………… 175
  模块一　健康领域游戏活动设计 …………………………………………… 175
　　一、健康领域要求 ……………………………………………………… 176
　　二、健康领域游戏的作用 ……………………………………………… 176
　　三、健康领域游戏活动设计 …………………………………………… 179
　　四、健康领域游戏活动组织 …………………………………………… 183
  模块二　语言领域游戏活动设计 …………………………………………… 185
　　一、语言领域要求 ……………………………………………………… 186
　　二、语言领域游戏的作用 ……………………………………………… 186
　　三、语言领域游戏活动设计 …………………………………………… 187
　　四、语言领域游戏活动组织 …………………………………………… 190
  模块三　社会领域游戏活动设计 …………………………………………… 192
　　一、社会领域要求 ……………………………………………………… 193
　　二、社会领域游戏的分类 ……………………………………………… 193
　　三、社会领域游戏活动设计 …………………………………………… 195
　　四、社会领域游戏活动组织 …………………………………………… 199
  模块四　科学领域游戏活动设计 …………………………………………… 200
　　一、科学领域要求 ……………………………………………………… 201
　　二、科学领域游戏的分类 ……………………………………………… 201
　　三、科学领域游戏活动设计 …………………………………………… 203
　　四、科学领域游戏活动组织 …………………………………………… 206

模块五　艺术领域游戏活动设计 …………………………………………… 208
　　　一、艺术领域要求 ……………………………………………………… 208
　　　二、艺术领域游戏活动分类 …………………………………………… 209
　　　三、艺术领域游戏活动设计 …………………………………………… 209
　　　四、艺术领域游戏活动组织 …………………………………………… 213

项目七　其他游戏活动设计与指导 ……………………………………………… 216

　　模块一　集体娱乐游戏 …………………………………………………… 216
　　　一、集体娱乐游戏的组织 ……………………………………………… 216
　　　二、集体娱乐游戏的主持技巧 ………………………………………… 218
　　模块二　婴幼儿游戏 ……………………………………………………… 219
　　　一、0～3岁是婴幼儿生长发育的黄金时期 …………………………… 219
　　　二、游戏对0～3岁婴幼儿发展有重要意义 …………………………… 219
　　　三、婴儿的发展与游戏引导 …………………………………………… 219
　　　四、婴幼儿游戏的类型 ………………………………………………… 221
　　　五、婴幼儿游戏的指导要点 …………………………………………… 222

参考文献 …………………………………………………………………………… 223

项目一

幼儿游戏基础知识学习

引　言

同学们，你小时候做过这些游戏吗（见图 1-1～图 1-8）？做游戏时你快乐吗？身体和心理有什么感受？

图 1-1　滚铁环

图 1-2　跳房子

图1-3 摸瞎

图1-4 跳皮筋

图1-5 扛拐

图1-6 弹珠

图1-7 抽陀螺

图1-8 放风筝

看着这些做过或没做过的游戏,我们会觉得它们很亲切、很熟悉吧?不管到什么年龄,我们都会对游戏活动、自由、快乐有着由衷的热爱和向往。

从这里开始,让我们一起走进幼儿的游戏世界吧!

【项目目标】

1. 了解游戏的含义。
2. 认识幼儿游戏的种类和发展阶段。
3. 掌握幼儿游戏的本质特征。
4. 明确教具玩具在游戏中的价值。
5. 了解幼儿游戏教育模式的发展,树立科学的幼儿游戏教育观。

【项目预备知识】

有了人类就有了游戏，在日常生活中，"游戏"一词经常被言说，它是一种极为普遍的社会生活现象。正如沛西·能所言："游戏的精神是一个不可捉摸的、巧于规避的幽灵，它的影响可以在最难预料到的一些生活角落里找到。"对幼儿而言，游戏更是其基本活动形式之一，任何学前幼儿都离不开游戏。游戏融兴趣性、社会性、虚构性、创造性于一体，统整了幼儿的各种活动，在幼儿价值观定位、身心健康发展、文化形成等方面起着重要作用。那么什么是游戏呢？围绕"游戏"这一主题，进而分析幼儿游戏的内涵，把握幼儿游戏的特征和发展阶段，认识幼儿游戏与幼儿教育的内在联系，是我们首先需要探讨和解答的问题。

模块一 幼儿游戏的本质

游戏是人类社会普遍存在的一种社会现象，从咿呀学语的婴儿到年近古稀的老者，生活中都不乏游戏的存在。游戏以其独特的魅力给人们的生活带来无尽的快乐，以其特有的价值促进每一个人健康、全面地发展。让我们带着对童年游戏美好的怀念开始学习之旅吧。

案例导入

妈妈和两岁半的儿子在树林里你追我赶，玩得不亦乐乎。满头大汗的儿子回头向妈妈提议道："妈妈，我们玩捉迷藏吧？""好啊。"妈妈很配合地答应了。"我来藏，你来找。"儿子把角色也安排好了，"不许偷看啊！"儿子边跑边喊。妈妈捂住眼睛说："我没看，你藏好了吗？我可以找了吗？""妈妈，找吧。"听到儿子的回应，妈妈把手从眼睛上拿开，一回头，笑了，儿子把屁股高高地翘起，把头放在草丛里，用力闭紧眼睛，双手使劲撑住，正在招呼妈妈找他呢。

思考与讨论：
1. 案例中，儿子的游戏活动是自发的吗？他在游戏中获得了什么样的情绪体验？
2. 在以上案例中反映了游戏具有什么特点？

一、幼儿游戏的含义

（一）游戏是幼儿最喜爱的活动，是幼儿生活的主要内容

游戏对于幼儿来说就是他们的生活，是他们美好童年不可缺少的因素（见图1-9）。我们可以看到，在学前幼儿的一日生活中，除了吃饭、睡觉等日常活动外，只要没有特别限制且身体健康，那么幼儿一定是在游戏着。即使是吃饭、睡觉，幼儿也常常以游戏的形式进行，她会抱上洋娃娃，让洋娃娃"吃一口"，自己再吃一口，她会带上洋娃娃睡觉等。可见幼儿的生活是以游戏为中心的，游戏占据着幼儿生活的大部分时间。

游戏是幼儿最喜爱的活动。曾有老师问一个四五岁的孩子最喜欢干什么，她毫不迟疑地回答："最喜欢玩游戏，玩'爸爸妈妈'的游戏，因为可以当大人，好玩极了！"可见，游戏是幼儿十分向往的，自主而快乐的活动。

图1-9 童年游戏

（二）游戏符合幼儿身心发展的需要

幼儿喜欢游戏是由于游戏符合幼儿身心发展的需要。在幼儿的成长过程中有着各种需要，如认知的需要、运动的需要、交往的需要、操作和探索的需要、自我实现的需要等。由于幼儿年龄小，实际能力较差，他们面临的现实世界是一个按成人的规范组成的世界，他们既不能像成人那样做自己想做的事情，又做不了成人会做的事情，而他们又渴望参与成人的实践活动，渴望满足自己的多种需要，游戏就为幼儿提供了这种可能。

游戏能解决幼儿身心发展的需要与实际能力之间的矛盾，幼儿通过装扮各种角色，进行各种活动来满足自身的多种需要，并从中获取经验，推动心理向前发展。

（三）游戏是幼儿特有的一种学习方式

幼儿游戏的过程是学习的过程。在游戏过程中，幼儿通过不断与环境相互作用，学习与人交往，认识周围环境，理解和掌握社会行为规范等。例如，孩子玩玩具，他会在充满新奇、奥秘的玩具世界里，不停地发问，反复地摆弄，以期得出答案：汽车为什么会动？陀螺为什么会转？轮船为什么不沉？……这些问题不仅激发了孩子丰富的想象力、思维力，而且也成了孩子认识世界的工具、启迪他们智慧的教科书。幼儿在游戏中的学习是一种自觉的学习，它与其他学习活动相比有着不同的特点。

首先，学习的动力来自幼儿自身。幼儿做游戏主要是为了满足好奇心和好玩、与人交往等方面的需要，所以游戏中的学习完全是由幼儿的兴趣爱好和探究欲望激发的。

其次，学习没有明显的目的。他们并非为学习而游戏，而是为"玩"而游戏。教师在提供游戏环境时，将教育目标隐含其中，幼儿积极、主动参与游戏，就能自然实现某些方面的发展目标，经常进行各类游戏，相应地就能促进幼儿各方面的发展。

再者，学习是潜移默化的。例如，砌大桥，通过摆弄积木进行比较，让幼儿认识了许多几何形体；与小朋友一起游戏，知道了谦让是怎么回事。在游戏中，幼儿没有意识到自己是在学习，却不知不觉学到了许多东西。游戏为幼儿提供了一个轻松、愉快，且丰富、刺激的，能鼓励幼儿自主学习的良好环境，使他们获得安全感、自尊和自信，获得对学习的持久热情，从而终身受益。

"幼教之父"福禄贝尔是教育史上系统研究游戏并尝试创建游戏实践体系的第一个教育家。他指出：游戏的发生是起于幼儿内部发生的纯真的精神产物，幼儿在游戏中常常表现出欢悦、自由、满足及和平的心情；幼儿在游戏中，也常显出快活、热心、合作的态度，非做到疲劳不止；幼儿在游戏中更常表现出勤勉、忍耐和牺牲的精神。所以游戏为万善之源。

瑞士心理学家皮亚杰（J. Piaget）认为游戏活动具有6个特征，即活动的内在目的、自发性、快乐性、非逻辑性、超脱性和过剩动机性。

杜威提出："生活即游戏，游戏即生活。"他认为游戏是幼儿生活的一部分。

刘焱在《幼儿园游戏教学论》中指出："游戏的本质是幼儿的主体性活动，这种活动现实直观地表现为人的主动性、独立性和创造性的活动。"

对于"游戏"的定义，学者们至今难以达成统一，但是人们都承认，爱玩是幼儿与生俱来的天性，幼儿偏爱游戏，游戏伴随娱乐。幼儿从游戏中获得快感，获得了生理和心理上的满足，从而促进了身体的发育、认知能力的提高和社会化的发展。我国《幼儿园教育指导纲要（试行）》中也明确指出："以游戏为基本活动，引导他们（幼儿）在与环境的积极相互作用中得到发展"，"寓教育于游戏中"。

本书采用《教育大辞典》（上海教育出版社，1998）中的定义："游戏是幼儿的基本活动，是适合幼儿年龄特点的一种有目的的、有意识的，通过模仿和想象，反映周围现实生活的一种独特的社会活动。"

二、幼儿游戏的特征

幼儿游戏与成人游戏都有着游戏的本质特征，但幼儿游戏又区别于成人游戏。成人将游戏视为一种重要的娱乐方式，是生活中一个相对次要的部分。成人游戏多为强规则游戏，带有一定的民族传承性和突出的竞技色彩。成人在游戏中往往更看重游戏技巧，希望达到某种游戏之外的目的。成人意识中有明确的游戏与非游戏的区分，既不会把"正经"事情当"儿戏"，又能在"正经"事和社会交往中运用"游戏手段"，以示亲和感或调节、放松自己。而对于幼儿来说，"游戏即生活"，游戏是幼儿时期主要的、基本的活动形式，占据了日常生活以外的几乎全部生活内容。幼儿游戏的驱动力是直接内在的，他们为了游戏而游戏，其内容多是反复操作玩具、互相追逐以及在假想的情境中扮演角色。游戏的玩法多为隐性规则的自然游戏和规则性不强的游戏，获得的乐趣体验更多是本能性和原始性的生理舒张。幼儿会模糊游戏与非游戏的界限，在游戏中会有在日常生活中的朦胧感。而成人游戏与学前幼儿游戏最大的区别在于游戏的功能，对成人来说，游戏已不再有探索、求知、发育身心的功能，但对学前幼儿而言，游戏中丰富的探究、审美趣味等都对其身心发展有着至关重要的作用。

对于幼儿游戏的特征，学者们多做了深入探讨。我国学者认为游戏应该是反映幼儿现实生活的活动，它应该是幼儿喜欢的、主动的、自愿参与的活动。

加维（C. Gervey，1982）提出游戏行为为五特征说：第一，游戏是令人愉快的、有趣的活动，即使有时并不一定表示出快乐，但游戏者仍然做出积极的评价；第二，游戏没有外在的目标，游戏的动机是内在的，游戏更多的是一种获得愉快体验的手段，而不是为了某种特别的目的而努力；第三，游戏是自发自愿的，它是非强制性的，由游戏者自由选择；第四，游戏包括对游戏者的积极约束；第五，游戏与非游戏之间有着某种系统性的联系。

克罗伊斯（R. Caillois）的游戏行为六特征概括如下：第一，自由。游戏不是被迫进行的，否则游戏就失去了吸引力和快乐的性质。第二，松散。游戏不是精确的，没有事先预设的限制。第三，易变。没有预定的进程或结果，游戏者具有随机应变的自由。第四，非生产性。从游戏开始到结束，不增加任何生产的物质或任何新因素，除去物品在游戏者之间的转移和变化。第五，由某种规则和玩法所支配。这种规则代替了通常的法则，而具有独特的新的意义。第六，虚构的。游戏者清楚地知道其在经历着非真实的情况，甚至是与日常生活截然不同的虚构的情况。

根据国内外学者对游戏特征的分析和概括，我们将游戏的特征总结如下：

（一）幼儿游戏具有自主自发性

首先，幼儿游戏都是自愿的活动，幼儿参加游戏是由内部动机诱发而非外部动机强制决定的，也不是为了顺从社会和其他外部条件的要求。因此，"遵照命令的游戏已不再是游戏，它至多是对游戏的强制性模仿。"幼儿游戏受兴趣支配的自发性又决定了游戏是幼儿自我掌握、自由自主的活动。幼儿的游戏是"我要玩"而不是"要我玩"。在游戏中，幼儿总是在自己能力和兴趣的基础上来选择和决定游戏场景、游戏内容、游戏材料以及一起游戏的对象等。他们有支配游戏时间的权利，在他们感到疲劳或不想进行下去的时候，他们有权停止游戏的进行。整个游戏过程绝对自控，不会服从来自外部的要求与压力，否则就只是"不真实的幼儿游戏"。从心理学的角度来分析，幼儿游戏是一种比较松散的、自由的、轻松的活动，符合幼儿心理需要。

（二）幼儿游戏具有虚拟性

从游戏的内容看，幼儿游戏来源于社会生活，又是在假想的情景中反映周围生活。幼儿进行游戏行为时所反映的是对现实生活的模仿，但在模仿中又带有想象和创造。"从游戏情景的虚设、游戏角色的确定到游戏玩具的假想，再到日常活动和生活中对自己和周围事物的认定，幼儿的幻想随时都可以发生。"他们通过游戏将日常生活中的人和事再现出来，并通过他们的想象在游戏中创造新的形象。任何一种游戏材料都可以被赋予无限的想象，并根据游戏的需要和游戏材料的特征改变其原有的用途而运用到游戏中去。游戏材料经幼儿的想象可以有多种用法，他们在游戏中以真诚的情感投入其中，体验游戏中的成人生活。游戏能够将幼儿带进假想的成人世界，幼儿在游戏中可以尽情重演成人世界的活动。他们不受成人的约束，不受时间和具体条件的限制。

（三）幼儿游戏具有愉悦性

游戏是自由的而非强迫性的活动，在游戏中幼儿自己控制所处的环境，尽量施展自己的能力、实现自己的愿望、释放自己的情绪，这决定了幼儿在游戏过程中能获得自豪感和成就感，有着愉悦的、快乐的情绪体验。同时，幼儿在游戏中没有需要达到的强制性目标，因而减轻了为达目标而产生的紧张情绪，耗费精力小，因此，整个游戏过程对幼儿来讲是愉悦的过程。伯林内（Berlyne）的唤醒激活理论（Arousal Modulation）把游戏好奇、创新等行为放在一个系统中进行探讨，认为游戏是愉悦、有趣的。游戏的愉悦性使游戏引领幼儿远远超越日常生活本身，达到席克真特米哈伊（Csikszentmihalyi）所说的"涌流"（Flow）和陶醉状态。同时，如胡伊青加所言，游戏的愉悦乃是"拒斥一切分析、一切逻辑解释的"。

（四）游戏与生活密不可分

游戏既源于幼儿生活，又融入幼儿生活。我们常常看到幼儿像妈妈一样照看宝宝、像司机一样遵守交通规则，幼儿在游戏中学习生活的规则，在轻松的玩耍中，培养了将来踏入社会必需的适应能力；同时我们也发现幼儿在睡觉时被妈妈"藏猫猫"的游戏哄着睡、在"采蘑菇"的游戏中将玩具收拾得干干净净、在气象记录中以"小小科学家"的角色将记录完成得像模像样。幼儿也是在游戏性心理体验中实现着对生活规则、社会规范的认同和接纳。幼儿就是在不断增长的社会经验中，丰富着游戏内容、情节、角色，可以说没有社会经验就没有幼儿游戏的发展。另外，由于幼儿认识能力、活动能力的固有特点，我们发现幼儿常常是在游戏性心理体验中面对每一天的生活，他们以想象排解自己的困惑、解决自己的难题、认识自身的价值，他们用足自己的权利证实自己的存在，他们以自己独特的游戏性心理享受生活的简单与乐趣、自由与轻松、自主与创造。因此，我们在与幼儿相处中，既要丰富幼儿的生活经验、扩大幼儿的认知视野，又要让幼儿的生活充满游戏般的快乐与探索，这样才能让幼儿真正健康和谐地发展。

（五）游戏是有"规则"的

自由是游戏的基本特征，但是规则从来都不曾离开过自由的游戏。幼儿是游戏的主体，游戏中的幼儿会用其独特的方式，在与环境、材料和人的游戏互动中演绎游戏的内在逻辑性，形成其显性的或隐性的规则，使游戏的自由性在有规则的约束中变得更富趣味性。如在某幼儿园组织的"乌龟爬"游戏中，当老师出示"乌龟壳"（麻袋）时，孩子们已经按捺不住游戏的情绪了，迅速戴上"乌龟壳"趴在地上爬起来，霎时间教室里爬满了"小乌龟"，乍一看乱成一团——有抬着头爬的，有缩着头爬的，有匍匐爬行的……可仔细一看，发现孩子们三五一群，有的绕着圆圈爬；有的接成长长的火车队，由火车头带领着向前爬；有的在原地旋转着爬；有的骑在"乌龟背"上爬……可有趣了。爬了一会儿，淇淇小朋友一翻身，躺在地上说："好累啊！我要睡觉了！"于是，跟在淇淇后面的一群"小乌龟"也跟着躺下，嘴里也不停地念着："我要休息了。好累！"紧接着所有的"乌龟"都躺下休息了。过了一会儿，一只"小乌龟"起床了，好多的"小乌龟"也跟着起床了。也正是这样一种"秩序"，把幼儿的游戏带入一种和谐、有序的状态。

（六）幼儿游戏是"重过程"的非功利性活动

从幼儿游戏目的的角度分析，幼儿游戏是一项重过程的活动。在游戏过程中，孩子们想的都是玩什么游戏和怎么玩游戏，游戏的活动方式和活动过程是否"好玩"是幼儿最关注的。游戏活动并非没有目标，其目标不由别人强加而是幼儿自己在游戏中玩出来的，因此在幼儿的游戏过程中会出现更多的随意性游戏行为，游戏目标也会随着游戏的变迁而发生改变。幼儿游戏作为一种娱乐活动，不在于外部的目的而在于本身的过程，它不追求外部功效，没有强制性的社会义务，没有实用的社会价值，也不可能创造社会财富，游戏目的只是让幼儿学会关心他人、理解他人，并在游戏中锻炼意志力，发挥想象力和创造力。正如米舍莱所言："游戏显然是一种无偿的活动，除了它本身带来的娱乐外，没有其他目的。"

总的来说，游戏是一种主体性活动，以上特征是就游戏的一般情况而言，而在具体的游戏中并非都具有以上特征，不同主体的自主性、能动性、想象力与创造性会使以上特征表现出不同的程度和倾向。

三、幼儿游戏的种类

对游戏类型的研究如同对游戏进行概念界定一样，十分复杂。根据游戏的内容、幼儿在游戏中的表现以及研究者不同的研究视角可进行不同的游戏分类。

（一）根据认知分类

皮亚杰认为游戏是随认知发展而变化的，他根据幼儿认知发展的阶段，把幼儿游戏分为感觉运动游戏、象征性游戏、结构游戏和规则游戏四类。

1. 感觉运动游戏

感觉运动游戏（Sensory-Motor Play）又称机械性游戏（Mechanical Play）或练习性游戏（Practice Play），感觉运动游戏是游戏发展的第一阶段和最初形式，出现在0～2岁的感觉运动阶段，以后比例逐步下降，到6岁时，只占全部游戏的14%左右。

感觉运动游戏阶段的幼儿主要通过感知和动作来认识环境、与人交往。他们的游戏最初是将自己的身体作为游戏的中心，逐渐地会摆弄与操作具体物体，并不断重复练习已有动作，从简单的、重复的练习中，尝试发现、探索新的动作，从而使自身获得发展，例如，摇铃、拍水、滚球、滑滑梯等（见图1-10）。在反复的、成功的摆弄和练习中，获得愉快的体验。因此，感觉运动游戏的动因来自感官所获得的快感，由简单的重复运动所组成。

图1-10 感觉运动游戏

案例链接

乐乐是一个3个月大的女孩。这一天妈妈要去洗乐乐换下来的衣服，就把乐乐头顶上氢气球的带子放在她的手腕上，她无意中挥动手臂，拉动了带子，气球就飘动起来。她被这种现象吸引住了，全身兴奋，不停地挥动手臂，气球不停地动来动去，如此循环，她更加兴奋，嘴里发出"啊啊"的欢呼声，直到妈妈快速洗完衣服赶过来，她还在玩得高兴着呢。

2. 象征性游戏（角色游戏）

象征性游戏（Symbolic Play）是处于前运算阶段的幼儿（2～7岁）最典型的游戏形式，这是把知觉到的事物用它的替代物来象征的一种游戏形式。当婴儿开始把环境与自身区别开来，就具有了进行象征性游戏的可能性。幼儿将一物体作为一种信号物来代替现实的客体，就是象征游戏的开始。象征性游戏是幼儿以模仿和想象扮演角色，完成以物代物、以人代人为表现形式的象征过程，反映周围现实生活的游戏形式，如"骑大马"游戏（见图1-11）。在这种游戏中，幼儿可以摆脱对当前实物的知觉，以表象代替实物做思维的支柱进行想象，并会用语言符号进行思维。象征性游戏也可以满足幼儿在现实生活中不能实现的愿望和要求，因此一般认为它具有了解幼儿内心状态的诊断和治疗上的意义。

象征性游戏大约在幼儿2岁时出现，4岁后比较成熟（集体象征），5岁后达到高峰，占全部游戏的71%，6岁为次高峰，占全部游戏的65%。

象征游戏反映了幼儿符号机能（Symbolic Function）的出现和发展，以及对环境的同化倾向性，它是一种适应现实、按照自己的意愿和需要来塑造现实的游戏形式，体现着幼儿认知发展的水平。

3. 结构游戏

结构游戏（Constructive Play）也称造型游戏（Moldmaking Play）或工作性游戏（Working Play）。结构游戏是幼儿利用积木、积塑、金属材料、泥、沙、雪

图1-11 "骑大马"游戏

等各种材料进行建筑或构造（如用积木搭高楼），从而反映现实生活中物体的活动。该类游戏要求幼儿手脑并用，不断调控注意力和动作，进而可以促进幼儿手部动作发展，对物体、数、形、空间特征的精细观察与理解，以及想象力和创造力等方面的发展。因此，在皮亚杰的认知理论中，结构游戏被视为感知运动游戏向象征性游戏转化的过渡环节，而且一直延续至成年期转变为建筑等活动。

结构性游戏是我国幼儿园、托儿所最常见的一种游戏形式，出现在前运算阶段，幼儿2岁左右时发生。此类游戏一直开展至学前阶段，并且有随着幼儿年龄增长而增加的趋势：幼儿3~5岁时，此类游戏占幼儿全部活动的40%；4~6岁时，占幼儿全部活动的51%。

4. 规则游戏

规则游戏（Game-with-Rules）是指由两个以上的游戏者参加的，按照一定规则进行并带有竞赛性质的游戏。例如"棋类游戏""迷宫游戏""找异同""滚铁环"等锻炼幼儿思维能力、观察力和记忆力的智力游戏。（见图1-12）

规则游戏多在四五岁以后开始萌芽，大量出现是发生在学前末期以后的具体运算阶段。当然，带有感知运动特点的简单的规则游戏在幼儿初期就出现了，如猫捉老鼠、老鹰捉小鸡等。

研究表明，幼儿中期幼儿能按一定规则进行游戏，但是他们常常出现因外部刺激或自己的兴趣而忘记甚至破坏规则的现象；幼儿晚期的幼儿，不仅能较好地从事这类游戏，还能较好地理解并坚持游戏的规则，同时还能运用规则约束参加游戏的所有成员。规则游戏可以发展幼儿的逻辑思维能力及培养幼儿遵守集体和社会道德规范的良好习惯。

图1-12 滚铁环

（二）根据社会性分类

幼儿的社会化是在个体与同伴群体的相互作用、相互影响中不断实现的，幼儿的游戏过程往往反映了幼儿社会性发展的规律。美国学者帕顿（Parton）认为游戏的社会性质遵循一个发展顺序，即在早期年龄段，个体与平行游戏占优势，在学前晚期，联合与合作游戏逐渐占据主导地位。他从幼儿社会行为发展的角度，把游戏分为以下六种：

1. 偶然的行为（或称无所事事）

幼儿行为缺乏目标，注视着身边突然发生的使他感兴趣的事情，或摆弄自己的身体，或从椅子上爬上爬下，或到处乱转，或是坐在一个地方东张西望。

2. 旁观（游戏的旁观者）

幼儿自始至终都只是其他幼儿游戏的旁观者，该行为还不属于游戏。幼儿大部分时间是在看其他儿童玩，听他们谈话，或向他们提问题，但并没有表示出要参加游戏。只是明确地观察、注视某几个幼儿或群体的游戏，对所发生的一切都心中有数。

3. 独自游戏（单独的游戏）

自该阶段起，幼儿社会参与水平开始提高。独自游戏指不与旁人发生联系的单独游戏。幼儿独自一个人在玩玩具，所使用的玩具与周围其他幼儿的不同。他（她）只专注于自己的活动，不管别人在做什么，也没有做出接近其他幼儿的尝试。以这种形式游戏的主要是尚无自我意识、并且不能理解他人的乳婴儿。

4. 平行游戏

幼儿与其他幼儿操作同样的玩具，但相互之间不做交往。该游戏由两个以上的幼儿在同一空间进行。平行游戏的幼儿仍然是独自在玩，但他（她）所玩的玩具同周围幼儿所玩的玩具是类似的，他（她）在同伴旁边玩，而不是与同伴一起玩。这是 2~3 岁幼儿游戏的社会参与状况。

5. 联合游戏

联合游戏是 4 岁以后幼儿游戏的主要特点，是一种没有组织的共同游戏。幼儿开始有较大的兴趣与其他幼儿一起玩，同处于一个集体之中开展游戏，时常发生许多如借还玩具、短暂交谈的行为，但还没有建立共同目标。幼儿个人的兴趣还不属于集体，做自己愿做的事情。幼儿在游戏中虽有明显的社会交往行为，但仍以自己的兴趣为中心。

6. 合作游戏

5 岁以后的幼儿，合作游戏越来越多。合作游戏是幼儿社会化程度最高的游戏，幼儿以集体共同目标为中心，在游戏中相互合作并努力达到目的。该阶段的幼儿交往经验、游戏经验越来越丰富，语言表达能力越来越强，可以玩耍的游戏内容日益复杂，游戏种类越来越多，幼儿在游戏中有明确的分工、合作及规则意识，其中有一到两个游戏的领导者。

（三）根据情绪体验分类

比勒根据幼儿在游戏中的不同体验形式，将游戏分为以下四大类：

1. 机能性游戏

婴儿期的游戏多属于机能性游戏,三四岁以后完全消失。机能性游戏是一种由身体运动本身产生快感的游戏,如动手脚、伸舌头、上下楼梯、捉迷藏等。

2. 想象性游戏

想象性游戏也称模拟游戏,一般从 2 岁左右开始,随年龄的增加而逐渐增多。

该类游戏是指利用玩具来模仿各种人和事物的游戏,如烧饭、木偶戏等游戏。

3. 接受性游戏

指听童话故事、看画册、听音乐等以理解为主的游戏形式。在该类游戏中,幼儿处于被动地位,愉快地欣赏所见所闻。

4. 制作性游戏

制作性游戏从 2 岁开始,5 岁左右较多。其中包括幼儿用积木、黏土等主动地进行创造并欣赏结果的游戏,如搭积木、折纸、玩沙、绘画、泥工等。

（四）根据行为表现分类

依据幼儿行为的表现可将学前幼儿游戏分为语言游戏、运动游戏、想象游戏、交往游戏和表演游戏,而表演游戏则可以看作是以上其他几类游戏的综合形式。

1. 语言游戏（Language Play）

语言游戏是指以语音、词语、字形、词义、语调、语法等语言要素为内容和目的的游戏。语言游戏能帮助幼儿掌握语言,提高幼儿学习语言的兴趣,并能促进幼儿元语言意识（或后设语言意识）（Meta-linguistic Awareness）的发展。

语言游戏不像其他游戏只是将语言作为交流信息的中介,而是探索、操纵语言符号本身,并使游戏者从中获得娱乐。

2. 运动游戏（Motor Play）

运动游戏在婴儿期就开始出现,幼儿期继续发展,是通过手脚和身体其他部位的运动而获得快乐的游戏活动。在运动游戏中,幼儿的运动技能得到充分的发展。婴儿运动游戏的内容主要是踢腿、爬行、迈步,随着年龄的增长,运动游戏的内容日益复杂,到幼儿期以后,则包括打秋千、滑滑梯、骑三轮车及相互追逐等。

3. 想象游戏（Imaginative Play）

想象游戏是幼儿在假想的情境里按照自己的意愿扮演各种角色、体验各种角色的思想情感的游戏活动。想象游戏在幼儿社会能力的发展中起着重要作用,在 1.5 岁左右出现,通常是单独的想象性游戏,如给布娃娃穿衣、喂饭；3 岁时幼儿开始出现合作的想象性游戏,它常常以怪诞、夸张的形式出现。想象游戏的高峰期大约在 6 岁,此时幼儿的想象力十分丰富,能迅速、协调地从一种角色转换到另一种角色,从一种情境转移到另一种情境。

4. 交往游戏（Intercourse Play）

交往游戏是指两个以上的幼儿以遵循某些共同规则为前提而开展的社会性游戏。该类游戏的特点是参与者互相呼应，而在使用游戏材料方面采用协商分配或轮换的形式。交往游戏按交往的性质可分为合作游戏和竞争游戏，按交往对象的不同则可分为与成人的交往游戏和与同伴的交往游戏。

5. 表演游戏（Dramatic Play）

表演游戏是以故事或童话情节为表演内容而展开的一种游戏形式。幼儿在表演游戏中扮演故事或童话中的各种人物，并依照故事中人物的语言、动作和表情进行表演活动。表演游戏以幼儿的语言、动作和情感发展为基础，一般幼儿中期的幼儿才能较好地从事这类游戏。通过表演游戏，幼儿不仅可以增长知识，而且还能提高表演才能和语言表达能力。

（五）根据幼儿游戏的教育作用分类

苏联的学前教育注重从教育角度研究游戏，根据游戏在实践中的教育作用进行分类，将游戏分成两大类：一类是创造性游戏，包括角色游戏、结构游戏和表演游戏，此类游戏由幼儿自由玩；另一类是教师的"教学游戏"，包括体育游戏、音乐游戏、语言游戏等，此类游戏由教师组织幼儿进行。苏联也有学者把游戏分为四类：模仿性的游戏、创造性的游戏、有规则的游戏、民间的游戏。我国在学习和借鉴国外游戏理论的基础上，形成了以下游戏分类的方式，见图1-13。

创造性游戏 ｛角色游戏、结构游戏、表演游戏

规则游戏 ｛音乐游戏、智力游戏、体育游戏

图1-13 创造性游戏和规则游戏的区分

1. 创造性游戏和规则游戏（教学游戏）

我们可按图1-13的形式来了解创造性游戏和规则游戏。首先，根据功能游戏规则的内隐或外显，把游戏分为创造性和规则性两大类。创造性游戏的规则是内隐的，规则对游戏活动的制约是内隐式的，幼儿在游戏中自由度较大，创造的"余地"也很大。规则性游戏的规则是外显的，规则对游戏活动的制约是公开式的，幼儿必须严格按游戏规则开展活动，自由度较小，创造的"余地"也较小。当然，规则性游戏中也有创造性的存在。

其次，根据游戏形式和内容的差异，两类游戏又分别可划分为三种，即创造性游戏分为角色游戏、结构游戏、表演游戏；而规则性游戏则分为智力游戏、体育游戏和音乐游戏。

由于游戏本身具有复杂性和多样性，尽管以上六种游戏的分类方法、分类角度和分类标准各自不同，但是包含的具体游戏种类却有很多重叠和交叉之处，如有的游戏是两种游戏成分的融合，有的游戏既是角色游戏又是体育游戏，有的游戏既是结构游戏，又带有表演游戏的成分，所以很难用一种方法将全部游戏进行科学、合理的分类。

游戏活动演练

游戏1：爱的抱抱（数学领域）

游戏目的：让学生感受游戏的快乐，初步学习口语表达的游戏规则及玩法。

游戏规则：全班同学分成10人为一组的游戏小组，每组站成一个圆圈，在音乐的伴奏下大家按逆时针方向走动。音乐停止时，老师说2，就两人抱在一起；老师说5，就5人抱

在一起。无论抱在一起的人是多了还是少了，都作为失败者被罚下场，等待下一场游戏，最后留在台上的就是胜利者。

游戏2：说颜色（美术领域）（见图1-14）

游戏目的：训练学生的快速反应能力

游戏规则：分成10人一组的游戏小组。老师指向图片中每一个字，让学生说出字的颜色，速度由慢到快，训练学生的反应能力。全对者进入下一轮竞赛，说错者淘汰，哪组剩余人数最多为获胜组。

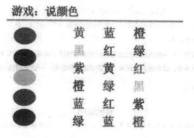

图1-14 "说颜色"游戏

知识与技能检测

1. 简答题

（1）幼儿游戏的特点是什么？

（2）幼儿最典型的游戏是什么？这类游戏最突出的特点是什么？

2. 案例讨论题

阅读以下案例，假设你是中二班的班主班老师，你将如何与家长沟通，让家长理解幼儿园的教学理念，明白游戏在幼儿成长过程中的重要性？

周一早晨，一群家长围在"中二班一周活动安排表"前，议论纷纷。

"怎么一天就上这两节课？"

"一天有这么多的时间做游戏，玩还要这么长时间？"

"我们邻居家的小孩在××个体幼儿园，人家每天都上好几节课，孩子都认识好多字，会背古诗，还会做数学题。可你看，我们家孩子在这里每天除了玩就是玩，什么也不会！"

"就是，怎么这么多游戏？我花这么多钱送孩子上幼儿园就是来玩的？那还不如我在家陪他玩呢，可以省下好多钱。"

"这个幼儿园的老师可好干了，每天让孩子玩去吧，自己多轻松啊！"

"走，我们找老师问问看，如果她们不改变教学计划，我们就转园，不在这里上了。"

3. 请判断以下幼儿行为是否是游戏

（1）明明在数学区里，拿起卡片，对应卡片上的数字夹夹子，夹好后立起来，数字小人就可以站好了，他看起来对自己的本领很自豪。

（2）今天莉莉选择的是玩橡皮泥，老师请她试做一个小胖猪，并为她提供了范例，莉莉就努力地做起来。

（3）浩浩早上一到幼儿园就拉上他的好朋友袁帅进了建构区，两个人分别拿了一把机关枪、一把手枪，接着就对打起来，一边嘟嘟地开着枪，一边炫耀自己的枪最厉害。

2. 主动性游戏和被动性游戏

主动性游戏是指幼儿运用肢体、肌肉的活动自由进行游戏，包括可以控制游戏速度或按自己的意愿来决定游戏的形式，如绘画、手工、玩积木、玩玩具、角色游戏、玩沙、玩水、唱歌。根据不同的游戏方式，主动性游戏可以再分为操作性游戏、结构性游戏、创造性游戏和想象性游戏。被动性游戏属于较静态的活动,幼儿只需观看、聆听或欣赏,而不需进行体力活动,如看图书、听故事、看录像、听音乐等。

以上只是按照常用的一些标准对游戏进行了分类,由于游戏本身的复杂性和多样性,各类游戏的呈现往往是交叉融合并相互转化的。因此,在设计游戏活动时,需要把握游戏的复杂性,不能固化地要求幼儿在某个时间段里玩某种游戏。

四、幼儿游戏的发展阶段

学前期是幼儿成长和发展最快速的时期,幼儿游戏也从零开始经过不断发展、变化直至成熟。了解和掌握幼儿在游戏发展中的认知发展特点和规律,有助于我们理清幼儿游戏发展的总体趋势,科学地指导游戏实践。按照皮亚杰的儿童心理理论,婴幼儿游戏心理发展可以分为三个阶段,即感觉运动性游戏水平阶段、象征性游戏水平阶段和规则性水平阶段。

(一)感觉运动性水平阶段

感觉运动性水平阶段也称机能性游戏阶段或练习性游戏阶段,是婴幼儿游戏发展的第一阶段和最初形式,也是婴儿阶段(特别是2岁前)游戏的基本特征。

游戏的发生与发展必须以一定的动作能力和心理发展水平为前提,处于人生最初阶段的婴儿身心活动突出表现为感觉运动性的认知特点。婴儿在6个月之前首先得到发展的是一些感觉器官的机能(视觉、听觉、嗅觉等),而通过游戏,婴儿所获得的是生理性的快感,是感觉器官对适宜刺激的机能性需要得到满足的结果。例如,当孩子看到颜色鲜艳、能发出音乐声音的玩具时,会盯着它看、微笑。这可视作是感觉游戏。6个月以后,随着手眼协调动作的形成、发展,孩子出现了初步的有意识动作,逐渐能够较准确地抓握物体,也就可以主动地使自己感兴趣的事情或现象发生或持续。儿童不仅在感觉器官的运用上,也在运动器官功能的发挥上获得机能性快乐。当婴儿周岁以后,由于体力不断增长,动作不断发展,孩子对于活动的自然需求进一步加强。他们开始模仿成人的样子,尝试自己用勺子、杯子等日常用品,并进行一些日常生活活动的练习。当婴儿真正学会独立行走,产生独立意识和行动倾向时便不再满足于与成人的共同活动,这时玩弄物体的独处游戏开始在婴儿的生活中占据重要地位。婴儿的感觉运动游戏在感知觉器官和运动系统的发展、成熟过程中不断发展,同时在感觉运动游戏中,婴儿通过直接感知和动作操作也不断地促进着感知觉和运动机能的成熟和完善,促进着婴儿认知和身心的整体的发展。

(二)象征性水平阶段

这一阶段的幼儿游戏主要有象征性游戏和结构性游戏两种形式。在幼儿出生后第二年即感知运动性认知发展的末期,幼儿的游戏性质就开始发生变化。从主要由啃咬、敲打、摇晃等动作图式构成的感知运动游戏向模仿真实生活转变。一方面由于认知能力的增强,逐渐出现了以一物体假装另一物体和扮演角色为主要形式的象征性游戏;另一方面由于动作和技能的发展,游戏从机能性转向建构性,开始出现了以各种材料建构物体结构造型的活动,即结构游戏。

象征性游戏是以一物假装另一物和扮演角色为主要形式的一种游戏。情景转变、以物代物、以人代人是象征性游戏的构成因素和发展趋势。其中,情景转变是象征性游戏发生的标志，之后以物代物、以人代人相继产生并不断趋向成熟。在幼儿三四岁时，象征性游戏发展到了巅峰，游戏连贯性增强，逼真、准确、模拟现实的要求增强并出现了集体合作的倾向。在日常生活中，幼儿象征性游戏经常发生。例如：幼儿把积木当蛋糕给布娃娃吃；把木棍当马骑，兴高采烈地在操场上跑来跑去；把椅子当汽车，模仿着司机开车的动作等。游戏中的代替（假装、扮演）活动表现出明显的象征性，它表明幼儿具有了象征性的认知功能。但此阶段幼儿的象征性游戏内容和情节都比较简单，受思维水平的限制，幼儿对游戏规则的理解较差，自我控制的水平较低，游戏常随外部条件和自己情绪的变化而改变。象征性游戏有利于帮助幼儿增强社会适应力，解决情感上的冲突，也可帮助幼儿对未满足的要求进行补偿，例如角色的颠倒（例如服从与权威的颠倒）和自我的解放与扩张等。

结构性游戏是以各种结构材料建构物体的一种构造性游戏，倾向于构成"真正的"适应活动。例如，幼儿试图用积木建成一些房屋或机构的结构等，或是构成对问题的解决以及构成智慧性的创造性活动。结构游戏需要游戏者形状和空间知觉发展到一定水平以及具备一定的结构技能；同时，它也需要游戏者的象征功能有相当程度的发挥，因为幼儿在此类游戏活动中，是通过自己对某一材料的操作和创造，来使当前造型（象征物）与真实的物体（被象征物）之间建立象征联系。正如皮亚杰所说，这种游戏"既卷入感知运动的机能，又卷入了象征性的表征"。结构性游戏对幼儿学习思维、智力开发、创造性能力和钻研精神的培养有着十分重要的作用。

象征性游戏与结构游戏在实际幼儿个体身心发展过程中既交叉又融合，共同确定着婴幼儿游戏的象征性水平，使象征性成为幼儿游戏在认知上最典型的发展特征。但幼儿自然的结构游戏发展比较缓慢，需要更多的指导。从学前末期开始，象征性游戏和结构性游戏便逐渐减少而进入结束期。

（三）规则性水平阶段

规则性游戏是在游戏中按一定的规则重现某一事件或动作，如"老鹰捉小鸡"、"石头、剪子、布"、独脚踢石块、打弹子等。由于儿童认知范围不断扩大、思维能力以及社会化程度不断提高，在幼儿末期游戏逐渐失去了具体的象征内容而进一步抽象化。一方面，游戏中角色的数量不断增加，规则产生成为可能；另一方面，思维的发展要求游戏越来越接近现实，结构游戏作为象征性游戏和实物认识及操作活动之间的过渡，由最初受象征性认知的影响逐渐演变成为真正的成人式的智力适应活动。

规则游戏中的规则主要是关于动作或语言的顺序以及在游戏中被允许的各种被禁止的动作或语言的规定，是保证游戏得以顺利进行的前提，也是游戏构成的中心。在象征性游戏中，幼儿关注的是角色的扮演过程，而不在意自己是否真的就是该角色或像这一角色。而在规则游戏中，幼儿更加关注行为的结果，他们在遵守规则的基础上，克服困难，为取得行为的结果（赢、取胜）而积极参与游戏。由此可见，这一阶段的幼儿游戏目的性、坚持性不断增强，并通过规则游戏的竞争性体现了出来。规则游戏的发展，标志着此时的幼儿语言及抽象思维的能力有了发展。通过游戏，幼儿对规则的认知和理解水平逐步得到提高，控制自己行为来遵守规则的能力也逐步得以增长，这有利于幼儿的社会性发展，在发展幼儿自我意识、增进幼儿自信心、掌握社会规则等方面有重要作用。

可见，幼儿游戏经历了从感觉运动性水平到象征性水平，再到规则性水平的认知演变过程，其中象征性是最典型的发展特征。游戏的认知发展趋势呈现出连续性和阶段性特点，是一个从量变到质变的过程。认知的发展是游戏内容（主题、情节）不断扩展和游戏形式（如玩法、人数等）逐步提升的重要心理条件；同时，幼儿游戏的发展也能促进幼儿认知的发展。因此，在教育实践中教师要从幼儿游戏发展所处的认知水平出发，对环境创设、游戏主题选编以及现场组织和实施等工作进行有效指导，既坚持幼儿主体性的充分发挥，又能实现游戏的全面教育价值。

五、幼儿游戏的影响因素

游戏对幼儿的身心发展具有非常重要的意义，科学指导幼儿游戏是每一位教师和家长的责任，了解幼儿游戏的影响因素是科学指导游戏的前提。

从性质上看，影响幼儿游戏的因素包括物理环境因素和社会因素，它们共同构成学前儿童游戏的客观背景；幼儿自身作为游戏的主体，其年龄、性别、个性等个体因素也会影响游戏的发展，它们构成影响学前儿童游戏的个体因素。

案例导入

一群孩子在玩"过娃娃家"，为角色分配争执了起来。"我要当妈妈！""我也要当妈妈！""每次都是你当妈妈，我也要当一次妈妈！""可是只有一个娃娃，我们只能一个人当妈妈！"

在建构区，一群男孩几乎要打起来了，老师过来看了看，原来是一些男孩在搭建高楼，另一些男孩在建构飞机。飞机完成后，孩子们很兴奋，跳跃欢呼，不小心碰到旁边的人，把高楼给弄塌了。

思考与讨论：

1. 引起孩子们争执的根本原因是什么？
2. 发现影响儿童游戏的因素，对我们指导幼儿游戏可以提供什么帮助？

物理环境因素是指游戏中物的因素，主要包括游戏场地、玩具材料、游戏时间等几个方面。

（一）游戏场地

1. 游戏场地的空间密度对游戏的影响

游戏场地的空间密度是指每个幼儿在游戏环境中所占的空间大小，即室内拥挤程度，其计算公式如下：

$$空间密度 = \frac{活动室的大小 - 不可用空间的大小}{儿童的人数}$$

心理学家史密斯和康洛利在一项研究中，观察幼儿在不同空间密度下发生的游戏行为。他们将空间密度分别设定为每个学前儿童平均 1.4 m²、2.32 m²、4.64 m² 和 7.0 m²。结果发现，当空间密度从 7.0 m² 降到 2.32 m² 时，幼儿的大动作游戏如追赶、混战等明显减少，具有较高社会性和认知水平的团体游戏增加；当空间密度降至 1.4 m² 时，攻击性行为增加，团体行为减少。因此，空间密度为 2.32 m² 是有效的可利用空间。不同空间对幼儿游戏具有不同作用，因此在有效空间内应经常调整空间密度，以便诱发游戏的各种功能。

2. 游戏场地的空间结构对游戏的影响

游戏场地的空间结构指空间的开放与区隔，以及区隔的形式等。不同的开放与区隔以及区隔形式对学前儿童均产生不同的影响。研究表明，开放性的游戏区域，便于幼儿开展集体性规则游戏、平行游戏和大动作游戏；较小的区隔式的游戏场地便于幼儿开展具有更高水平的认知性游戏和社会性游戏。所以，科学安排游戏场地将促进幼儿游戏水平的提高。

3. 游戏场地的地点对游戏的影响

游戏场地既可以在室内，又可以在室外，即户内和户外都可。

研究表明，如果给幼儿自己选择的机会，年长的幼儿比年幼的幼儿更倾向于选择户外游戏，而且男孩比女孩更喜欢户外游戏，他们在户外游戏的时间和发生频率也高于女孩。另外，在户外游戏场地，较少发生角色游戏和结构性游戏。

4. 户外游戏场地的类型对游戏的影响

根据游戏场地的结构特征可以将游戏场地分为传统游戏场地和现代化游戏场地。

传统游戏场地在我国幼儿园比较常见，经常是在场地上零星安放着一些固定的设备和器械，如跷跷板、秋千、转椅等，各种设备间缺少有机的联系。现代化游戏场地是由专业设计师或建筑师设计，可以提供给幼儿多样化的游戏设施和体验。

研究表明，不同的游戏场地引发的游戏不同。传统游戏场地多引发幼儿的机能性游戏，有利于动作和大肌肉运动能力的展开。现代化的游戏场地因为各种运动设施之间组合成整体，而且各种设施有多种用途，因而能够更好地激发幼儿的想象力、合作性等。

（二）玩具材料

1. 玩具材料的种类影响学前儿童的游戏行为

玩具按功能不同可以分为以下几种：

（1）形象玩具：娃娃、动物、医院玩具、交通工具、日常生活用品等；
（2）结构玩具：积木、积塑、橡皮泥、沙、雪或废旧材料等；
（3）智力玩具：拼图、拼板、魔方、纸牌、各种棋类等；
（4）音乐玩具：风铃、铃铛、口琴、小喇叭、小腰鼓等；
（5）体育玩具：大型玩具、中型玩具（秋千、木马等）、小型玩具（跳绳、呼啦圈、橡皮筋、毽子、皮球等）；
（6）娱乐玩具：不倒翁等；
（7）某些日常物品或天然材料及自制玩具：废旧轮胎、各种包装盒、小瓶子、用旧布料缝成的小动物、用饮料瓶做成的小花等。

以上玩具中，前6种制作精美、功能确定、游戏的主题相对固定，这些玩具称为专门化玩具；日常物品或天然材料及自制玩具则无固定的用途，其玩法也不确定，可称为非专门化玩具。

研究表明，玩具的种类不同，与之相适应的游戏种类也不同，幼儿表现出的游戏水平也不尽相同。当幼儿玩橡皮泥、黏土、沙子、积木、积塑等结构游戏材料时，更多的是非社会性游戏（单独游戏或平行游戏）；当幼儿玩娃娃、小动物、医院玩具、交通工具等玩具时，则更多地表现出社会性水平较高的象征性游戏。另有一项研究表明，当提供给幼儿的是炊具、餐具、娃娃等专门化玩具时，其游戏的主题仅仅限于"娃娃家"，一般都是做饭的内容；当提供给幼儿的是数量和大小相近的废旧材料时，游戏的主题多达11个，包括"娃娃家""医院""交通警察""孙悟空"等主题，而且在用废旧物品时更多的是进行象征性活动，比如在试验中，幼儿用半个皮球代替锅、碗、帽子、蘑菇、船和小瓶子共同组成"小乌龟"等，共计20多种物品。由此可见，非专门化玩具因为功能与玩法不确定，给幼儿想象力的发挥留出更多空间，游戏的情节更丰富，游戏的主题更富于变化。

2. 玩具的数量及搭配关系影响学前儿童的游戏行为（见图1-15）

图1-15　玩具数量及搭配关系对学前儿童游戏的影响

首先，玩具数量影响幼儿游戏行为。观察表明，当幼儿只有一个娃娃时，倾向于玩"娃娃家"的游戏；当其面前有几个娃娃时，更倾向于玩"托儿所"或"幼儿园"的游戏。一般而言，年幼的儿童对玩具缺乏独立的选择能力，具有较强的模仿性，故玩具数量少且外部特征明显时，更有助于游戏主题的稳定；而年龄大的儿童能够根据游戏主题从大量的玩具中选择自己需要的来开展游戏。

其次，玩具的搭配关系也会影响幼儿的游戏行为。学前教育专家刘焱教授研究发现，如果只给幼儿炊具、餐具等用具而不给幼儿娃娃，则出现的主要是机能性游戏，较少出现角色游戏；当娃娃出现时，"做饭"不再单纯是"做饭"，而变成"给娃娃做饭"，游戏从机能性游戏变成了角色游戏，表现出大量的象征性行为。

由此可见，我们在给幼儿提供玩具时不仅要注意玩具的数量，而且要注意搭配关系，更好地发挥玩具的系列化、联系性对幼儿游戏和智力发展的作用。

（三）游戏时间

幼儿园都有相对固定、较长的游戏时间，也有短暂的游戏时间。教师要保证幼儿充足的游戏时间，因为充足的游戏时间是幼儿游戏的首要前提。时间充足能够为幼儿游戏提供较多统筹安排的思考空间，因而游戏的水平较高。有时候幼儿会在结构游戏结束后根据自己建构的结果发展出角色游戏或表演游戏。而在时间比较短暂的情况下,幼儿无法统筹和编排游戏,也不能完全沉浸在游戏中,只能从事较低水平的游戏,不能很好地想象和创造,不能充分与同伴合作与交往,幼儿体验不到游戏的快乐,甚至会挫伤他们游戏的积极性。

社会环境因素是指影响幼儿游戏的人的因素,主要包括家庭、同伴、传媒和课程等。

(一)家庭

1. 亲子关系

母亲与婴儿形成的早期的社会关系对幼儿游戏的发生、发展具有重要的影响。

首先,母子之间的亲子关系有助于游戏中社会性因素的发展。

案例链接

在一个温暖的午后,一个一岁多的女孩正在院子里玩积木,妈妈坐在旁边的椅子上温和地看着自己的宝宝。宝宝不时回头看一眼妈妈,妈妈则报以温柔的微笑,宝宝接着陶醉在自己的游戏中。

当宝宝再次回头看妈妈时,发现妈妈不在了,宝宝眼睛里充满了恐惧和不安,宝宝马上站了起来,刚想哭,只听"喵"的一声,妈妈从一棵树后露出了脑袋,宝宝破涕为笑,眼睛里充满了期待。妈妈继续藏,宝宝继续找,整个院子里充满了母女的欢声笑语。这次妈妈藏的时间长了一点,等再次露出脑袋时发现宝宝不见了,马上出来找宝宝,只见宝宝从另一棵树后探出脑袋也学着妈妈的样子发出"喵"的声音。

这一场景相信每一个人都非常熟悉,在母女这种"藏猫猫儿"的游戏中,孕育着社会性游戏的所有萌芽:卷入、轮流交替、等待、重复等,同时包括了作为游戏手段的表情、动作和手段。这种亲子关系为以后幼儿社会性游戏的发展奠定了基础。

其次,母子之间的亲子关系有助于幼儿与物之间的非社会性关系的建立。母子之间良好的社会性关系的存在有助于幼儿与客观世界之间的非社会性关系的形成。一般来说,幼儿对物的注意要晚于对人的注意,且是以成人为中介的。幼儿与母亲在一起时,母亲会自然地将幼儿的注意力引向某些物体。例如,母亲手中拿着一个玩具熊,当把它展示给幼儿时,母亲会说:"宝宝看,这是什么?噢,一只可爱的小熊。"这样,以母亲为中介的幼儿与物之间的关系形成了。

最后,母子之间的亲子关系为幼儿的探索和游戏提供了安全感和强化作用。如上述案例,在幼儿专心于自己的游戏时,旁边的母亲就是幼儿的"安全岛",为幼儿的探究和游戏提供了心理上的安全感,幼儿可以更加积极地投入游戏中。观察表明,当母亲在场时,幼儿对玩具会表现出稳定而持久的注意;母亲一旦离开,幼儿就会变得心神不宁。

2. 育儿态度

育儿态度是指父母的行为特点和个性品质造成的对子女的养育方式。研究表明,幼儿的游戏品质、对游戏的偏好以及游戏的风格等都不同程度地受家长育儿态度的影响。

一般将育儿态度分为四种:敏感型、放任型、专制型和民主型。在不同的育儿态度下成长的学前儿童其游戏行为表现出一定的差别。

敏感型——其特点是过度保护。这样的孩子在游戏时缺乏主见，他们更喜欢听从别人的安排，好模仿，也容易旁观别人的游戏。

放任型——其特点是放任自流，对孩子少加约束，对孩子既不关心，也不要求，更不理解。这类孩子在游戏中往往独立性、自主性较强，但缺乏必要的交往技能，以自我为中心，不能理解别人，与别人的合作性不强。

专制型——其特点是家长对孩子往往要求较高，求全责备，他们过度指责和专制的态度，往往使孩子缺乏自信心。表现在游戏中，这类孩子不善于交往，自尊心较强，对人冷漠，喜欢独自游戏，在游戏中自我欣赏。

民主型——其特点是民主和谐，尊重孩子意见。这类父母在生活中既对孩子提出一定的要求，也注意倾听孩子的意见，尊重孩子的意愿。在这种民主和谐的家庭生活中，孩子比较成熟，善于交往，待人热情，在游戏中往往成为主要角色，游戏能力较强，爱玩社会性的游戏。

3. 家庭结构

家庭结构主要是指家庭结构完整与否，即是完整家庭还是由于婚姻破裂导致的不完整家庭。研究表明，完整家庭的幼儿比单亲家庭幼儿开展想象性游戏的能力更强，游戏的内容更丰富。

4. 家庭氛围

家庭的气氛对游戏的水平也有影响。研究表明，即使是父母双全的家庭，如果家庭成员间的关系不和睦，家庭气氛不和谐，父母缺乏对幼儿的关心，也会导致幼儿信任感和安全感的消失，进而影响幼儿的游戏水平。而在那些家庭关系和谐、能够给幼儿以安全感的家庭中，幼儿更倾向于积极探索物质环境，了解物体的性质和用途，更倾向于以积极的心态去做"假装"的游戏。

由此可见，家庭是幼儿游戏发展的重要影响因素，家庭的结构、气氛以及家庭成员之间的关系等都会影响幼儿游戏的发展，进而影响幼儿身心各方面的发展。因此，作为家长应该更多地从幼儿成长的角度，为幼儿营造一个温馨、健康、积极向上的家庭环境。

（二）同伴

幼儿在游戏中结成的伙伴关系是幼儿世界的人际关系。幼儿有无同伴、与同伴的熟悉程度、同伴的年龄以及同伴的性别都会对幼儿的游戏行为产生不同的影响。

（三）媒体

当今社会是一个信息社会，书籍、广播、电视、电脑等媒体正成为幼儿生活中不可缺少的组成部分。它们的出现和广泛应用，一方面给幼儿提供了大量的信息，丰富了幼儿的知识，另一方面也对幼儿产生了一定的负面影响。

（四）课程

课程结构的不同对幼儿的游戏会产生影响。幼儿园的课程模式按照其结构的严密性可以分为高结构课程和低结构课程。高结构课程强调教师在活动过程中的组织和领导，课程实践活动均有具体的教育目标，活动内容都有严密的流程，教师作为组织者、调控者，控制整个活动过程。低结构课程强调幼儿在活动中的自主性,在实践中目标比较模糊笼统,活动过程比较自由,幼儿有更多自由选择的机会。

教学实践中我们观察到,在高结构课程中,建构性游戏或操作性游戏更为常见;而在低结构课程中,象征性游戏等社会性游戏更为多见。

游戏活动演练

游戏1:踩影子

游戏目的:训练追逐跑和躲避的能力,让学生体会游戏场地大小对开展游戏的影响。

游戏规则:选择有阳光的日子,在室内和室外分别组织一次踩影子游戏,两人一组,可以是一人躲、一人踩,也可以是边躲边踩,训练学生的反应能力。

说明:此游戏既可作为幼儿园游戏活动,也可作为亲子活动。

游戏2:无敌梅花桩

游戏目的:发展学生的平衡能力。

游戏材料:4个旺仔牛奶罐为一组制作的梅花桩10个。

游戏规则:10人一组,单脚站在梅花桩上,计时60(在幼儿园组织时可把时间减少)秒,在规定时间内单脚或双脚没有落地的得分,反之不得分。

知识与技能检测

1. 简答题

(1)影响幼儿游戏的因素有哪些?

(2)在社会性影响因素中的育儿态度包括哪几种类型?各对孩子游戏产生什么影响?

2. 案例讨论题

婷婷是最近刚转来的一名幼儿,她每天被打扮得干干净净、漂漂亮亮地来幼儿园,老师和小朋友都非常喜欢她,尤其是开展游戏时,小朋友都争着邀请婷婷来自己的游戏区。可是婷婷像个高傲的小公主,总是不参与任何一组的游戏,只在一旁默默地看。时间长了,其他小朋友也不邀请她了,婷婷越来越孤立。老师观察了婷婷一段时间,发现她并不是不想参与伙伴的游戏,其他人在玩的时候,婷婷满脸的羡慕。老师就问婷婷:"婷婷,为什么不和小朋友一起玩呢?""妈妈说……脏。"婷婷细声细气地说。

婷婷妈妈来接婷婷的时候,老师就和她谈了婷婷的表现。妈妈笑笑说:"可能她和大家不熟悉,时间长了就好了。"过了一段时间,婷婷还是如此,老师就决定进行一次家访。当老师来到婷婷家后,明白了一切。婷婷的父母特别爱干净,家里每天要用84消毒液消毒。婷婷在家不能乱动,要洗无数次手。妈妈还教育婷婷,幼儿园的小朋友太脏了,不要随便和他们拉手、搂抱。父母的教育影响着婷婷,才造成婷婷现在的状况。

老师和婷婷父母进行了一次深入的长谈,交流了婷婷现在的状况以及在成长中可能造成的影响,谈了自己的教育建议。婷婷父母这才醒悟自己的教育方式对婷婷的不利,决定和老师一起努力,让婷婷变成一个合群的、能与别人正常交流的女孩。

讨论:通过阅读以上案例,你认为婷婷父母对她的教育产生什么不利的影响?试分析家庭因素对学前儿童游戏的影响。

3. 实训项目

项目一：收集童年时期最喜欢玩的 3 个游戏。

目的：理解游戏的特点。

形式：独立完成。

要求：写出游戏名称、游戏类别、游戏玩法、游戏价值。

项目二：制作"童年游戏"手册。

目的：体验合作的价值，分享不同类别的游戏。

形式：10 人一组合作完成，小组按"不同质"的特点进行分配。

要求：将相同或相似的游戏进行合并或改编；编辑游戏手册，力求美观、实用、有创意。（可结合美术中的绘本教学）

资料传真

室内游戏活动区角规划参考表

设置条件 游戏区	场地要求	必要设备	注意事项
角色区	宽敞，最好便于取水	角色区隔移动材料、仿真儿童家具、移动存储箱、陈列柜、挂物	置于静与动的过渡带
结构区	宽敞，可考虑与娃娃家邻近，最好有地垫降噪	分类玩具架、移动存储箱、便于取放材料的小篮、小桌、托盘、展示台	相对独立、安静
表演区	宽敞，与音乐区靠近，并远离安静区	幼儿表演舞台、操作表演台（木偶表演架、桌面表演）、道具架或柜、镜子、简易灯光装置	儿童有充分的表演空间
语言区	光线较好而安静，与其他活动区隔离，接近电源插座	录音机、桌子、书架、舒适的椅子、可席地而坐的地台、地垫、各类经典的图画书	独立设置，同类图书 3 册左右
美工区	宜设于安静区，且离水源较近处	材料架、桌子、展示板或台、画架、泥工板及工具、绘画工具、手工工具、艺术作品图鉴	有充分的展示预留区
科学区	安静区域，最好置于窗前，有较充足的阳光及流通的空气，且为自然光线，便于幼儿观察	观察台、操作台、分类科学柜及材料、托盘、科普图书、科学挂图、实验结果展示墙	独立设置，最好每个人活动也相对独立；操作材料充足
益智区	安静区域，独立安置	分类材料架、操作台、托盘、知识故事、操作材料	独立设置
音乐区	与表演区邻近，远离安静区	琴、CD 机或录音机、磁带、光碟、打击乐器、服装、面具等道具	建立减噪常规
休闲区	安静、温馨	休闲桌椅或小房子	独立设置，2~3 人活动
公共储物角	不影响幼儿活动，便于取拿的角落	归类储物箱、低结构半成品、自然物、废旧材料	注意清洁、整理和消毒

模块二 幼儿游戏与学前教育

一、幼儿游戏与学前教育的关系

游戏是幼儿的基本生活方式,是学前教育的一种重要教育手段,这已成为全世界主流教育界的共识。这样,教育也就必然要与幼儿的游戏发生不同性质、不同层次或不同方面的联系。因此,考察幼儿游戏与学前教育的关系成为我们必然要探究的问题。

(一)游戏是幼儿的权利

游戏在每个人的幼儿期都扮演着重要的角色,对于幼儿的发展具有重要作用,每一个幼儿都有游戏的权利。给幼儿游戏的权利是促进幼儿健康和谐全面发展的基本策略,好的学前教育是保障幼儿游戏权利实现的重要渠道。

1989年8月在丹麦哥本哈根举行的"世界幼儿教育大会"的主题就是"保护儿童游戏的权利"。《儿童权利宣言》中强调"儿童应有游戏和娱乐的充分机会,应使游戏和娱乐达到与教育相同的目的;社会和公众事务当局应尽力设法使儿童得享此种权利"。1989年11月20日第44届联合国大会一致通过的《联合国儿童权利公约》第31条明确规定:"缔约国确认儿童有权享有休息和闲暇,从事与儿童年龄相宜的游戏和娱乐活动,以及自由参加文化生活和艺术活动。"该公约确认儿童不仅有发展权、受教育权,而且还有享受游戏的权利。1989年6月我国颁布实施(1996年6月修订)的幼儿教育第一部行政法规——《幼儿园工作规程(试行)》中也指出:"游戏是对幼儿进行全面发展教育的重要形式","幼儿园教育应该充分尊重幼儿作为学习主体的经验和体验,尊重他们身心发展的规律和学习特点,以游戏为基本活动,引导他们在与环境的积极相互作用中得到发展"。除此之外,1990年联合国儿童问题首脑会议通过的《儿童生存、保护和发展世界宣言》《执行20世纪90年代儿童生存、保护和发展世界宣言行动计划》,以及我国政府先后颁布的《中华人民共和国未成年人保护法》《20世纪90年代中国儿童发展规划纲要》等一系列文件和法规中均明确规定了幼儿游戏权利的问题。

可见,每个幼儿都有游戏的权利,这是任何人都不能剥夺的。而我们要保护幼儿、尊重幼儿、促进幼儿的发展,就要尊重幼儿的游戏权利,为幼儿创造适宜的环境,提供充分活动的机会,鼓励幼儿更多地参与到有创造性的游戏活动中去。

(二)游戏具有教育功能

站在教育的角度审视游戏和站在游戏的角度反观教育,是两种不同的视界,会得出不同的结果。首先,是站在教育的角度来审视游戏,集中在游戏的教育功能上。游戏作为一种活动形式,哪些游戏类型能促进幼儿的身心发展?哪些游戏类型能使社会所需的知识技能得以形成和发展?这是游戏教育功能的题中应有之意。在了解游戏教育功能之前,首先需要回答什么是教育。所谓教育,是一种与人的完整生活密切相关的培养人的社会活动,这种与人的完整生活的密切相关性,既表现在教育终极目标对完整生活主体的追求上,又体现为具体的教育过程与幼儿现实生活和未来生活的恰当而完整的联系。而游戏的教育功能,即是指从幼儿身心发展特点出发,游戏作为一种基本的教育活动对幼儿所起到的作用。

对幼儿来说，游戏是最好的学习方法，被看作是幼儿的一种天性行为，它适应并满足幼儿身心不同方面发展的需要，能促进幼儿的自主发展。但游戏又不可避免地受制于社会文化的影响，是一种重要的社会文化现象，人们对"游戏"教育功能的认识也是伴随着社会的前进、历史的发展而逐步深入的。因此，教师可以通过游戏过程对幼儿进行引导，所以游戏又是一种促进幼儿发展的教育活动。

胡森在《国际教育百科全书》一书中对游戏的教育功能做了简明扼要的归纳。他认为：通过各种不同类型的游戏活动，能培养儿童如下能力和品性：简单的身体协调；简单的身体适应；较复杂的身体协调；复杂的身体协调；记忆；创造性；预见技能；掩饰技能；配合；规则指导行为；对待成功和失败的态度；自居作用与感情移入；勤奋、自我牺牲和勇敢等。一些学者更是认为，玩耍及其所包含的情感的满足对幼儿也有重要价值。游戏能使幼儿克服紧张情绪、消除愤怒，也有利于幼儿始终保持积极乐观的情绪，促进幼儿身体的生长发育。我国学者经过研究也发现，游戏对于幼儿来说在智力、社会性、情感的满足和稳定方面以及身体的生长发育方面都具有发展功能；另外，在游戏中，教育的指导也是必要且重要的。游戏是幼儿主动参与的活动，在游戏中幼儿用自己的方法去感知和探索周围的世界，模仿和演练社会行为规范，但随着幼儿自觉性的萌生和逐渐提高，就会出现自觉与自发的协调问题，教育的重要意义就在于及时提供有效的帮助、引导和支持。

需要指出的是，游戏的教育功能是有限度、有前提并不断发展变化的，因此，教师要善于把握游戏中的教育契机，既赋予游戏一定的教育目的或功能，又不损害幼儿自由选择的权利、不压制幼儿自由活动的需要。这样，游戏才能最大限度地发挥其教育功能，提高教育的效力。

（三）学前教育需要游戏

从教育的角度审视完游戏后，一个更为重要的视角就是从游戏的角度关注教育。幼儿园是区别于家庭和其他场所的专门的学前教育机构，幼儿园的教学应具有游戏性。游戏性意味着幼儿能自主、自由、平等地参与教学过程，教学过程中幼儿个体经验的投入、丰富和扩展突出的是幼儿的游戏体验以及他们在游戏中的主体性和愉悦性。在传统的学前教育中，幼儿仅仅被视为是教育塑造的客体，其主体地位和个体差异被忽视。教师和家长将有目的、有计划地向幼儿传授知识、为幼儿适应应试教育打基础作为教育目的，这是一种具有强制精神和规范精神的非游戏性教育。幼儿是具有主观能动性的独立个体，他们通过直接操作与具体感知促使身心发展，因此，在教育教学实践中，教师与家长应与幼儿平等对话，给他们创设一个自由的环境，引导他们主动参与教育活动。然而，学前教育的游戏性并不意味着对幼儿完全放任，学前教育需要计划与规则；也即是说，任何一个具体的教育活动都具有某种程度的游戏性与非游戏性，游戏性这种自主、自由的精神同非游戏性这种强制精神、规范精神，往往处在一种此消彼长的关系中，教师在具体的教育教学过程中要不断地在二者之间寻求某种最适宜该时该地具体情境的恰当平衡点。

从另一个侧面来看，幼儿的身心发展特点和学前教育的游戏性决定了幼儿园必须寓教育于幼儿的活动之中，而最好的活动便是游戏，游戏是幼儿生活与教育不可或缺的重要内容。在幼儿园中，游戏主要有两种形式：一种是幼儿自主发起的自由游戏，它是幼儿身心发展的基础活动和生成教学游戏的土壤；另一种是教师有组织的教学游戏，它有效地提升了游戏的教育含量，具有明确的目标指向，是幼儿园教学活动的主要形式。处理好这两类游戏的关系是保证保教工作有效进行和幼儿身心健康发展的前提，我们既不能一味强调教学游戏，机械地搬用某些游戏形式而不重视实质的游戏乐趣，忽视幼儿自由游戏的价值；又不能对游戏放任自流，忽视教育目标甚至放弃教育。我们应以幼儿身心全面发展为基础，以多元的价值观为指导，将两类游戏有机地统一到幼儿的发展目标上来。

综上可见，"教育"与"游戏"通过游戏的教育功能与教育的游戏性这两个方面紧密地联系在一起。一方面，两者具有本质上的区别，专门的教育教学更多地强调目的、计划和效果，强调教师对幼儿活动的指导，而游戏则更多地强调兴趣、表现以及过程，强调幼儿自主的活动，两者都有独立存在的价值。另一方面，我们谈论游戏的教育功能，并不是要否定游戏的快乐原则，游戏在于享乐，享乐也具有某种潜在的教育价值。游戏对于儿童来说，本身就是一种发展，因为儿童在游戏的同时，身体与精神也得到了某种程度的放松和自由，从而为其发展提供了机会和准备。然而，这并不意味着所有的游戏对于儿童的发展都是积极的，幼儿身心发展的未完成性和游戏层次、类型的复杂性决定了它需要教育的引导和规范。总之，游戏与教育在儿童整个发展历程的不同阶段共同起到了重要的作用。

二、游戏教育及其模式探索

（一）游戏教育源起

游戏很早就被看作是"幼儿的需要"，其本身就有着教育的功能，因此，人们从未停止运用游戏来对幼儿进行教育的尝试，正如美国著名哲学家、教育家杜威所说："无论何时，无论何国，凡是儿童的教育其大部分莫不借助于游戏与竞技，而对于年幼的儿童，尤其不能不如是。"而不同时代背景的人们从事教育实践的目的不同和所持有的价值观念不同，决定了游戏教育模式的差异。

游戏产生历史悠久，渊源于远古时期。在原始社会，游戏就对幼儿认识成人社会和掌握一定的生活技能起过重要作用。而将游戏用于教学实践，并对游戏与教育的关系进行论述可以从古希腊谈起。例如，在雅典和其他希腊城市所流行的幼儿游戏达50余种之多，最常见的是掷骰子、猜单双、玩球等。雅典的幼儿教育较为重视玩具的教育作用，其玩具包括各种各样的彩陶娃娃和泥制动物，还有铁环、陀螺、玩具车等。此外，雅典还将学习音乐、唱歌、吟诗、弹七弦琴和吹笛子等作为主要学习内容。可以说，雅典的幼儿教育是将游戏运用于教育的早期典型。关于通过游戏进行教育，许多哲学家、思想家和教育学家均对此有所论述。

古希腊著名哲学家、教育家柏拉图认为，喜欢游戏是幼儿的天性，但游戏不仅仅是玩耍、娱乐，也应与道德教育相结合。游戏中要防止出现违反规律和秩序的现象，要着重培养幼儿勇敢、聪慧、严肃和守法的性格。因此，"我们的孩子必须参加符合法律精神的正当游戏。因为，如果游戏是不符合法律的游戏，孩子们也会成为违反法律的孩子，他们就不可能成为品行端正的守法公民"。可见，在柏拉图的游戏教育思想中，体现了要求筛选和管理游戏的主张。

亚里士多德进一步提出教育要"适应人的天性"的原则，提出指导幼儿游戏要防止幼儿过度疲劳，他强调在体育实践中，应该养成"健美的体格而不是野蛮的兽性的体格"。古罗马教育家昆体良认为幼儿初学字母时可以用雕有字母的象牙人像，使幼儿在玩的当中学会字母。17世纪意大利人文主义者康帕内拉在其名著《太阳城》中认为，幼儿在2~3岁时就应该根据墙上的图表、画图和文字学习字母文字和语言，而且应把游戏与学习结合起来。

英国著名哲学家、教育思想家洛克认为，教学要从幼儿的年龄特点出发，使读书变得饶有趣味，从而产生一种轻松感和愉快感。例如，选择附有字母的玩具学习字母，再用印有动物名字的图片学习拼读，而后选择一本容易、有趣而又适合于幼儿能力的插图书籍来学习阅读，这样寓学习于兴趣之中，他们就会把求学当成另外一种游戏或娱乐去追求，自己去要求学习。

法国教育思想家卢梭极其重视游戏对幼儿身心发展的作用，他认为幼儿最好是在生活中、在游戏中学习，这样的学习有趣、易懂、对生活有用。他甚至提出要使幼儿离开折磨他们的书本，必须在游戏、在生活中度过其童年。第一个系统地讨论了幼儿教育的教育家夸美纽斯针对"禁欲主义""经院主义"的教育提出了"自然适应性原则"，他指出："游戏是发展各种才能的重要智力活动，是扩大和丰富儿童观念范围的有力手段。"

以上教育家对游戏教学的论述尚未形成系统的理论体系，只有零散、随意的游戏穿插在教育之中。真正的学前公用教育开始于19世纪初，直至德国教育家福禄贝尔（1782—1852年）才发展出了一套比较完善的幼儿教育体系。

（二）国外游戏教育模式探索

1837年，福禄贝尔在勃兰登堡开办了第一所专门的学前教育机构，1840年正式命名为"幼儿园"（kindergarten）。在他创办的幼儿园中，游戏是幼儿的主要活动，幼儿的生活充满欢乐。他认为，游戏是幼儿活动的特点，游戏和语言是幼儿生活的组成因素，幼儿游戏活动往往伴随着语言的表达，这有利于幼儿语言的发展。福禄贝尔还设计出一系列幼儿玩具和幼儿园教具及教学法，他设计的"恩物"与"作业"为幼儿各阶段的发展提供了教学手段。"恩物"也可称为幼儿玩具和作业用具，是福禄贝尔为幼儿游戏和作业而制作的，后来逐步发展成为幼儿园的教学用具和材料。

福禄贝尔主要的学前教育思想包括如下几点：第一，教育应当适应幼儿的发展。他认为教育应遵循幼儿的自然本性，实现幼儿的天然禀赋。幼儿不是成人的缩影，幼儿园的教育应与学校不同，他为幼儿创建了一种不用书本的学校。第二，教育应以幼儿的自我活动为基础。幼儿的天性是善的，幼儿通过自我活动实现内部的发展，教师只为幼儿提供条件，不进行干预，必要时才要幼儿服从一定的要求。第三，游戏有重要的内部价值。他认为："儿童早期的各种游戏，是一切未来生活的胚芽；……人的整个日后生活的渊源都在幼儿早期。""游戏是幼儿教育的基础。""游戏是内部存在的自我活动表现，也是一种创造性活动，促进幼儿的成熟和学习。"福禄贝尔的游戏教学理论第一次奠基于对幼儿身心的科学认识上，并阐释了游戏促进幼儿身心发展的内在机制，为游戏教学逐步成熟奠定了坚实的基础。他也是第一个试图建立幼儿游戏体系的教育家，是引领现代学前教育第二次革命性进步的代表性人物，他研究了已有的学前教育理论，系统地阐明了幼儿园的基本原理和教学方法，著有《幼儿园教育学》（1862年），《慈母游戏和儿歌》（1843年）等书，并在幼儿园中进行实践。

意大利教育家蒙台梭利是继福禄贝尔之后在现代教育史上对幼儿教育及游戏教学理论具有重大贡献的幼儿专家。她创办的"幼儿之家"从实践走向理论，从而形成一套独特的游戏教学理论。1909年，蒙台梭利发表了《适用于幼儿之家的幼儿教育的科学教育方法》，阐明了自己教育方法体系中的基本因素——自发冲动、自发行动和个体自由。蒙台梭利认为幼儿的自发冲动是一种无意识地追求某种东西的动作，通过这种动作幼儿的生命力不仅得到表现和满足，而且得到进一步发展，而游戏就是一种幼儿自发冲动下的活动。蒙台梭利设计了3大类共14种教学玩具，包括用于实际生活训练或动作教育的、用于感官教育的、用于读写算准备练习的，这套教具具有很高的教育价值，在20世纪初风行一时。

20世纪初，美国实用主义哲学家、教育家杜威从他的"活动"理论出发，为游戏教学奠定了哲学基础。杜威非常重视幼儿的游戏活动在教学中的作用，他认为经验是学习的基础，在原始本能与冲动的驱使下，幼儿主动地与环境相互作用，获得经验，而游戏是幼儿获得经验的主要形式。他强调幼儿"从做中学""从经验中学"，在主动作业中获得发展。主动作业包括游戏、竞技、建造等，这些都是使幼儿有机会从事各种调动他们的自然冲动的活动，最容易成为幼儿所喜欢的事情。这样，幼儿就可以通过自身来对周围世界进行认识和理解。

（三）中国的游戏教育

我国的教育家很早就对幼儿游戏教育有了论述，在《礼记·内则》《少仪》《大戴礼记》《贾谊新书·保傅篇》等中都有关于幼儿游戏教育的探讨。我国的幼儿教育向来有"寓教于乐"的游戏主张。宋、明兴起的蒙养教学比较注重幼儿的学习兴趣，强调要教人"乐学"，多注重歌舞、吟诗、讲故事之类，让幼儿在欢呼嬉笑之间，习得行为规范。程颐曾说，"教人未见意趣，必不乐学"；朱熹亦强调乐教的重要性；王守仁主张，"大抵童子之情，乐嬉游而惮拘检，如草木之始萌芽，舒畅之，则条达；摧挠之，则衰萎。今教童子，必使其趋向鼓舞，中心喜悦，则其进自不能已。譬之时雨春风，沾被卉木，莫不萌动发越，自然日长月化，若冰霜剥落，则生意萧索，日就枯槁矣"。"童子戏"是当时幼儿教育常用的游戏教学方法之一。古代教育家们已认识到幼儿的特点，但受封建社会的影响，要求幼儿"少年老成""勤有功，戏无益"的观点极为普遍，因此，当时的主流幼儿教育还是非游戏化、违背孩子天性的。

清末维新人士及清政府都注意到幼儿教育。1903年，清政府制定的《奏定学堂章程》（以下简称《章程》）规定：幼儿的教育"以蒙养院辅助家庭教育"，保育教导的主要内容有"游戏、歌谣、谈话和手技"。根据《章程》的指示，我国最早的学前教育机构——武昌模范小学蒙养院于1903年诞生，次年上海也建立了务本女塾幼稚舍。此外，清末许多报纸都辟有游戏专版，有的致力于推动幼儿游戏。

我国以托幼机构教育实践为基础的幼儿游戏教育理论与实践研究始于20世纪20年代，至今大致经历了以下四个阶段：

第一阶段是20世纪20—40年代。这一阶段是在介绍和引进国外游戏理论的基础上，开始我国幼儿游戏研究的工作，主要代表人物是陈鹤琴。1923年，陈鹤琴创办了我国第一个幼儿教育实验中心——南京鼓楼幼稚园，1940年还建立了我国第一所公立幼儿师范——江西省立实验幼稚师范学校，积极倡导和躬行将游戏充分运用于幼儿教育中。陈鹤琴认为，幼儿之所以喜欢游戏与两方面因素有关：一方面与幼儿游戏的力量、体力和能力、动作技能的发展有关；另一方面与幼儿好动的天性和游戏能给孩子以快感有关。从幼儿身心发展的角度考察幼儿游戏的原因与游戏的发展变化是其幼儿游戏思想的核心。他提出："游戏是儿童的生命，游戏具种种教育上的价值，我们更加宜利用的。""我们应当依儿童的年龄，给予各种游戏工具，使他有适当的游戏"。他主张"游戏性教育"，"儿童既喜欢游戏，我们就可以利用游戏来支配他的动作，来养成他的习惯"。他还提出："游戏从心理方面说是儿童的第二生命，五六个月大的小孩子就表现出对游戏的兴趣……到了进幼稚园的时候……他所需要的游戏比以前复杂得多了。游戏从教育方面说是儿童的优良教师。他从游戏中认识环境，理解物性；他从游戏中强健身体，活泼动作；他从游戏中锻炼思想，学习做人。游戏实是儿童的良师。"基于陈鹤琴的研究，游戏在当时成为幼儿园课程的重要组成部分。此外，张雪门、张宗麟、孙铭勋、王骏声和樊兆更等也对幼儿的游戏教育进行了探讨。

1928年，当时的国民政府教育部制定并颁布了《幼稚园课程标准》，其中把游戏规定为幼儿园课程的重要内容；并指出，幼儿园游戏内容包括计数游戏、故事表情和唱歌表情游戏、节奏和舞蹈游戏、感觉游戏、模拟游戏及传统游戏。在组织幼儿进行各种活动时主张尊重幼儿的意愿，注重教师的指导，包括小组指导和个别指导。这一时期注重让幼儿通过实际生活和游戏获得各种经验。

第二阶段是20世纪40—60年代。这一阶段我国幼儿教育理论与实践全面苏化，排斥了来自欧美的幼儿教育理论与实践，但中国化研究不够。在该阶段，以社会历史文化学派的心理学理论为基础的游戏理论对我国幼儿游戏教育理论与实践的发展产生巨大的影响。如强调活动在幼儿心理发展过程中的主导作用，强调游戏的社会性本质，反对本能论，注重利用主题角色游戏和规则游戏来设计教学游戏等。

我国幼儿游戏教育模式的第三个探究阶段是"文化大革命"时期。在该时期我国教育的发展受到阻碍，学前教育的研究也处于停滞状态；相反，国外幼儿园教育理论与实践却处在迅速发展时期。

第四阶段是20世纪70年代末至今。20世纪70年代末到80年代初，相当数量的学前教育工作者不了解国外幼儿游戏研究的状况，指导幼儿园教育实践的主要是苏联20世纪50—60年代的游戏理论。我国幼儿游戏教育研究力量薄弱，专业研究队伍人数少，对游戏的研究也仅局限于学前教育领域。20世纪80年代初到80年代末，我国学者广泛翻译世界各国的幼儿游戏教育研究的著作，在介绍国外游戏教育理论的基础上寻求我国本土的幼儿游戏教育模式。

20世纪80年代末以来，我国幼儿园教育从观念到实践都发生了较大的变化，以幼儿园课程改革为核心的幼儿园教育改革蓬勃发展，一些科学的幼儿观和教育观越来越多地被幼儿园教师所接受。如：尊重幼儿独立人格与权利，尊重幼儿学习的主动性、创造性，培养与发展幼儿的主体性等。幼儿教育研究者们正在尝试建立具有中国特色的幼儿教育理论体系，也出现了许多有特色和有影响的理论与实践研究。

目前以北京师范大学、南京师范大学等为代表的高校，为学前游戏教育做出众多贡献。上海静安区幼儿园在近20年的探索与实践中，针对幼儿游戏开展了一系列深入的改革与课题研究，摸索总结出一套行之有效的做法。

1. 日常生活中的自由游戏

自由游戏的特点是开放、松散。教师在教室、走廊创设许多以物为媒体的游戏，游戏的内容是多方面的，游戏的难易是多层次的，游戏的材料是多种类的，游戏的玩法是多变的，游戏的时间是随意的（可在来园后、饭后、间歇等时间），游戏占据的空间是多方位的（有桌面、地面、墙面等）。幼儿参与游戏的方式是按个人意愿进行，以个别活动为主。幼儿在游戏中的学习活动以自发兴趣为导向，通过摆弄、操作等方式来进行。自由游戏着眼于幼儿在游戏中的体验，幼儿按照自己的意愿自由选择，自主游戏。教师则观察、了解每个幼儿的发展水平与学习特点，以此为任务定向游戏、集体游戏提供活动设计的依据。

在此种游戏活动中，幼儿游戏性最强，教师对游戏过程的干预最少。

2. 活动室的任务定向游戏

活动室的任务定向游戏具有半封闭、低结构的活动特点。在教师创设的游戏环境中，封闭性和开放性并存。在游戏设计上，教师按照幼儿每一阶段的学习，有顺序、有内在联系地安排游戏材料，并给予幼儿专门的时间与空间（非正式活动室），让幼儿体验某方面的感性经验。相对于自由游戏而言，任务定向游戏环境中的学习要求更外显一些，提供幼儿游戏的材料也更为集中一些，幼儿游戏时间相对固定。但在游戏过程中幼儿仍可自由地个别玩或结伴玩，仍可按自己的发展水平和学习速度进行游戏，同时接受教师一定的启发、引导或点拨。

在任务定向游戏中，教师的主要任务是观察幼儿的游戏过程，了解幼儿的游戏结果，并调整游戏的内容，使游戏中的任务定向始终与幼儿的原有水平保持一种幼儿学习的最近发展区。同时注重幼儿发展的个体差异，为发展较快或较迟缓的幼儿提供适宜的游戏内容，引导他们与同伴进行横向交流。

3. 教师组织的集体游戏

教师组织的集体游戏具有封闭和高结构的活动特点。教师事先设计的游戏目标指向明确，游戏设计周密，教师组织游戏的语言严谨，层次清楚。教师以集体的方式（全班或分组）进行，游戏过程既受教师的影响，又受到同伴的影响，幼儿游戏的进程受教师事先设计的游戏方案制约。这类游戏学习要求更为明确，但在设计与游戏组织进程中，教师应注重激发幼儿产生自愿、自发的动机与积极愉快的主观体验。教师的任务是让幼儿在游戏中愉快地学习、自主地发展。教师组织的集体性游戏，相对自由游戏、任务定向游戏而言，可以是前置性的，即对幼儿今后阶段的学习起引导、启迪作用；可以是过程性的，即对当前幼儿学习普遍需要解决的难题通过集体游戏得到解决；也可以是后置性的，即对幼儿一个时期的学习内容进行综合、归类。

北京市在发展和建立游戏实验园、开展"以游戏为基本活动"课程模式的研究和探索中，取得了丰硕的研究成果。他们关于"区域游戏与主题游戏的融合"就是一种把幼儿的学习融入游戏之中的课程模式。

1. 区域游戏

课程把幼儿的区域游戏划分为六大类，它们是建构类、美劳类、表演类、益智类、角色类和运动类。其中，建构类游戏由大型建构、小型建构、沙水建构组成；美劳类游戏由绘画、手工制作、欣赏组成；表演类游戏由歌舞表演、故事表演组成；益智类游戏由观察、操作、阅读、探索、规则游戏组成；角色类游戏由现实生活角色和非现实生活角色组成；运动类游戏由大中型体育设施、中小型器械、手持轻器械、自然物游戏组成。六大类游戏在课程中的作用主要是创设能够支持幼儿兴趣活动的物质环境，保证幼儿素质潜能的开发和个性的充分发展。教师有计划创设的区域游戏环境应包含幼儿园基本的教学任务，各区域游戏在目标上既各有侧重，又有重合。

2. 主题游戏

主题游戏是指教师根据幼儿的兴趣和发展需要灵活生成的活动。游戏的线索是幼儿随心所欲的发散性思维，其中也渗透了教师有意识的鼓励和帮助。课程把幼儿的主题游戏划分为自我认识、生存环境、生物世界和科学探索这四大类。主题游戏在培养幼儿学会主动学习方面起着突出作用。它能够启发幼儿探究的兴趣和养成合作研究的习惯，使每一个幼儿都能借助集体的力量，实现学习能力（包括认识能力、表达能力、表现能力）的自我超越。游戏的表现形式以小组学习为主，不同主题、不同内容的游戏，参加的幼儿人数也不同。

3. 区域游戏与主题游戏的融合

幼儿的区域游戏和主题游戏是既有区别又有联系的。一般来说，幼儿在区域游戏中关注的是区域中环境的探索和游戏内容的挖掘；在主题游戏中关注的是寻找兴趣点和合作研究、表达、表现。由于这种划分不是由规则所限定，而是由幼儿兴趣和游戏需要自然形成的，因此两种游戏就经常彼此融合。幼儿可能在某一游戏区发现兴趣点，生成主题并把游戏扩展到其他区域；也可能在主题游戏中形成分工，分散到各区域中去研究、探索、表达、表现，并转化为区域游戏的主要内容。正因为两种游戏具有相互联系、相互依存的特点，在教育实践中努力使这两种游戏自然融合，就能达到1加1大于2的效果。

三、游戏中玩具的运用

教玩具是幼儿进行游戏和教师开展游戏教学的基本工具，是保障游戏活动有效进行的重要条件。因此，要更好地进行游戏实践，使幼儿从中获得身心不同方面的发展，需要对教玩具有整体的认识和把握。

（一）教玩具的含义

教玩具是幼儿认识事物、积累经验、发展智力的主要途径和学习方式，也是游戏开展的载体和前提，它包括教师运用的教具、幼儿操作活动的具体材料、电化教学等，它是教师有效地传递信息、促使主体与客体相互作用，以及发挥主体学习积极性、主动性的重要因素。

3~6岁的幼儿好动、好问又好奇，他们注意的无意性占优势，知识经验贫乏，思维具体、形象、富于想象。在日常生活中我们不难看到，幼儿处在觉醒状态和身体健康的时候，不管在什么场合都能将其所用的物品变成玩具。例如：吃饭时可以摆弄食品或餐具；走路时总要看一看、摸一摸或踢一踢路边的花草；甚至早晨起床穿衣时还会以反复穿脱衣服来嬉戏作乐。该年龄阶段幼儿的特点决定了教玩具是其主要的学习资源。《幼儿园教育指导纲要》（以下简称《纲要》）也指出："指导幼儿利用身边的物品或废旧材料制作玩具、手工艺品等来美化自己的生活或开展其他活动。"这体现了教玩具是幼儿游戏中必不可少的关键物质基础。

（二）教玩具对幼儿身心发展的作用

教玩具运用得当，对幼儿身心发展具有重要作用。

首先，形象生动的教玩具，有助于幼儿掌握知识和技能。学前儿童思维以具体形象思维为主，因此，教师在保教工作中与孩子沟通时应尽量配以具体的材料和形象。例如：语言活动课，老师会利用绘本或实物图文并茂地讲述故事；数学活动课，教师可以利用就餐时摆放筷子让幼儿感知数的概念。

其次，多类型多层次的教玩具，有助于幼儿想象力、创造力的发展。陈鹤琴先生曾说过，"一切教学，不仅仅在做上打基础，也应当在思想上做工夫，最危险的，就是儿童没有思想的机会"。"最宝贵的是儿童们自动研究的精神，这种精神是小朋友们本已潜在的，不过因为种种的限制，使它不能流露出来罢了。我们现在最要紧的，就是启发他们这种自动研究的精神"。而在教育实践中，多数幼儿喜爱新鲜的、具有可操作性的游戏材料，特别是一些可让幼儿充分发挥想象力、创造力的教玩具，幼儿非常希望通过自己的思考去寻找答案。因此，合理利用教玩具，引发幼儿对教玩具的探索，对培养幼儿的思维能力有重要作用。

此外，操作性强的教玩具，有助于幼儿去发现和进行自主探索。《纲要》中强调："提供丰富的可操作的材料，为每个幼儿都能运用感官、多种方式进行探索提供活动的条件。"因此，教师要为幼儿创设可探究的环境，及时提供丰富的、操作性强的教玩具，支持和引发幼儿积极主动地探究，更进一步地培养幼儿的个性和审美能力。

（三）教玩具在学前儿童游戏中的作用

教玩具作为学前儿童游戏的物质载体，在儿童游戏中也发挥着重要作用，主要表现在以下几个方面：

首先，教玩具能激发游戏的开展。幼儿通过游戏与世界互动并获得发展，而幼儿身心发展的未完成性决定了他们对世界的认识与把握必须借助于生活中真实的物品。因此，模仿生活中真实物品的玩具对幼儿有重大的启发意义，这促使了游戏的产生。

其次，教玩具能给幼儿提供锻炼的机会。幼儿在游戏过程中会充分发挥教玩具的作用，并通过教玩具体验情绪情感、放飞个性，幼儿在现实生活中没能得到训练的技能在游戏中可以获得满足，例如幼儿在角色游戏中就可以获得角色学习的机会和角色认同的机会。

同时，教玩具作为幼儿生活与学习的媒介，促使幼儿不断地关注自己与他人，不断地加深对世界的认识。随着幼儿对世界的认识越来越深，经验越积越多，他们游戏的水平也会不断提高。

（四）教玩具的投放

教玩具在幼儿园的教学中扮演着重要角色，因此，优化教玩具，提高幼儿园活动效果是非常重要的。但在实际的幼儿园教学工作中，教玩具的制作与运用还存在一些问题。如以下案例：区域活动时间，大三班孩子们一蜂窝挤向新设的区角，那里有老师刚投入的手工操作材料，只可惜能容纳的人数有限，没抢到位置的孩子失望地回到座位上。老师只好动员这些孩子到其他区角去玩，可这些孩子宁可自己拿出本子画画，也不愿去玩那些原来设置的拼图区、编织区。既然没有人在这些区玩，不如干脆撤换，可想想花了这么多时间制作的材料，被孩子们玩了那么几次就"遗弃"了，实在太可惜。从以上案例可见，老师们花了大量时间和精力在区角材料的制作和投放上，但却不能迎合幼儿的兴趣和需要，没办法，老师们只好大批大批地更换，这造成教师精力和教学资源大量的隐性浪费。如何提高教玩具的利用率，科学、合理地投放教玩具？这是值得我们探讨的问题。

具体来说，教玩具及游戏材料的投放应注意以下几个方面：首先，投放要有计划性，这是投放材料的关键，包括何处要投放何种教玩具材料，投放多少，要避免在游戏过程中出现材料浪费或因材料不足而引发冲突。其次，材料的投放应坚持循序渐进和可转变性两个原则。循序渐进原则是指投放材料时要根据不同年龄段幼儿的发展目标有序地进行，从多到少，从简到繁，从具体到抽象；可转变性原则是指材料从内容和位置上要进行转换，以打破幼儿的常规思维模式，激发他们持续研究的兴趣。最后，材料的投放最重要的是要满足幼儿的年龄特征与个体差异，例如，小班的幼儿选择教玩具时材料的真实性要高，同种类型的教玩具材料要尽可能多，因为小班幼儿模仿意识强、独立性差，玩教玩具时倾向于选择同类教玩具，这样可以避免抢夺教玩具的冲突。

（五）自制教玩具

教玩具是教师在幼儿教学中采用的一种教学手段，但目前市场上教玩具品种虽多但并不完全符合实际学情，《幼儿园教玩具配备目录》仍然是"提倡幼儿园参照本目录的内容，就地取材，利用各种无毒、安全、卫生的自然物和废旧材料自制教玩具"，我们也应当看到幼儿园玩具种类和数量不足仍然是一个普遍存在的问题。为了减轻幼儿园的经济负担，满足幼儿教育教学活动的需要，自制教玩具显得十分重要。

自制教玩具与花费资金购买的商业化教玩具是不同的，自制教玩具既能为幼儿的学习提供各种感知觉刺激和可操作的、具体形象的"概念框架"，为幼儿动手动脑主动学习创造有利的条件，又可以有效地节约资金，缓解幼儿园的经济压力。在制作教玩具时，应把握好以下几方面的特点：

第一，自制教玩具应该是安全的。幼儿的安全在任何时候都是放在首位的，因此，自制教玩具要考虑到任何存在的安全隐患，并一一消除。例如，所制教玩具必须符合安全、卫生的要求，不符合安全、卫生的要求，就会使幼儿受到伤害，还可能成为传播疾病的媒介；不能有尖锐边缘或尖角，否则幼儿在活动时稍有不慎就可能被撞伤或刮伤等。

第二，自制教玩具要适宜。所制教玩具要符合幼儿的年龄特点，才能有效地开发幼儿智力，培养幼儿学习兴趣。同时，制作出来的教玩具需要是可玩的、活动多变的、可拆可拼的，让幼儿通过手的动作带动思维。一般要求玩具造型美观大方，色彩鲜明亮丽，形象生动，能够诱发幼儿学习兴趣。

第三，自制教玩具要很经济。自制教玩具的重要作用在于节约资金，因此，制作要求经济实惠。例如制作材料，可以将各种废旧物品和自然材料充分利用，变废为宝。例如，布类、瓶罐类、纸板类、石头类、种子类、线绳类等，这些材料随处可见，收集方便，既便于仿制，又可在原有基础上不断创新。

第四，自制教玩具要具有不定型的特点。教师和孩子们可以根据教育教学的实际需要及时创作，共同探讨，一起深入挖掘材料的新功能、新玩法，做到一物多玩，避免材料的浪费和教师精力的耗费。

最后，还可以调用多方资源参与教玩具制作。除了教师，幼儿和家长都可以参与教玩具制作，可以调动多方资源的参与，激发幼儿和家长的创造力，一起来自制教玩具。如：在"小小蛋儿把门开"这一主题活动，可以让孩子每人带两只生蛋和熟蛋，家长与孩子共同讨论安全携带生蛋到幼儿园的方法。

知识与技能检测

（1）幼儿游戏与成人游戏的区别在哪里？
（2）幼儿游戏的本质特点是什么？
（3）按社会性，幼儿游戏可分为哪些类型？
（4）按照教育作用，幼儿游戏可分为哪些类型？
（5）简述幼儿游戏的发展阶段。
（6）游戏与学前教育的关系是什么？
（7）试论述幼儿游戏的教育模式。
（8）教玩具和游戏材料的投放应注意哪些原则？

模块三　幼儿游戏的观察与评价

一、认识观察

学期末期，幼儿园要求教师上交观察记录。某教师直接将幼儿的一些作品，如幼儿的绘画、幼儿结构作品的照片、幼儿在活动中的记录交到了园长室，说："这是我的观察记录。幼儿的作品是最原始的记录，最有价值！"但是园长说："这不是你的观察记录。"

为什么园长认为幼儿的绘画、结构作品、活动记录不是教师的观察记录？回答这个问题，首先要理解什么是观察。

（一）什么是观察

什么是观察？本特森认为观察是我们通过一个或多个感官获取信息，理解其意义，并以有意义的方式运用这些信息。我们首先需要通过一个或多个感官获取信息，一般来说，大多数人主要通过眼睛看获取信息，其次是通过耳朵听。但是心理学意义的"看"不同于生理学意义的"看"。生理学意义的"看"，即眼睛所起的作用是将视觉形象呈现到视网膜上，宛如照相机将视觉形象呈现到胶卷上；而心理学意义的"看"，不只是通过眼睛获得视觉形象，还要通过大脑，即这些视觉形象投射到大脑中，最后获得信息。因此，观察取决于我们理解和解释感官从外界获得的原始刺激（未经解释）的能力。换句话说，科学的观察不等同于简单的"看"或"听"见了什么，而是看到了什么，听到了什么，这些看到或听到的信息说明了什么。

观察可分为正式观察和非正式观察。前者是一种高结构化的观察，一般用于正式的研究；而后者是一种非结构化的、不太精细的观察，教师常在课堂上使用这类观察。

（二）为什么要观察游戏

案例链接1

吉欧（13个月）喜欢拿着他的牛奶杯，他总是会把牛奶洒出来。一次，牛奶洒在了光滑、明亮的水泥地板上。吉欧低下头以极大的兴趣观察着牛奶洒落后的形状。然后，他把右手放在牛奶中做水平的弧线运动，到处乱抹。很快，他的另一只手也参与了游戏，结果他的双手同时做圆弧运动，最后会合于中线，直到它慢慢停止。用这种方式，他在溅出的牛奶中画出了两个大大的半圆。吉欧的父亲马修斯观察到吉欧对弧线这种图式的认知，于是开始教他画画，让吉欧用新方式去进一步探索这种图式。

案例链接 2

游戏时间，明明在玩拼图，他不能根据形状、颜色进行配对，只是迷惑不解地胡乱配对。教师没有注意到这些。在之后的集体学习活动中，教学目标是认识圆形、三角形、正方形，当教师说出形状的名称，要求幼儿指出相应的形状时，明明一脸茫然。

【思考】
1. 案例链接1中吉欧的父亲为什么要教吉欧画画？
2. 案例链接2中教师的教学设计对于明明来说为什么是失败的？

1. 了解幼儿的窗口

只有花时间去观察幼儿，和他们一起玩或者陪他们玩，成人才能识别出一些幼儿发展水平、组织能力和情感状态的信息。

游戏提供了密切观察幼儿活动的机会，通过观察游戏中的幼儿，我们能从中获得很多相关的信息。我们可以了解幼儿的兴趣和需要，例如他们喜欢的游戏、偏爱的玩具、偏好的主题、游戏经验、兴趣爱好，以及他们与同伴和成人之间的相互关系等。游戏是幼儿自己选择的，幼儿在游戏中自由地活动，充分地展现自己。

游戏反映了幼儿的发展，游戏是观察幼儿发展的一扇窗口。在游戏中，我们可以看到幼儿在认知、社会性、情绪情感等各方面的发展。如案例1中，我们可以看出在动作技能方面吉欧已经能够拿起牛奶杯，但还是经常泼洒；他可以双手做圆弧运动画出两个大大的圆；在认知方面，当他画出两个大大的圆的时候，有可能获得一个新的图式。再如案例2中的明明认知上的特点是他在拼图中表现出尚不能根据形状或颜色进行配对。又如，在幼儿与其他小朋友共同游戏的过程中，我们可以看到幼儿的社会性发展等。

2. 教育有效的起点

在案例1中，吉欧的父亲之所以要教吉欧画画，是因为他在对吉欧游戏行为的观察中发现，吉欧用手在泼洒的牛奶上做出弧形运动后，可能发现了一个新的图式——半圆。因此，他想到让吉欧通过一种新的方式继续探索这个图式。可以想象，吉欧手抓着笔做出弧形的运动，新的图式就会跃然纸上，并且在吉欧一遍遍重复的游戏中得到巩固直至最终获得。不难看出，吉欧父亲的指导之所以有效，在于他捕捉到了吉欧游戏行为所传达的信息。

而在案例2中，从明明一脸茫然的表情来看，教师的教学对于明明来说是失败的。一个不可忽略的原因就是，教师没有注意到明明在游戏中所反映出的认知困难——教学目标被定在"根据语言提示指认相应的形状"，但明明还不能根据颜色或形状进行匹配。在幼儿的数学概念发展过程中，指认比配对难。对于尚不能进行对应匹配的明明而言，指认的要求显然过高。假如教师通过游戏的观察能够获取明明在游戏中所表现出的信息，就可能避免教学失败的情况。

"实施教育,观察先行",教育只有建立在对幼儿充分观察的基础之上,才能做出客观正确的判断,才能有的放矢地实施有效的教育,促进幼儿的发展。对幼儿游戏的观察可以让我们获得丰富的信息,这些信息可以帮助我们更好地了解幼儿的发展,更好地了解应当在什么时候提供时间、材料、空间和适当的经验,或者通过成人的参与和同伴的协助支持幼儿的发展。如果教师忽略了儿童游戏中有价值的信息,就不会获得教学上的成功(如案例 2)。因此,观察游戏是有效指导的起点,教师应将观察游戏看作是探索儿童思维和教学内容之间关系的机会,那么游戏自然而然地成为教育过程的一部分。反之,如果教师将幼儿自由游戏时间看作他们从事其他工作的时间,在幼儿自由游戏的时候做其他事情而不是着力观察,必然会遗漏丰富的、重要的、关于儿童发展的信息,降低了游戏的价值。

【思考】
"幼儿园里总有很多资料写,每天带班根本没空,只好晚上回去加班写。"面对实习教师的抱怨,带班教师支招儿:"你可以在幼儿自由活动的时候写,幼儿自由活动的时候自己玩自己的,一般没什么问题,你只要适当注意一下幼儿安全。"请分析带班教师的观点。

二、游戏观察的步骤

(一)制订游戏观察计划

进行游戏观察,教师需要制订严密的观察计划,包括确定观察目的,明确观察内容、观察对象、范围和数量,确定观察方式、观察设备和记录手段等。

1. 确定观察目的

在幼儿游戏研究中,教师要让观察更有效,事先必须明确"为什么而观察",即通过观察收集而来的资料拟解决或回答幼儿在发展过程中遇到的问题。① 观察目的确定的依据源于两个方面:本学期教育计划及现阶段教学内容;② 上次游戏中幼儿的表现及存在的问题;③ 不同的游戏类型;④ 各年龄段幼儿游戏发展的重点。

2. 选择观察对象

通常情况下,教师根据本班幼儿情况,每学期可以系统地观察每个孩子 2~3 次,根据情况选择要观察的重点。观察对象要具有典型性和代表性。

3. 确定观察内容

游戏观察内容主要包括游戏主题、材料、行为习惯以及游戏中幼儿与幼儿的关系、角色与材料的关系等方面。

1)游戏主题。游戏主题包括幼儿正在进行的游戏主题和新出现的游戏主题。

2)游戏材料。游戏材料包括当前所拥有的材料、新投入的材料和环境创设以及幼儿与材料的相互作用等。

3)行为习惯。行为习惯包括生活常规和幼儿之间相互交往的规则方面。

资料链接

不同年龄段的观察重点

小班幼儿处于平行游戏阶段,对物品的摆弄、操作较多,对物品的需求表现为"人有我也要有"的特点。所以,观察重点是幼儿使用游戏材料情况。

中班幼儿游戏的情节逐渐丰富,但因缺乏交往技能,常因角色扮演问题与人发生冲突。因此,观察的重点应是幼儿间的冲突。

大班幼儿不断产生新的主题,新主题与原有经验之间不和谐而产生冲突,因而观察重点是运用已有经验的创新。

此外,幼儿相互交往、合作、分享、解决矛盾也成为游戏观察的另一个重点。

● 斯迈兰斯基认为要观察儿童参与社会戏剧性游戏的技能,可从五个方面进行观察:角色扮演、假装转换、社会互动、言语交流、持久性(Smilansky,1968)。如图1-16所示。

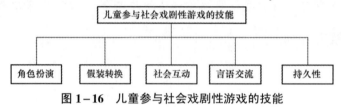

图1-16 儿童参与社会戏剧性游戏的技能

具体事项如表1-1所示。

表1-1 对儿童参与社会戏剧性游戏技能进行观察的具体内容

内容维度	具体表现
角色扮演	孩子们扮演角色(如家庭成员、消防员等),并且采用口头宣布的方式对扮演的角色进行交流(如"我是妈妈"),并采用与角色相应的行为(如假装照料一个假装的婴儿)
假装转换	1. 用象征物来代表物体、行为和环境,用一个物体来替代别的物体(如假设一块积木是一个水杯),或采用口头陈述的方式来创造一些假想的物体(如盯着自己的空手说:"我的杯子是空的。") 2. 用简约的行为替代真实的行为(如抬起手臂后又放下,代表敲敲),或用口头的方式创造一种想象的行为(如"我正在把这些钉子敲进去")。 3. 采用口头陈述创设一种想象的情境(如"让我们假装坐在一架喷气式飞机上")
社会互动	在游戏情节中至少有两名儿童进行了直接的互动(根据同伴游戏评定表,这种互动至少需要伴有相互察觉的互补性的游戏)
言语交流	儿童参与和游戏情节有关的口头交流,这些交流有如下两种形式: 1. 用于组织和设计游戏情节的交流陈述。孩子们使用这些评论为了以下目的:① 指明物体的假装身份;② 分配角色;③ 计划游戏进程;④ 指责那些表演不恰当的游戏者。 2. 装扮交流陈述,儿童用于扮演所选定的角色。扮演老师的儿童可能会对其他游戏者说:"你们太吵了,我要把你们送到校长那儿去。"
持久性	儿童参与持续的游戏情节的时间

● 利伯曼针对人们想要观察幼儿游戏这一目的而制定了观察内容,包括:身体的自发性;社会自发性;认知自发性;明显的愉悦性和幽默感(Lieberman,1977)。巴耐特(Barnett)在他的方案基础上对每一个观察的内容进行了操作定义,提出了4~5种行为描述,具体如表1-2所示。

表1-2 幼儿游戏性的观察表

身体的自发性
幼儿的运动能很好地协调
幼儿在游戏中行为很活跃
幼儿好动不好静
幼儿有许多的跑、跳、滑
社会的自发性
幼儿对别人的接近表现出友好
幼儿能和别人一起发起游戏
在游戏中幼儿能与其他人合作
幼儿愿意与别人分享玩具
幼儿在游戏中担任领导者的角色
认知的自发性
幼儿创造他自己的游戏
幼儿在游戏中使用非传统的物品
幼儿担任不同特征的角色
幼儿在游戏中变换活动
明显的愉悦性
幼儿在游戏中表现得很兴奋
幼儿在游戏中表现得精力充沛
幼儿在游戏中表现积极
幼儿在游戏中表达情绪
幼儿在游戏时又说又唱
幽默感
幼儿喜欢与其他幼儿开玩笑
幼儿善意地逗惹他人
幼儿讲滑稽故事
幼儿听到幽默故事时发笑
幼儿喜欢与周围人闹滑稽笑话

4. 确定行为标准

在观察时间较长、观察人员较多的情况下需要有统一的标准。帕顿开展了一项观察幼儿在游戏中的社会参与状况的研究,设计了六种反映幼儿参与的类型(见表1-3)。

表1-3 幼儿社会参与性活动观察记录

时间	幼儿代号	活动类型					
		无所事事	旁观	单独游戏	平行游戏	联合游戏	合作游戏

如果观察者不清楚每种类型的含义，就很难做出相应的观察记录。因此，事先需要对每种活动类型进行界定。

1）无所事事。幼儿未参与任何游戏活动或社会交往，只是随意观望任何可能引起自己兴趣的情景。如没有可观望的，便玩弄自己的身体，走来走去，跟随老师或站在一边四处张望。

2）旁观。幼儿基本上是观看别人在游戏。可能与那些孩子说几句话，问个问题，或提供某种建议，但不参与游戏，始终站在离那些孩子较近的地方，故而可听见他们说话，了解他们玩的情况。与无所事事幼儿的区别是，旁观幼儿对某一组（或几组）同伴的活动有固定的兴趣，不像前者一直处于游离状态，对所有的组均无特别兴趣。

3）单独游戏。幼儿独自游戏，旁边有其他幼儿玩不同的玩具或游戏，但幼儿不做任何努力设法接近他人或与别人说话，只专注于自己的活动，不受别人影响。

4）平行游戏。尽管有别的幼儿在旁边用同样的玩具游戏，幼儿仍独自玩，不想影响别人，也不受别人影响。因而他们只是在旁边各自玩而不是一起玩。

5）联合游戏。幼儿与其他孩子一起玩，分享玩具与设备，相互追随，有控制别人的企图，但并不强烈。幼儿们从事相似的活动，但无组织与分工，每人做自己想做的事，而不把兴趣放在小组活动上。

6）合作游戏。幼儿在为某种目的而组织起来的小组里游戏，如用某种材料制作东西、竞赛、玩游戏等。具有"我们"的概念，知道谁属于哪个组，有1～2个领头者左右着小组活动的方向，故要求角色分工并相互帮助，支持这种分工角色的执行。

5. 记录方式的设计与选用

教师可以根据实际条件选用不同的记录方式，如录音、录像等现代化设备，也可根据观察目的设计相关表格进行记录（见表1-4）。

表1-4 游戏观察记录

幼儿姓名： 日期：
为了维持并增进观察技巧，教师应该定期评估游戏环境（室内和室外），并观察幼儿游戏。一个导向特定、相关问题的轶事观察记录报告，将能引导这样的活动。说明：在自由游戏时间里，选择一个目标幼儿（室内或室外），观察30分钟，同时对每一项轶事记录。开始观察记录前，先浏览以下问题： （1）游戏场地是否合适？ （2）游戏器材和器具是否合适？ （3）叙述目标幼儿的社会性游戏行为。 （4）叙述目标幼儿的认知性游戏行为。 （5）辨认象征游戏的内容。 （6）叙述目标幼儿与同伴和成人的互动情形。 （7）目标幼儿在游戏中的持续性如何？

（二）实施游戏观察的几种方法

1. 扫描法

扫描法又称时段定人法，即对班里全体幼儿平均分配时间，在相等的时段里对每个幼儿轮流进行扫描观察。该方法适合于对全体幼儿的游戏情况进行观察，一般在游戏开始或结束时使用较多。通过观察，了解全班幼儿的游戏围绕哪些主题，每个幼儿选择了哪些主题游戏、扮演了什么角色、使用了哪些游戏材料等。

这种观察方法一般采用表格形式记录观察结果。例如，教师要了解幼儿对不同主题游戏的喜欢程度，可设计以下观察记录表格（见表1-5）。

表1-5 幼儿参与游戏情况调查表

姓名	主题				
	娃娃家	商店	理发店	医院	×××
幼儿1					
幼儿2					
幼儿3					

教师可以轮流观察各主题游戏，观察时间为5分钟左右，用画"正"字的形式记录；或每次观察由不同的符号或不同颜色的笔做记录。这样，可以观察到幼儿在游戏中的坚持性和游戏主题的稳定性。

为进一步深入了解幼儿在游戏中的某个区域干了些什么、是否与人交往、对什么玩具感兴趣等，教师可以将表格做得更具体些以便进一步观察。

2. 定点法

定点法即定点不定人法。观察者固定在游戏的某一地点进行观察，见什么观察什么，只要来到这个地方的幼儿都可以作为观察对象。该方法适合于了解一个主题或一个区域幼儿游戏的情况，可以获得动态的信息；了解幼儿在游戏中使用教材的情况、幼儿交往情况、游戏情节发展，等等。定点法观察中，观察者被动地等待，然后进行实况详录或者事件抽样记录。

运用定点观察法，教师可以比较全面地了解某一个主题的开展情况、幼儿已有的经验以及在游戏中的种种表现，以便更有针对性地指导。

案例链接

娃娃家的游戏

观察目的：了解幼儿的游戏规则意识

时间：201×年×月××日

游戏主题：娃娃家

固定人数：两人

流动参与人数：两人

随着游戏的正常开展，我发现孩子们对娃娃家都很感兴趣，都争着想去当爸爸妈妈。于是我们让孩子们轮流去娃娃家"过过瘾"，在娃娃家里，"爸爸妈妈们"忙着各自的事情，"妈妈"抱"娃娃"，"爸爸"烧饭，忙得不亦乐乎呀。通过几天的观察，我发现王子文"妈妈"的生活经验挺丰富的。她一会儿喂"娃娃"吃饭，一会儿给"娃娃"讲故事，一会儿又拿起小奶瓶给"娃娃"喝奶，还帮"娃娃"洗头洗澡，嘴里还说："哎哟，宝宝呀，你吃得脏死了，妈妈来帮你洗洗澡吧。"洗完以后还帮"娃娃"穿衣服，梳头，弄得还真是有模有样的，忙完后，还对"娃娃"说："今天天气好，妈妈带你出去散步吧。"接着就抱着"娃娃"出去了。

3. 追踪法

追踪法即定人不定点法。观察者事先确定 1~2 个幼儿作为观察对象,观察他们在游戏中的活动状况。被观察的幼儿走到哪里,观察者就追随到哪里。这种方法适合了解个别幼儿在游戏中的情况,如游戏发展水平,与其他幼儿的社会性互动等,从而获得该幼儿的更加详细的信息。

运用这种方法可采用实况描述法进行记录。即观察者将所看到的幼儿在游戏全过程中的活动情况,通过现场记录和事后回忆尽量完整、详细地记录下来。同时,在记录时可适当加入观察者的评述、分析和对策。

4. 线索提示法

线索提示法即事先提供几个观察的要点,让观察者在观察游戏时根据提示对照使用,增加观察的目的性,比较适用于缺乏观察技能的老师。有些教师常常对观察内容无从入手,运用线索提示法可以使教师主动地、有目的地、有针对性地进行观察,从而提高观察效果,为指导游戏奠定基础。

案例链接

线索提示观察法

在建筑区活动的幼儿,老师可以列出如下几个线索:A. 幼儿在区域游戏中热衷于什么?B. 幼儿如何使用材料?C. 教师提供的空间是否足够让幼儿活动?D. 幼儿如何解决游戏过程中出现的问题?E. 幼儿之间是如何互动的?是否有利于幼儿自身经验的发展或能力的提高?F. 幼儿在游戏过程中出现的新经验是否有再利用的价值?

(三)整理与分析游戏观察结果

对游戏观察结果的分析可以帮助教师了解幼儿游戏现状及存在的问题,并进行归因分析以便做出正确的判断及有效的指导,促进幼儿游戏的深入开展。

1. 整理与分析观察结果应考虑的因素

1)游戏空间。应考虑游戏场地之间是否合理,有无浪费的地方或过于拥挤的区域;相临近的区域是否在一起;游戏场地之间是否有明显的通道。

2)游戏时间。应考虑游戏开始、进行、结束的时间分别是多少;幼儿游戏的时间是否能满足幼儿的需要;幼儿在游戏中的坚持性如何。

3)游戏材料。应考虑游戏材料的数量、种类是否符合幼儿的需要,有无替代物,是否有争抢玩具材料现象发生;幼儿在游戏中是利用玩具材料进行操作还是进行交往;幼儿对新出现的材料有什么反应。

4)游戏主题。应考虑游戏中有哪些主题,这些主题是教师安排的还是幼儿自发产生的,新主题是怎样产生的。

5)游戏态度。应考虑幼儿在游戏中的情绪体验怎样,是活泼开朗、兴趣高涨还是无所事事、闲逛、发呆;幼儿在游戏中是否表现出自娱性体验。

2. 观察记录类型

1）表格型。采用扫描法进行观察的结果常常以表格形式记录（见表1-6）。

表1-6 幼儿争执事件记录表

幼儿	年龄	性别	争执持续时间	发生背景	行为性质	做什么说什么	结果	影响

对记录表格中的数据进行整理分析后，教师可以采取相应的措施进行调整与安排，以便减少幼儿争执事件发生。

资料链接

美国研究者达维于1931年10月19日至1932年2月9日观察了40名2～5岁的幼儿的争执事件，采用以上表格记录形式。经过3个多月的观察，共记录争执事件200例。观察结果是：

- 200例争执事件中，68例发生于室外，132例发生于室内；
- 平均每小时发生争执事件3～4件；
- 争执时间持续1分钟以上的只有13例；
- 平均争执时间不到24秒；
- 室内争执时间比室外争执时间短；
- 男孩争执多于女孩，攻击性水平也高于女孩；
- 争执常发生于不同年龄组、同性别之间，随着年龄增长，争执事件减少，侵犯性质增强；
- 几乎所有的争执事件都伴有动作，如冲击、推拉等，偶尔有大声喊叫或哭泣，但无声争执占大多数；
- 导致争执发生的原因往往是对占有物品的不同意见；
- 大多数争执自行平息，往往是年幼儿童被迫服从年长儿童或年长儿童自愿退出争执；
- 争执平息后，恢复常态很快，无耿耿于怀、愤恨现象。

2）文字型。运用定点法和追踪法进行游戏观察，所获结果一般用文字记录。用文字记录观察结果要求措辞具体、明确、客观，以便全面、真实、清晰地呈现观察结果。

案例链接

齐齐想加入"娃娃家"游戏

"娃娃家"的活动场地从室内搬到了室外，吸引了大量幼儿。齐齐爱动脑筋但年龄偏小，他非常想加入"娃娃家"游戏，我对他进行了近一个星期的观察。

第一天，齐齐哭着对我说："他们不让我玩，我好好地对他们说，他们还是不让我玩。"齐齐无奈，只好选择别的游戏。

第二天，齐齐玩到了"娃娃家"游戏，他对我说："真好玩，明天我还要玩。"

第三天，齐齐不肯出去玩。他说："他们不让我玩'娃娃家'。"我问："你能不能想想办法呢？"过了一会儿，我看见齐齐高兴地在"娃娃家"玩着，他一看到我就得意地说："我送了他们家一个水池（用纸盒做的），他们就让我玩了。"

第四天，齐齐和"娃娃家"中的同伴吵了起来，问起原因，齐齐说："他们说我送的水池太破了，不让我来做客。"我说："那你再想个好办法吧。"齐齐说："不好。我不玩了。"我说："那你想玩什么？"齐齐说："我什么也不想玩。"这天，他一直生气。

第五天，游戏刚开始，齐齐就对我说："我有好办法了。"我问："什么办法？"齐齐说："我送他们一部电话机。"过了一会儿，我看见齐齐在"娃娃家"里高兴地玩着，我问其他孩子："你们为什么同意齐齐到你们家来玩呢？"孩子们说："齐齐送了我们电话机。"

观察分析

幼儿在游戏中经常会遇到想加入某个游戏而被拒绝的问题，齐齐采用的方法是给"娃娃家"送礼物，它不仅满足了参与游戏的需要，而且积累了解决问题的经验。在观察中我发现齐齐虽然聪明、有主见，但在遇到困难时仍然会有生气等消极表现，这也符合幼儿的特点。可贵的是，齐齐并没有逃避，而是想出办法来达到目的，这反映了齐齐良好的个性品质。

在一个星期的观察中，我没有给予齐齐太多帮助，只是在看、等、问、提建议的同时，不断鼓励齐齐想办法自己解决问题，以培养齐齐独立解决问题的能力。当然，这主要是因为齐齐平时就喜欢动脑筋，比较独立。如果换成一个内向、胆小的孩子，则采取积极的干预方法比较合适。

3) 符号型。在进行游戏观察时，为了保证结果呈现的直观形象性，有时也采用符号、图形等方式记录观察结果。比如，为确定游戏场地的布置、布局是否合理，各游戏区域的使用效率和幼儿变动情况，便可用平面图直观、形象地展示全貌，如图1-17所示。

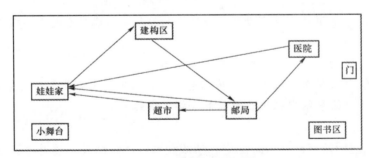

图1-17 游戏开展平面图

符号型记录方法可以帮助教师从多个角度获得生动形象的动态信息。这种记录方法结果比较直观形象，教师通过这些符号，可以一目了然地看到幼儿在游戏过程中的行走路线和参与状况，便于发现问题、寻找原因，以便全方位解决问题。这种记录方法可以提供真实的情景，教师可以及时发现幼儿的兴趣点和交往喜好，有利于教师清楚地了解游戏场所的布置、材料的提供以及角色之间互动等方面的信息。图1-9反映出幼儿经常去的地方是娃娃家，而图书区、小舞台几乎无人光顾。这就需要教师及时调整图书区和小舞台的材料，进行适当干预。

三、游戏观察中的常见问题及改进策略

（一）观察与记录的盲目性

观察是一种带有主观目的的客观信息搜集。在观察中，教师往往不明确自己今天要观察什么，而是看到什么记什么，说明教师对游戏的观察缺乏整体把握。例如在区域活动的观察记录中，教师往往对各个活动区进行简单而笼统的描述性记录："娃娃家里，××是爸爸，××是妈妈，他们抱着娃娃去商店买东西……商店里××和××是营业员，他们在整理货架上的商品……"如此描述虽然记录的资料很多，但真正能为教师提供指导性价值的内容却很少。这就要求教师要带着问题进行观察，减少观察的盲目性。

1. 有意识地观察时，教师事先根据观察目的预设问题

观察时教师有意识地选择重要情境进行观察，避免观察过程的片面性和一般性。

例如，在观察孩子玩自带玩具的游戏中，通过预设问题观察幼儿的表现，根据幼儿的表现，确定指导的时间及对策（见表1-7）。

表1-7 幼儿自带玩具活动观察

预设问题	幼儿行为表现
（1）幼儿能单独寻找游戏机会吗？	能 不能
（2）幼儿一个人怎么玩？	长时间玩 容易分心很快中断活动 短时间玩或只看一下
（3）能和其他幼儿轮流玩吗？	能交换玩具轮流玩 一个接一个地玩
（4）能主动叫小朋友和他一起玩吗？	通过展示玩具 通过提问和要求 开始和别人一起玩
（5）遭到拒绝后会找另一个人玩吗？	继续找别人玩 一个人玩 加入其他幼儿的游戏

根据表1-7中预设的问题，教师在游戏中能有针对性地进行观察分析，发现幼儿情绪、行为的变化后及时进行指导。

2. 偶然性观察时，先看，然后想，再提出问题

偶然性观察是教师在观察过程中偶然发现具有观察价值的现象后，随机地将此现象列为重点进行观察。

> **案例链接**

佳佳的平衡能力

在一次运动游戏中,老师发现佳佳在平衡木上移动的速度特别慢,脚步跨得特别小,身子还不时摇晃几下。接下来的转圈练习和单腿游戏,老师带着"她为什么会这样"的疑问去观察她。发现佳佳虽然能完成转圈动作,但身体特别摇晃,单腿平衡练习时,左腿提了两次都没站稳。

根据皮亚杰的认知发展理论,幼儿完成一个动作,要具备三个条件:一是平衡能力;二是行动计划;三是身体协调能力。通过教师偶然的观察后分析发现,佳佳运动时行动计划和身体协调能力都具备,但平衡能力不够好,不能在重心移到一边后继续长时间保持同一动作。之后,老师及时采取措施,帮助、鼓励佳佳多进行平衡练习。

(二)观察与指导的矛盾性

在游戏中教师和幼儿都习惯了师幼之间的指导者和被指导者角色,因此游戏中教师指导花的时间多,观察记录的时间少,这种现象尤其在开展区域活动时比较多见。另一个原因是教师介入游戏指导的时机难以把握。这就要求教师要把握住观察重点,处理观察与指导的矛盾性。

教师在游戏中什么时候观察、什么时候介入游戏指导是处理观察与介入矛盾的关键。在游戏中教师可从以下方面进行重点观察,根据观察重点对幼儿进行指导。

1. 观察幼儿的兴趣

兴趣是孩子活动的引导者,教师要观察幼儿在游戏中的反应,找出其兴趣点,确定指导方式与时机。

> **案例链接**

源源夹珠子

晨间活动时,李老师为幼儿准备了插塑、夹珠子、拼图等游戏内容。晨晨首先拿到了装有夹子和珠子的托盘,源源慢了一步。他围着晨晨想玩一会儿,晨晨没有同意。过了几分钟,源源跑到拼图区拿了一盒新拼图和晨晨交换,晨晨同意了。源源先夹了几颗珠子,然后对夹子产生了兴趣,他不停地摆弄夹子上的小铁环,尝试调整夹子的开口。李老师看见了,走过来把着源源的手夹了几颗珠子,又让他自己夹了几颗后走开了。源源马上接着摆弄小铁环。过了几分钟李老师又走了过来,这次李老师在源源身边观察了一段时间后,没有提出任何建议就走开了。

源源因为对玩夹珠子感兴趣,所以采用玩具交换的策略达到目的。后来多次玩夹子,可见兴趣已不在夹珠子的过程而是转移到了夹子上。面对源源两次玩夹子,老师采取了不同的态度。第一次老师以为源源不会夹,所以过来给予指导。当她发现源源其实会夹,只是对夹子更感兴趣,于是不再介入,给源源继续探索的机会。我们可以得知,老师在观察到儿童兴趣点所在后,形成了新的教育观点,处理好了观察与介入指导的矛盾,让儿童自主探索、发现。

2. 观察幼儿游戏中的特殊行为

幼儿的游戏行为是幼儿发展水平的反映，因此幼儿的任何游戏行为都能做出发展意义的解释。教师在游戏中根据自己对幼儿发展方面的知识经验，去关注幼儿的每一个尤其是一些特殊的行为，作为自己了解幼儿、指导幼儿的依据。

案例链接

从"超市收银员"到"宠物"

彬彬是超市的收银员。游戏进行了一半后，他出现在娃娃家，趴在地上"汪汪"地叫着，培培（娃娃家的爸爸）不停地摸着彬彬的头。老师很奇怪，于是介入："彬彬你不在超市上班，到这里来干什么？"培培抢着答："他是我的宠物狗。"教师："他不是收银员吗？"彬彬说："我下班了，到娃娃家玩，他们不让我进。（有这样一条游戏规则：娃娃家外面的鞋柜放满鞋子，儿童就不能进去了。）变成小狗就可以进来了。"……

培培用盘子装了两块三角形的积木放在"小狗"面前："这是肉骨头，你快吃吧。"彬彬趴在地上点点头，摇头摆尾地"吃"了起来……

培培摸摸"小狗"的头，说："主人要睡觉了，你管家啊。""小狗"点点头。培培睡下后"小狗"用嘴叼来一条毯子，给"主人"盖上……

彬彬从收银员变成"小狗"趴在地上的特殊行为引起了教师的注意。于是观察时教师以此为切入点，留意事情发生的背景、时间、有关的人物，抓住幼儿的每一个细节如实观察，为分析评价儿童的游戏水平提供了真实的依据。

3. 观察幼儿与游戏材料的关系

任何东西只要被幼儿用来游戏，便成了玩具。材料直接影响着幼儿游戏的主动性、创造性、想象性。在观察中要关注幼儿作用于游戏材料的方式，幼儿和同伴间如何通过游戏材料进行交往，例如在案例5源源夹珠子的活动中，教师正是关注到源源与材料（夹子）的关系，及时改变了指导策略。

（三）集体观察与个别观察的矛盾

目前幼儿园班级内人数偏多，有些自主性游戏无论是内容还是活动范围都比较广。教师为能了解每个孩子的活动情况就会忙于巡视，被动、琐碎地观察，无法对某个孩子的发展有深入细致的了解。这就要求教师运用多种观察手段，解决集体观察与个别观察的矛盾。

1. 选取合适的观察位置

观察中教师要尽可能地选择孩子的对面或侧位，保证面向幼儿集体的位置。这样，在个别观察的过程中，通过扫视来完成集体观察，获得信息。

2. 以点带面，解决集体观察与个别观察的矛盾

观察前根据目标选择几个幼儿为观察重点，以点带面进行观察。教师在观察点之间的转移过程中，注意一下周边孩子的活动情况，从而获得信息。在观察的过程中，不仅仅涉及这几名幼儿，而是把和观察重点有关的内容全都进行观察。这样几个点就形成了几个组，几个

组形成了观察的面。

（四）观察结果与分析脱节

观察记录为教师反思提供了生动而真实的第一手资料，是成功反思的基础，为教师开展新的游戏活动和因材施教提供了重要依据。但在实际分析观察结果时，教师容易带有主观的色彩。例如，在观察分析中经常会出现这样的句子："某某小朋友今天又打人，具有攻击性行为。"教师简单地给幼儿贴上了标签，没有结合观察内容分析幼儿行为背后的深层原因。

对观察结果进行行之有效的分析，可以使我们恰当地运用观察结果指导我们的教育工作。对结果的分析也是一种技巧，会观察、会分析的教师通过观察不仅了解了孩子，也提高了自己。这就要求教师从不同的角度分析观察结果。

1. 从儿童的角度分析观察结果

分析幼儿的活动情况，能了解孩子的兴趣点、爱好特长、交往能力、认知水平，还能了解到哪些幼儿需要帮助，为教师下一次制定游戏目标、游戏内容、指导方式提供依据。

案例链接

搭 积 木

佳佳在搭积木时，想一块一块竖着叠高，可是没成功。他好几次向教师投来求助的目光，教师好像没有看到。过了一段时间，佳佳把积木横放在地上，笑了。他又找来许多积木，顺着垫子（积木区里的泡沫地板垫）边铺了起来。过了一会儿，又把它们弄乱，如此反复。教师问他："你在铺什么呀？""在铺马路。"教师接着又说："马路再长一点儿就可以开汽车了。"佳佳又去找了很多积木铺起来了。

佳佳搭建的马路吸引了很多儿童来开车。可是因为马路太窄，儿童从两头往中间开，造成了头碰头。乐乐和枫枫吵起来了。教师"开着汽车"过来了，说："司机，这条马路太窄了，只能是单行道。"乐乐问："什么是单行道？"教师说："单行道就是汽车只能朝一个方向开。"儿童们很乐意地接受了建议，依次朝一个方向开了，一场矛盾也解决了。佳佳把积木叠高没成功想求教师帮助时，教师并不是真的没看到，而是留给佳佳一个自己探索的机会。果然佳佳通过探索、尝试，发现竖着不行还可以横着铺，表现了他解决问题的技能。当教师观察到佳佳反复铺好又弄乱时，从儿童游戏水平分析，佳佳此时对游戏内容的扩展有一定的困难，于是介入提示："马路再长一点就可以开汽车了。"当乐乐和枫枫吵起来时，教师用单行道来拓展游戏主题解决矛盾。这是教师分析小班儿童解决矛盾的能力比较弱后采取的指导措施。

2. 从教师的角度对观察结果进行分析

1）分析教师介入游戏、指导游戏是否合理、合时。教师何时介入幼儿游戏会增强幼儿游戏的兴趣并提升幼儿游戏经验，何时介入游戏会消解幼儿游戏的兴趣并干扰幼儿游戏的进展，这完全取决于该教师对幼儿游戏的观察与思考，以及在此基础上对游戏介入时机的判断和把握。

> **案例链接**

两个人的厨房游戏

娃娃家里，哲哲和宁宁分别扮演爸爸、妈妈。今天娃娃家里增加了一套新餐具。色彩鲜艳的煤气灶、锅子、铲子、菜板、菜刀等物确实非常诱人。扮演爸爸、妈妈的哲哲和宁宁都不顾娃娃了。两人同时进了厨房，抢着做饭。哲哲说："今天我做饭。"宁宁说："我来做，是我先进来的。"两人你一言我一语，开始吵架了。哲哲把煤气灶护在胸前，宁宁把锅子搂在怀里。教师看见了，走过来说："你们是一家人，怎么吵架了呢？哲哲你去客厅抱娃娃，让妈妈做饭。"哲哲开始没有动，教师又重复一遍，哲哲才很不情愿地去了客厅，脸上尽是委屈的表情……

之后，教师发现整个活动中，哲哲一直被委屈的情绪笼罩着，干什么事情都提不起劲儿。教师对这一结果从自身分析发现，自己指导不合理，把自己的意愿强加给了哲哲，违背了《幼儿园教育纲要》中"幼儿是活动主体"的精神理念。通过反思，以后碰到类似的情况，教师就采用另外的指导方法。如用商量的口吻说："嘘，你们的宝宝睡着了，声音轻一点，别吵醒了他。"（第一步，让儿童停止争吵。）"爸爸妈妈一起做的饭肯定很好吃，你们谁切菜，谁炒菜呀？"（第二步，先夸奖一下，再给幼儿一个选择的余地。）

2）分析教师为幼儿提供的游戏主题、内容、目标是否适合幼儿现有游戏水平和年龄特点。通过反思、调整，适当地为幼儿提供符合其能力状况的游戏。

> **案例链接**

剪 纸 游 戏

在一次剪纸游戏中，教师为幼儿准备的范例是四棵连接的小树。目标是练习多次对折后剪出连接的物体。但在活动中教师发现除了一位幼儿能完成，其余幼儿都不会。于是教师进行了示范指导，幼儿还是不会。教师反思后发现，所定的目标不符合中班幼儿年龄发展特点和实际操作水平。于是教师降低要求，给幼儿提供了一棵左右对称的树的范例，其目的是通过练习剪出左右对称的物体。通过这一改变，情况也大为改观，幼儿不仅剪出了对称的树，还发挥自己的想象力，剪出了对称的苹果、花等。

3. 从游戏环境有关的角度对观察结果进行分析

第一，在空间的利用上，是否能最佳利用空间，以便能合理地分散幼儿，创造良好的游戏环境，避免因场地小、空间狭窄而出现的冲突。几个男孩在积木搭成的高速公路上玩开车游戏。由于地方太挤，公路上的桥老是被碰倒。终于在几次碰倒重搭的重复之后，豪豪说："我们不玩了，老是重新搭，没意思。"……可见，狭窄的空间制约了幼儿游戏的发展。教师应开辟更大的空间让幼儿游戏。

第二，所提供的材料是否合适、有无合理利用，是否符合幼儿游戏的水平与年龄特点。在巧手吧（手工区）里，教师给孩子提供了各种纸盒、固体胶、胶卷盒等废旧材料。第一次活动时有幼儿顺利地粘贴了一辆大卡车。第二次活动时，有好几位幼儿创造性地粘贴吊车，但长长的牙膏盒（当作吊车的起重臂）总是和车身粘不牢，他们很灰心。他们觉得很奇怪，为什么第一次活动时能粘住而第二次就不行呢？教师通过对材料的分析，发现牙膏盒做大卡车车顶时，中心点刚好是粘贴点；做起重臂时粘贴点在盒子的一头，所以固体胶的黏性在这里就显得不够强了。教师及时换上双面胶，为幼儿适应游戏、掌握新的能力提供了必要的保证。

此外，对观察结果还要从每个孩子是否都有玩具、是否能自主选择玩具等方面进行分析。

（五）不懂得何时介入并干预幼儿游戏

1. 当幼儿的游戏违反生活常规时

幼儿在游戏时可能会做出与生活常规相违背的行为，这时教师不可以武断阻止，而要用平和的语气询问幼儿，以了解其真实想法，并进行引导和纠正。

2. 当幼儿游戏时间停滞过长时

如果幼儿游戏情节长时间处于停滞状态时，教师可以通过"提供材料""引导观察""参观""个别谈话"讨论与讲评"等方式，了解幼儿游戏的想法及存在的问题，促进幼儿积极观察、思考，以积累新的经验。

3. 当幼儿喜欢独自游戏不愿与他人交往时

当某个幼儿喜欢独自玩不愿与其他小朋友交往时，教师可以有意识地引导他来"讲讲"或"展示"自己的作品，引起全体幼儿对他的关注，通过了解促进交往。

4. 当幼儿游戏行为不符合成人要求时

如果幼儿的某种游戏行为与成人的要求不符合，教师不要急于以成人的经验及眼光对待，而应先了解孩子的想法，再做出判断。比如，孩子画一个蓝色的太阳，教师应当让孩子自己解释为什么。当孩子说这是"刚从大海里出来的太阳"时，成人应该接纳孩子的创意，而不是责令其改正。

5. 当幼儿在游戏中出现对材料的争执时

当幼儿在游戏中发生对材料的争执而导致游戏难以进行下去时，教师要通过提供"百宝箱""寻找替代物""共同制作""幼儿自带"等多种途径解决幼儿对材料的需求。

6. 当幼儿游戏延伸出新的主题时

在游戏中如果出现了新的主题的萌芽，教师要有意识地给幼儿提供材料，为新主题的进一步发展做准备。例如当幼儿出现打电脑的游戏时，教师可以适当给孩子提供相关半成品材料等待幼儿探索发现。

7. 当幼儿做一些不良游戏时

当幼儿玩一些"死人""暴力""迷信"等不健康内容的游戏时，应以"转移注意力""个别指导"等方式加以引导，不宜用讲评的形式在集体面前指导。

（六）难以确定观察记录的频率

如果是严格的科学研究的需要，记录的频率有具体的规定和要求。作为教师日常生活中的观察，频率没有具体规定。教师在游戏中随时都在观察，但并非所有观察到的内容都要记录下来，哪些内容值得记录根据情况而定。

1. 根据教师教育研究的需要

如果幼儿的某些行为涉及调整教师教育行为与教育方案，则需要有一定的观察频率要求。

2. 根据教师自身特点

教师对幼儿发展特点的了解影响观察记录的频率。经验越丰富的教师越能捕捉到具有典型发展意义的行为，观察会经常发生。

（七）不会写高质量的观察记录

观察后是否能写出既快又好的高质量的观察记录是教师的水平，也是现实中令教师头痛的事情。常用的记录方法有以下几种：

1. 表格式

根据事先设定的儿童各种行为指标，进行有针对性的观察，教师只要根据观察在表格内打钩或简单记录即可。

2. 描述式

教师必须将幼儿的行为表现客观地记录下来，但是教师难以在带班的同时做详尽的现场记录，完全靠脑子记，却容易遗漏一些细节。为了既快又有质量地记录，教师可以记录幼儿的行为要点，事后再通过回忆加以整理。

四、幼儿游戏的评价

教师对幼儿指导的前提是认真观察、记录、反思，观察之后的工作是评价，只有客观公正的评价才可以保证教师对幼儿的有效指导。

（一）幼儿园游戏评价的概念

幼儿园游戏评价是指以教育中的幼儿游戏为对象，对其效用给予价值上的判断。广义上理解，它包括两个方面：一是对学前游戏的教育实施的评价，如对教师指导游戏的行为评价、环境及游戏材料的创设与提供的评价、游戏计划制订的评价、游戏时间安排的评价等。二是对幼儿的游戏行为本身的评价，如评价幼儿在游戏中的情绪状况、兴趣偏好、认知和经验水平、使用操作材料的情况、语言水平、社会性的表现，以及游戏的自主性、创造性等。狭义的学前游戏的评价，只是对幼儿游戏行为本身的评价，主要有两个方面：对游戏教育作用的评价、对幼儿现有游戏发展水平的评价。游戏评价是游戏管理的主要手段和重要环节，它既可以使幼儿园和教师获得反馈信息、改进游戏环境、提高对游戏的指导水平，又可以为幼儿提供交流经验、展示作品的机会，让幼儿体验游戏的成功和快乐，产生进一步游戏的兴趣和热情。

（二）幼儿园游戏评价的意义

评价的功能在于引导、激励、诊断和调控，因此，幼儿游戏的评价对儿童本身、教师和幼儿园都具有积极的作用。

1. 评价幼儿作品，促进幼儿的发展

幼儿在游戏中通常会有自己的作品诞生，这些作品具有成人无法理解的丰富内涵和意义。教师鼓励幼儿在游戏结束后自发地去介绍作品，欣赏和评论作品。这样既可以交流展示，激起幼儿再次游戏的热情，又可以使幼儿在这一过程中的语言表达能力得到提高。

有些游戏成果能直接演示，则会增强孩子们的自信。在游戏过程中，男孩女孩、大班小班、教师幼儿等相互配合，既增加了游戏的趣味性、增强了游戏效果，也促使幼儿的情感健康发展并不断提高其社会适应性。

2. 检验教师组织指导游戏的能力、效果，提高教师教学水平

对于幼儿来说，游戏即学习，指导即教育。因此，幼儿在游戏中的表现以及游戏环境的创设是判断游戏教育效果的依据。教师在游戏中要不断地巡视观察，适时介入进行指导，及时处理幼儿在游戏中可能发生的问题，抓住一切可能的教育契机。这些均对教师提出更高的要求，需要教师认真观察，智慧地做出分析，不断反思自己的教学行为，查漏补缺，提高自己的教学水平。教师是否具有开放、先进的教育理念和教育能力是决定游戏教育价值的关键。

3. 评价游戏环境及整体状况，提高园所管理效能

幼儿游戏中存在的问题不仅反映出幼儿的发展水平、教师的教学水平，也在一定程度上反映出园所管理存在的问题。例如，教师对幼儿游戏的指导是否用心，反映出幼儿园对教师的管理水平；游戏玩具的安全性问题及条件的完善与否，反映出幼儿园对教学设施的管理是否到位；游戏工作的秩序问题反映出园所管理的规范问题；等等。总之，通过游戏，可以反映出园所的整体管理水平和质量，进而促进园所提高自己的管理效能。

（三）游戏评价的基本内容

1. 对游戏教育作用的评价

1）判断幼儿是否能按自己的意愿进行游戏。幼儿在游戏中是否感到轻松、愉快，能否发挥创造性，根本上取决于游戏是否能充分体现幼儿主人翁的地位。好的游戏能充分调动幼儿的积极性，并吸引幼儿主动、自愿、愉快地根据自己的意愿、经验进行活动。

2）判断幼儿在游戏过程中能否克服困难，遵守规则，是否有较强的组织性和独立性。好的游戏能使幼儿产生极大的兴趣，并能克服困难坚持下去。成功的游戏常常使幼儿既能遵守规则，又能与同伴合作，具有一定的组织性和独立游戏的能力。

3）判断幼儿是否会正确地、创造性地使用和爱护玩具。在成功的游戏中，幼儿可以正确地、创造性地使用玩具；不争抢玩具；游戏结束后能主动、合理地收放玩具。

4）判断幼儿在游戏中是否懂得谦让，以及与同伴合作而不妨碍他人。合作是游戏中必不可少的部分，成功的游戏中幼儿能与同伴友好合作，正确处理玩具、场地、角色等问题并有组织、有秩序地开展游戏。

5）判断游戏内容是否丰富、积极向上，益于幼儿身心发展。成功的游戏，内容丰富、健康向上，不仅有利于幼儿全面发展，且能广泛地、创造性地反映他们对周围世界的认识。

以上五项判断依据是评价游戏成功与否的基本标准，适用于各年龄班。但由于幼儿游戏

水平有差异，各类游戏特点不同，因此在具体评价时，应结合幼儿游戏水平和特点以及不同种类游戏的教育功能特点进行区别对待。

2. 对游戏发展水平的评价

（1）对幼儿身体发育与各器官机能发展的评价

游戏是幼儿自发的运动。作为"活动与锻炼"的因素，游戏直接影响幼儿的身体发育和运动能力的发展。教师在对幼儿游戏过程进行观察时，对其是否能促进幼儿身体各系统器官的成长发育、能否促进幼儿肌体动作能力协调发展、能否促进幼儿肌体适应能力的发展等进行评价。

活动操练

肢体游戏：两只小手

幼儿坐在椅子上，边朗诵边做动作：

两只小脚踏、踏、踏，两只小手拍、拍、拍；

一个幼儿从椅子上跳起来，两只小手举起来：

两只小手砰、砰、砰，两只小脚跳、跳、跳；

小小身体转圈圈，最后静静坐下来。

对幼儿认知能力发展的评价与游戏相关的主要认知因素有：智力、概念发展、语言、思维（问题解决与创造力）等。教师在观察幼儿游戏的过程中，就要对游戏是否有利于幼儿智力的发展、是否有助于概念的形成、是否有助于发展幼儿的语言能力、是否发展了幼儿的思维能力、是否有助于幼儿解决问题能力的提高等做出评价。

案例链接

小姑娘莉莉想用娃娃的小被子把娃娃包起来。可是，如果把被子横着包娃娃，则被子不够长，娃娃的脚露在外面；如果竖着包，则被子不够宽。怎么办呢？莉莉摸索着，尝试着各种方法……十几分钟过去了，莉莉终于发现了最佳的包娃娃的方法：即用被子的对角线作为长度把娃娃包起来，这样就可以把娃娃全身都包进去了。莉莉包好了娃娃，好像如释重负般长长地出了一口气。

资料链接

● 荡秋千。每天荡秋千20分钟，大脑分泌的"快乐因子"安多芬（Endorphin）会增加80%。

● 放风筝。放风筝不仅让幼儿享受到空旷地带的新鲜空气，放线、收线也锻炼了臂力和眼力，使幼儿心胸开阔。

● 垂钓。焦虑的孩子常缺乏耐心，垂钓是锻炼耐心的好办法。对孩子讲清垂钓的目的——我们不完全是为钓鱼而来，最后收获的也许是惊奇和意外，还可辅导孩子将垂钓收获画成儿童画。

- 水中跑。可在泳池、河边、海边浅水区进行,长期坚持不仅可让孩子变得更结实,也能使其情绪更平稳。一般在水中跑20分钟左右,能让一个沮丧的孩子迅速平静。
- 双手接球(或物)。双手接球的练习需要高度集中精力,可帮助孩子驱除杂念,如愤怒、不安和沮丧等。习惯养成之后,孩子一旦感到烦恼,就会试一试自己的"杂技"。

(2)对幼儿社会性发展的评价

一方面,教师可以利用一些参照标准,在对幼儿游戏全程观察的基础上,对其是否能自选玩具,游戏的主题是否有目的,是否会正确熟练使用材料,能否遵守常规,能否与同伴共同游戏,是否有积极的同伴交往,是否能对一项游戏有持续性等进行评价。另一方面,游戏对幼儿形成自信心、培养同情心、发展美感等方面起到积极作用。因此,教师在游戏观察中,就要注意幼儿的这些情绪情感体验是否在游戏中得到实现。

教师可以在学期初和学期末各对本班幼儿进行一次评价,将材料汇总,统计前后两次对照,就可以判断本学期幼儿发展的一般状况,明了取得的教育效果和质量。同时可以对评价量表中的各个方面加以分析,掌握本班孩子各个方面的发展特点和取得的进步。

(3)对幼儿游戏创造性的评价

评定幼儿创造性的指标常常是幼儿的行为反应,可以是一种想法(如问题、想象),或者是一种活动(如唱歌、游戏),也可以是一种成果(如构造物、手工)等。可从三个方面进行评价:独特性、适当性和目的性。

1)游戏是否独特。对幼儿来说,独特并非一定与众不同,而是与以往的经验比较而言。如孩子画出"蓝色的太阳""方形的西瓜",在成人眼中这是独特的行为;对幼儿而言,要看该行为对幼儿自身的知识经验、认知水平来说是否前所未有,是则为独特,反之则不是。

2)游戏是否适当。如幼儿拿一根小木棒东敲西碰,把积木推倒重建,这些活动对成人而言毫无意义,但对幼儿来说可能非常有价值。因此,评定幼儿作品和行为反应的价值应立足于幼儿自身而不是成人标准。

3)游戏是否有目的。幼儿的某些行为反应是否有目的,还要通过观察、询问来发现,进而做出客观评价。比如孩子画一个黑色的太阳,要弄清楚究竟是因为孩子想到了环境污染而画,还是颜料用完了或根本就是心不在焉的行为。

3. 对游戏环境的评价

对游戏环境的评价包括对环境种类的评价和环境创设的评价,评价依据是看其是否充分体现了幼儿的年龄特征。

(1)评价游戏环境的种类

游戏环境直接影响幼儿游戏的水平与效果,通常包括物质环境(如时空、材料等)和精神环境(人际关系等)。

1)对物质环境的评价。

① 时间安排是否有保障。幼儿应该玩得尽兴,所以良好的时间环境是让幼儿有足够的玩各类游戏活动的时间。从促进幼儿社会性发展的角度讲,应有意识地增加幼儿的自由结伴游戏与自选游戏时间。

② 空间安排是否得当。过于宽敞的活动空间会增加幼儿攻击性行为的出现,而过于拥挤的场所又不利于幼儿交往游戏的开展。因此,对游戏空间的创设,应根据本园的实际情况,因地制宜、因陋就简,充分发挥主观能动性,挖掘边角的使用价值,科学设置游戏区域,促进儿童合作交往行为的产生及游戏情节的深入发展。

③ 材料投放是否丰富。在游戏材料的种类与数量投放上,要充分体现多样化、多变性及计划性原则,激发幼儿不断探索的欲望;要给幼儿自主管理的机会,培养其独立性;还要发动幼儿积极参与材料的收集与制作,以增强幼儿的小主人意识。

2) 对精神环境的评价。

① 师幼关系是否积极互动。教师在游戏过程中要与幼儿保持良好的积极互动,适时介入、指导,推进游戏向前发展,而不是强行干预或者袖手旁观。

② 同伴关系是否融洽。同伴间的合作是游戏积极倡导的教育宗旨,也是游戏能否成功的关键。在游戏过程中,幼儿善于交流、团结互助、共同分享、文明礼貌、遵守纪律及游戏规则,可以促进游戏顺利进行,反之可能终止游戏甚至适得其反。

(2) 评价游戏环境的创设

游戏环境是园所教养管理的重要内容和手段,具有育人功能。游戏环境包括户外环境,也包括户内环境,主要涉及游戏场地、各活动区、走廊、墙饰、游戏材料或玩具的投入等。评价环境既可以先就每个或每类活动区域分别评价,然后进行综合整体效果评价;也可以按照相反顺序进行(见表1-8)。

表1-8 评价游戏环境的创设

肯定评价	否定评价
(1) 活动区的设置有利于促进幼儿身心全面发展,类型与数量适宜; (2) 各活动区位置适宜; (3) 各活动区提供的材料、种类、数量适当; (4) 活动区的设置与幼儿年龄特点和实际水平相适应; (5) 能依计划投放和更换材料,变换玩法,激发幼儿新需要; (6) 各活动区之间关系协调; (7) 因地制宜充分利用场地; (8) 幼儿有机会参与环境创设; (9) 结合游戏规则的建立,增强环境中的自治因素; (10) 自选游戏与集体教学适当练习,相互配合促进; (11) 保证集中游戏时间,并充分利用零散时间	(1) 活动区的设置类型单一、不足或过多; (2) 位置不当,如图书角设在楼道; (3) 材料不足或过多,未体现教育意图; (4) 活动区的设置与幼儿年龄不符; (5) 材料投放一次性,无变换; (6) 各活动区关系不当,相互干扰; (7) 场地利用率低,未依需要加以调整; (8) 环境创设由教师包办,幼儿无参与机会; (9) 环境中无自治因素,幼儿游戏混乱; (10) 自选游戏鼓励进行,未注意与正规教育教学的配合; (11) 时间安排不足或游戏时间无保证

4. 对教师在游戏过程中现场指导的评价

(1) 对指导内容的评价

1) 能否引导游戏进程,促使游戏顺利开展。教师是否可以做到在活动前、活动中和活动后进行指导,如介绍材料、建议活动方式、提出行为要求等,启发引导幼儿自选活动;参与幼儿的游戏过程,激励启发幼儿的操作与实践及交往,促进幼儿与周围环境的相互作用;依照幼儿的不同需要给予适当的帮助;游戏结束时引导幼儿简评游戏。

2）能否与幼儿有互动。教师能否积极参与游戏，增加与幼儿的接触交往。教师是否能运用鼓励赞许、肯定性语言，表现出对游戏活动的兴趣；是否可以用眼神、表情等身体语言做出赞许的表示；是否减少否定性接触，如强行控制、禁止、批评等。教师的积极态度会促进幼儿的努力和进步，激励幼儿去创造和发展。

资料链接

师幼互动评价指标

- 教师经常与幼儿交往，并表现出对幼儿的关爱、兴趣和尊重；
- 教师在幼儿视线可及的地方，并且对幼儿做出反应；
- 教师以友好的、积极礼貌的方式与幼儿谈话；
- 教师与幼儿个别交谈，并鼓励所有的幼儿运用语言；
- 教师平等地对待与尊重不同种族、宗教信仰、家庭背景和文化背景的幼儿；
- 教师为不同性别的幼儿提供参与所有活动的平等机会；
- 教师鼓励与幼儿发展相适宜的独立性，教师培养与幼儿年龄相适宜的自理技能，如捡起玩具、擦去泼洒物、个人清洁、取用材料及其他技能；
- 教师促进幼儿责任感、自我调节力及自控力的发展；
- 教师没有运用会对幼儿造成伤害、羞辱或恐吓的体罚或其他的惩戒方式，大多数时候活动室中整体的声音是愉快的；
- 教师支持幼儿情感的发展，帮助幼儿处于舒适、轻松和愉快的状态，并鼓励幼儿参与游戏和其他活动；
- 教师认可并鼓励幼儿的亲近社会性行为，如合作、轮流，以讨论方式解决问题，关心他人；
- 在一天当中，教师运用多种教学策略以促进幼儿的学习和发展。

3）能否既面向全体幼儿，又能做到个别指导。教师在游戏中班级是否参与指导；是否在照顾全体的同时，特别注重对幼儿个体的指导，针对幼儿的不同特点，给予具体帮助；是否通过对幼儿活动小组的指导，激发小组内幼儿之间的积极互动，避免单一性的集体指导和整齐划一的要求。

4）能否合理运用指导方法和方式。教师是否能结合幼儿年龄和各类游戏的特点，探索多样化的指导方法。是否能在尊重幼儿的基础上，运用启发激励式指导方式，激励幼儿积极探索，尝试自己克服困难、解决问题，如及时呈现适宜材料、建议、提问、启发和提供丰富的知识经验、提供范例、共同参与、行为示范、教授或指导具体技能，利用幼儿之间相互影响互教互学等，从而促进游戏的不断深入。

5）能否建立游戏常规。教师是否能根据幼儿的不同年龄，引导幼儿在活动中建立必要的游戏常规，结合环境引导和督促幼儿执行常规，逐渐培养幼儿在行为方面自律、自治。

（2）对教师指导游戏主题的评价

1）能否给幼儿提供独处和自由活动的空间。教师是否为幼儿独自游戏设置了专门的空间，是否把独自游戏作为课程的一部分来培养幼儿的注意力、独立性；幼儿是否有自由游戏的机会；教师是否为幼儿进行户内、户外的自由游戏提供了大量的和多样的玩具、游戏材料和设备；教师是否注意对幼儿游戏的指导并把指导看作是教育活动的组成部分。

2）能否合理安排集体活动时间。教师是否既为小组活动，也为大组活动制订计划；集体活动时间是否较短并与幼儿的年龄、能力相适宜。

3）能否提供反映多元文化的材料。教师是否有大量的反映多元文化和无性别歧视的说明及图片等材料；教师是否将多元文化意识的培养作为课程的一部分。

4）能否营造良好的班级气氛。教师与幼儿是否情绪愉快、互相尊重；教师是否用身体接触表达对幼儿的爱；教师能否通过仔细观察和有技巧的干预来避免问题的发生；课程是否包括专门设计的旨在发展幼儿社会性交往技能的活动。

5）能否对特殊幼儿有所帮助。教师是否对环境、教育活动和时间安排做出调整以适应特殊幼儿的需要。

（3）对教师指导游戏项目的评价

1）美工。教师是否为幼儿提供自由选择的多种美工材料，是否鼓励幼儿表达自己的思想，是否设法将美工活动与幼儿的其他经验联系起来。

2）音乐、律动。教师是否为幼儿进行音乐和律动活动提供设备和材料，安排专门的场地和时间。

3）积木。教师是否为幼儿提供充足的积木和辅助材料，是否在教室设有专门的积木区，每天是否有在积木区活动的时间，积木的取放是否有利于培养幼儿的独立活动能力。

4）沙、水。户内和户外是否有沙、水游戏的材料、设备和玩具。

5）角色游戏。是否为幼儿开展角色游戏提供各种材料，户内和户外是否有角色游戏场地，教师是否鼓励幼儿积极主动地游戏并丰富游戏内容。

6）常规。一日生活安排是否既有计划性又有灵活性，并考虑到幼儿的个别需要；除了生活活动之外，一日活动是否还包括专门设计的户内、户外活动；活动与活动之间的过渡是否顺利自然。

7）创造性活动指导。教师是否注意安全、秩序和材料的使用方法；是否与幼儿交流想法，让幼儿独立探究并及时把握时机来促进儿童的学习。

（4）对教师指导游戏效果的评价

1）指向性。即是否明确指向社会性发展的某一要素，如分享行为、合作、遵守规则等。

2）阶段性。是否符合社会性发展的年龄层次目标，充分体现循序渐进、螺旋式上升的特点。

3）可操作性。即是否具体明确，一目了然，避免泛泛而谈。

4）计划的制订。即指标要求环节是否清晰，指导是否灵活有效，保证幼儿充分、自由、自主地游戏；是否重视评价环节的组织。要求师幼共同评价。

5）游戏的组织与指导。即是否合理有序地安排幼儿游戏的进程，采用合适的方法进行指导。

6）组织方式。即是否准确把握各类游戏的特点，充分挖掘环境材料的教育功能，灵活主动、适宜恰当地组织活动。

7）指导方法。即是否提供材料，使用各种方法创造和捕捉各种教育契机，因势利导、灵活巧妙地充分体现计划性与随机性的有机结合，使幼儿全身心投入游戏活动中，发展和提高其社会性水平。

5. 对各类游戏的评价

（1）对角色游戏的评价

1）评价内容。

① 评价游戏能否正确反映生活经验。幼儿往往会把现实生活中的内容照搬进角色游戏中，甚至会有与现实生活不相符的内容，这就需要教师通过评价有意识地将游戏向健康的方向引导。

案例链接

医 生 打 针

有一次，小医院里负责打吊针的孩子说："我是专门打大人针的，他是专门打小人针的。"我（教师）问他为什么这样分，他也讲不出个所以然。

结束时，我请大家说一说，他们去打针的时候，医生是不是这样分。大家说不分的，大人和小孩打吊针都在输液室，只是针头有粗细之分，瓶有大小之分。这样评价的结果，既培养了儿童分析问题的能力，也丰富了必要的生活经验。

② 评价幼儿的角色意识和行为表现。角色游戏的氛围是轻松愉快、毫不压抑的。自由自在的游戏往往会使一些幼儿失去自控能力，做出一些越轨的事来。这样，教师针对游戏中幼儿的行为表现进行讲评就显得很有必要。

案例链接

图书馆的管理员

一次，青青在图书馆当管理员，欣然跑过去说："请借给我一本《葫芦金刚》。"青青从书架上抽出另一本书说："看这本吧，《葫芦金刚》不借，我还要看呢。"

游戏讲评时，教师就这件事展开讨论，小朋友们都说："青青不像个管理员""管理员不可以上班时间看书"……

分析：评价帮助儿童确认了角色身份，提醒他们按角色的要求做，有助于游戏的顺利开展。又如娃娃家里的争抢行为、超市门前的插队吵闹等，教师选择这些需要儿童辨别的是非问题，组织儿童讨论，使孩子们在讨论中懂得应如何控制自己的行为。在指出问题的同时仍要注意正面引导，防止把讲评变成"是非裁定会"或"批评检讨会"，以至于失去评价的意义。

③ 评价游戏材料和玩具的使用与制作水平。玩具和材料是幼儿开展角色游戏的物质基础。游戏中幼儿的思维在很大程度上是依赖于玩具和游戏材料展开的。幼儿只有学会创造性地使用游戏材料，游戏的内容才会丰富。比如他们喜欢用形状和功能相似的物品替代不在眼前的物品，如两根小棍子既可当筷子，又可当插在生日蛋糕上的蜡烛；一块积木既可当罐装饮料、肥皂，也可当电话、对讲机等。教师讲评时，对这些以物代物的现象要加以肯定，促进幼儿想象力发展。

④ 评价游戏情节，注重幼儿的交往和解决问题的能力。随着幼儿角色意识的逐渐增强，

幼儿在游戏过程中往往会自然地丰富游戏情节。教师应在游戏过程中加强观察，随时发现和捕捉一些典型情节，抓住幼儿想象力、创造力萌发的良好契机进行讲评，以不断丰富幼儿游戏的内容。

案例链接

超市营业员

妞妞和牛牛在超市当营业员，可是迟迟没人光顾。最后，妞妞提出："我们可以问问理发店的服务员，他们需要什么……"这是儿童成功交往的事例，在讲评中应给予赞赏和肯定。

教师应及时抓住孩子们在游戏过程中即兴产生的情节"小题大做"，鼓励儿童不断丰富游戏内容。

2）角色游戏评价中的问题。

① 对不符合现实的游戏一概批评指责。幼儿在角色游戏中常常有些超乎正常的行为，教师该如何评价呢？

案例链接

批评的评价

今天，我在游戏中看到许多奇怪的现象。我发现在旅游团里有人乱用材料，抱着一大堆手机跑来跑去，他不知道手机是用来打电话的，搞得像逛超市一样，这样的人根本就不会玩角色游戏。

在医院里，一个医生往别人脸上和手心上打针。我想问一问这位医生，你去医院打针时，医生是不是拿着针筒往你脸上打啊？大家想想看打针应该打哪里。

分析：教师在这段评价中表达的核心观点是孩子不会用心观察生活也不会玩角色游戏。在教师眼里，幼儿的角色游戏应该是生活的再现和复制。实际上幼儿遵循的是游戏逻辑而不是生活逻辑，只要自己体验到乐趣即为适合的好游戏。一旦教师要求幼儿用生活逻辑进行游戏，幼儿游戏则转变为成人的游戏。孩子也失去了对游戏的内在需求。

② 评价流于形式，蜻蜓点水。一次较好的游戏评价应涉及目标、材料的运用、观察、指导等要素。有些教师却做得不够全面、深入。

案例链接

空洞的评价

某幼儿园中班，游戏收拾完毕，小朋友与老师各就各位。老师说："我来请小朋友说一说，你们都玩了些什么？" A 说："今天我去了娃娃家。" B 说："我今天在图书角。" C 说："今天我在表演区。"老师："你们怎么玩的，玩得怎样？" D 说："我们大家一起搭了个大桥，玩得很高兴。" E 说："我和某某一起跳舞玩得很高兴。"教师总结："今天大家玩得很开心，但如果能遵守规则就更好了。"

分析： 教师仅对个别幼儿遵守规则提出要求，却没有引导幼儿对为什么要遵守规则进行思考，对玩此游戏要遵守哪些规则、如何遵守等问题进行对话式讨论。空泛的评价不能促进游戏质量提高。

③ 教师评价武断，幼儿失去自评机会。随着年龄增长，幼儿有了主见，完全有能力采用交流讨论的形式达到自评目的，但现实中有些教师不给孩子这样的机会。

案例链接

武断的评价

某幼儿园大班游戏结束时，老师请小朋友自己说说今天玩游戏的情况。小朋友们争相发言，甚至有人抢着说和其他小朋友为玩建筑角争吵起来。老师说："吵什么吵？好了好了，今天就说到这里，明天你们这几个人不要玩建筑角了。"

分析： 幼儿激烈讨论是一次很好的机会，教师可以趁机介入，使全班小朋友通过讨论得到答案。遗憾的是教师没有把握好这次机会，对几个争吵的幼儿处理态度武断，导致评价不了了之。反映出教师的游戏观念还处在不吵不闹的状态中，不清楚只有通过游戏中的矛盾和冲突，幼儿的社会性才能有所发展。

（2）结构游戏的评价

教师对幼儿结构游戏行为的评价，可以了解幼儿的结构游戏发展水平，调整游戏环境的创设，增强对幼儿建构活动进行指导的针对性和科学性。

1）评价结构游戏内容。结构游戏是幼儿园常见的游戏活动，是一种感知性和创造性较强的无规则游戏，主要是利用材料进行建造和结构，培养儿童的创造性能力和想象力。因此，老师的指导和评价应避免仅停留在结构游戏的作品形象性及操作技能上，而要关注结构游戏对幼儿社会发展、本质能力等方面的促进意义上。

① 评价结构游戏的教育性。幼儿结构游戏的内容多为社会化事物，如高楼、汽车、工厂、飞机等。幼儿借助游戏将这些事物整合，再建构成新的社会化经验，而不是简单的空间建构。因此，在评价结构游戏时，教师如果仅从幼儿结构作品的形象性和结构特征去评价和判断幼儿的结构游戏，便会忽视游戏所蕴含的最重要的教育价值。因为幼儿在游戏中构建、整合的社会经验，从建构的主题到建造的过程所伴随的幼儿的社会化的发展才是最重要的。

因此，教师应仔细地聆听幼儿自己对结构的作品的描述，去了解结构游戏里幼儿的思考和创造，并以幼儿对游戏的描述为依据评价幼儿的游戏，而不是关注结构游戏作品的形象性特征，从而做出"像不像""好不好"的判断。

② 评价结构游戏的过程。幼儿结构游戏的过程伴随着幼儿能力的发展。以空间为平台，幼儿在反复的搭砌、拼接中不断提高自己的空间建构能力和空间延伸能力。实际游戏中，幼儿在结构游戏时常常会偏离游戏本来的形式，起初可能是结构游戏，进行下去又会变成其他性质的游戏，如表演游戏、角色游戏等。但这并不意味着结构游戏没有意义，其意义恰恰在于结构游戏的后续性上，后续游戏使前一个游戏变得更丰富多彩。教师在评价时应当对此有所认识，不能单从结构游戏上评价孩子的行为。

③ 评价结构游戏的题材。幼儿结构游戏的题材多来自生活经验，但是对现实生活中的素材如何进行取舍，是幼儿智能的一个表现。对现实生活进行机械翻版和再现，表明幼儿还没有进行再创造的能力，思维仍处于简单模仿阶段。如果幼儿能对现实中常见的题材进行花样翻新，不断提出新的想法和创意，赋予新的意义，则表明孩子创造力的萌芽。

2) 评价结构游戏应注意的问题。评价结构游戏时，教师很容易陷入几种误区，导致不能对结构游戏进行合理评价而失去了结构游戏的教育价值。因此，评价中应注意：一忌只关注结果忽视过程；二忌只关注作品忽视游戏的教育意义；三忌只关注幼儿操作技能发展忽视其社会性发展。

（3）对幼儿表演游戏的评价

表演游戏是幼儿在理解文学作品、故事内容基础上，通过扮演作品中的各种角色，来反映作品内容的一种游戏。它不但能满足幼儿生理和心理发展的需要，还能发挥幼儿的想象力、创造力，提高幼儿口语表达能力，增强幼儿的自信和独立性。一次质量高的游戏评价，对提高幼儿的游戏水平，积累正确的游戏经验都起直接的导向作用。

1) 表演游戏评价内容。

① 评价幼儿模仿能力。表演游戏的教育意义在于幼儿对作品中故事情节和各种人物的深刻理解，直接体现在对语言及动作的模仿行为上。只有具备了这种模仿能力，幼儿才能逐渐脱离对他人的依赖，独自地进行表演，提高表演质量。因此，老师对幼儿表演游戏的评价可从语言模仿和动作模仿方面进行。

对语言和动作进行评价，能使幼儿懂得和理解语言、动作这两种表演手段的妙处，使孩子扮演的角色更加逼真丰富。在评价中，老师不必死抠字眼，只要孩子能用语言讲清楚有关情节发展即可；动作也不必讲究是否到位；表演得简单与否、相似与否、优美与否都不是最重要的，只要能将角色特征表现出来即可。

② 评价幼儿角色扮演情况。每个故事都会有不同性格的角色出现，例如，反面角色——老虎、狼等凶猛、残暴的动物，扮演这类角色时要求幼儿讲话唱歌时音调要低些，音量要大些，音色要粗哑些，讲话的语气要阴险、凶狠，有些字的发音可以从牙缝中挤出来；表演时神态要显出凶恶，动作幅度可以大些。正面角色——小羊胆小、软弱，表演时说话的音调要高些，音量要小些，动作幅度要小些。教师在评价时可以从幼儿语言的语气表达、音调的高低、表情的变化、神态的流露、动作的幅度及模仿情况来着手，判断幼儿对不同角色的认识程度。

③ 评价幼儿想象力。表演游戏的内容应基本根据作品的原意。在这一前提下幼儿在表演时也可以根据自己对作品的角色、情节的体验，在语言、动作表现上有所增添或改动，这一创造既符合故事的主题又能增加趣味性，是幼儿想象力和创造力的表现。想象越丰富，扮演的角色也就越逼真。因此，老师要仔细观察幼儿表现出的想象力，还要针对幼儿的表演给予高度的评价，并引导幼儿从各个角度、各个渠道进一步提高想象能力。

④ 评价幼儿独立性表现。表演游戏具有丰富的情节，对情节的把握、对游戏进程的安排，都可以锻炼幼儿的独立性及组织能力。因此，在表演游戏指导中，教师让幼儿掌握故事的开始、发展和结尾，提倡幼儿对故事情节加以想象进行表演，鼓励幼儿进行有独立性的游戏，在评价游戏时也围绕这点进行。对幼儿表现出来的"独立性"给予表扬和肯定。为使评价极具正确性、准确性，教师可以从游戏准备工作、分配角色、开展游戏过程这几个环节评

价儿童独立性的表现情况。

⑤ 评价幼儿制作、设计布景道具和场面布局的能力。大班幼儿已掌握较复杂的手工技巧，能根据自己的需要制作简单的道具、布置场景，这对开发幼儿的动手动脑能力非常有益。对这类活动的评价，教师不必过分追求道具的真实齐全，只要稍有象征性即可，要求过多或过于真实的道具，不但幼儿的能力和体力达不到，而且会限制幼儿表演的积极性和创造性。使用的材料可以是成品，可以是半成品，也可以废物利用。同时，幼儿还可以随时随地进行表演，不必受道具限制，自由灵活。因此，教师在评价时要从这几方面着手才能做到评价恰如其分。

⑥ 评价幼儿表演游戏中显示的计划性和组织性。随着大班幼儿的年龄增长，参加游戏的机会的增加，教师应逐渐让幼儿自己来组织表演。从选择角色、角色对话、表演动作等方面让幼儿自己讨论、设计、决定。教师可以引导能力强的幼儿带领能力弱的幼儿，一起扮演角色，共同游戏，并就小组的计划、组织情况给予有针对性的评价，可使幼儿不断获得小组合作游戏的经验。

2）评价表演游戏应注意的问题。

表演游戏是个综合性游戏，涉及幼儿发展的诸多方面，在评价中容易出现深度与广度的矛盾问题。在一场表演游戏中，面面俱到的评价难以做到深刻，只关注某一方面又会导致片面，处理好二者的关系是教师应该考虑的问题。

在一次表演游戏中，既然做不到全面的深刻评价，不妨每次只关注幼儿在游戏中表现的某一方面，做到充分了解，再通过不同的表演游戏进而对幼儿做出较为全面的评价。

（4）对幼儿规则游戏的评价

规则游戏由于具有秩序性而区别于日常生活。一切真正的游戏都是规则游戏，可以培养幼儿的规则意识和行为习惯。不管是游戏的规则还是规则的游戏，都对幼儿的发展有一定的价值和特殊意义。

1）规则游戏评价的内容。

① 评价幼儿是否能够遵守规则。幼儿的思维表现为强烈的"自我中心化"特征。规则游戏对幼儿的社会性发展具有重要意义。对游戏规则的遵守将打破幼儿思维的"自我中心化"定式，使幼儿学会从他人的角度来思考问题。能够遵守规则行事，意味着幼儿的"去自我中心化"思维正在形成。这一过程正是人的社会化过程。

② 评价幼儿对规则打破后的反应。对于规则本身的遵守，是道德发展的一个重要体现。所以，强调游戏规则的遵守有利于培养幼儿的道德意识，发展幼儿的道德行为。既然规则对幼儿的成长具有重要意义，那么规则一旦制定则不能轻易被打破，打破规则就要受到相应惩罚。由此，通过幼儿对规则被打破后的反应可以推断幼儿的社会性发展水平。

③ 评价幼儿对规则与自由的认识。游戏规则是幼儿顺利进行游戏活动，实现游戏性体验的前提，必须严格遵守；同时，幼儿在游戏中沉浸于游戏而达到忘我的境地，难免违反规则，规则与自由成为游戏中一对难以调和的矛盾。幼儿对规则与自由的认识反映出幼儿的社会性发展水平。

2）评价规则游戏应注意的问题。

在评价幼儿游戏时，幼儿会对自己的自由行为辩护，教师也会在崇尚自由与强调规则之间动摇，有时倾向于对规则的严格遵守而无视幼儿的主体性。

规则和自由并不矛盾,如果规则来自幼儿,符合幼儿内部游戏心理需要,有利于游戏的开展,那么幼儿不仅能够较好地理解和遵守规则,而且有利于幼儿在游戏规则的指引下更好地在游戏中发挥自己的主观能动性,灵活而自主地参与游戏,并从中逐渐将规则内化为自己行为的一部分,在游戏和活动中建立良好的行为习惯。这需要教师在评价时理性地做出判断,不能因规则而压抑孩子的个性,也不能过于尊重个体而无视规则的存在。

(四)幼儿园游戏评价应注意的问题

1. 评价参与主体要多元

长期以来,评价主要为了检查和评比,存在着严重的管理主义倾向,评价被当作教师控制儿童、园所管理教师和儿童的一种手段。由此带来的是评价者由教师、学校管理者、教育行政部门垄断,家长、社区、孩子无权介入。单向度的评价很难使人们对某项游戏做出客观全面、公正的评价,也不利于游戏的改进及孩子的发展。

对家长而言,借此可以树立以发展的眼光看待孩子的观念,掌握施教方法,有的放矢地开展共育,并从中体验到"育儿"的乐趣。对教师而言,家长的参与丰富了评估信息,实现了对每一个孩子的个性化的了解和掌握,为制定课程方案、创设教育环境、确立个案教育对策提供了依据。对幼儿而言,把自己在游戏中的所见所闻、情绪体验与同伴相互交流共享,不仅能增添游戏的乐趣,还可以帮助幼儿整理和提升游戏中零散的经验,修正错误经验并找出存在的问题,从而促进幼儿综合能力的发展。

2. 评价路径要多渠道

在我国,评价仍过多地依赖于量化和纸笔测验,而忽视其他考查方式。单一的评价带来的是对被评价者片面和极端的判断,结果常常有失偏颇。

不同的评价方法各有侧重和利弊。纸笔测验,考查的重点是记忆、理解、简单应用等,较少顾及综合、实践等较高层次目标。观察法偏于主观判断,难免失之模糊和简单。因此,在对幼儿园游戏进行评价时,除了纸笔测验、观察法外,还可以采用墨迹测验法、访谈法、档案袋评价法等多种渠道获取信息。

3. 评价内容要全方位

在幼儿游戏评价中,评价内容多侧重于幼儿认知发展,而忽视情感、能力、思维及社会性等方面的发展;侧重对游戏作品的质量进行评价,而忽视对游戏过程的评价。这种顾此失彼的评价必然误导实践中的教学,引导幼儿朝向片面的方面发展,同时也不利于成人对幼儿游戏全面客观的认识。

4. 评价功能兼顾甄别与改进

评价具有导向、反馈、检查、激励、诊断、发展等多重功能,评价功能失调也成为普遍现象。过分强调评价的甄别和选拔作用,忽视评价的改进、激励和促进作用,热衷于排名比较,忽视了儿童发展中存在的问题,导致评价不能有效发挥积极作用。只有少数所谓的"优秀生"能够体验成功的快乐,获得鼓励,多数人则成为评价的受害者。因此,对幼儿游戏进行评价时应尽量体现评价的多种功能,兼顾甄别与改进。

5. 评价标准要主客观统一

评价通常是以一定标准为参照进行，标准成为衡量游戏对幼儿价值的依据。问题是，评价的标准由谁来定，标准的客观性如何，标准有几种，评价者按照哪种标准评价才是公正合理的。这些标准带来的评价问题在实际中经常出现，如何兼顾主观与客观成为评价中应该慎重对待的问题。

6. 观察游戏评价量表

（1）游戏兴趣量表

利伯曼是第一个设计游戏评价量表的调查研究者。他的"爱做游戏的量表"包括七个主要项目：

第一，幼儿在游戏中自发进行身体运动和活动的次数有多少？在身体活动中，他或她的运动协调能力怎样？

第二，在他或她的游戏活动中，显示出来的高兴的次数有多少？他或她以什么样的自由表达来表现高兴？

第三，在游戏中，幼儿表现出幽默感的次数有多少？幽默所表现出来的持续程度怎样？

第四，幼儿游戏时，对于周围的群体结构相互作用表现出来的灵活性的次数有多少？幼儿活动时的自如程度如何？

第五，在做表演和戏剧性的游戏时，幼儿表现自发动作的次数有多少？在做上述游戏时，幼儿表现出来的想象程度如何？

第六，幼儿的聪明程度如何？

第七，对幼儿具有多大的吸引力？

每一项都按 5 分制计分。在最早的游戏评价量表中，一些游戏特征已经操作化了，如运动、游戏乐趣、灵活性、表达能力和想象程度。

（2）游戏发展进度量表

这是高尔登和库特勒尔 1980 年的研究成果，它提供了操弄/建筑游戏（玩物游戏）、表征游戏、社会游戏及体能游戏四大游戏领域的发展顺序，帮助我们了解幼儿在某一特定年龄阶段的发展概况及游戏下一步将朝什么方向发展，掌握游戏行为的结构随着年龄的增长而变化的规律（见表 1-9）。

表 1-9 游戏发展进度量表

操弄/建筑游戏（玩物游戏）	表征游戏	社会游戏	身体/动作游戏（体能游戏）
（1）玩自己的身体部位（如手指、脚趾）	（1）在游戏中模仿 a. 模仿声音 b. 模仿别人的手势 c. 模仿别人的脸部表情 d. 延宕模仿（将以前所听过或看过的声音或动作模仿出来）	（1）模仿镜中的形象	（1）可以不用支撑而坐着玩
（2）用手臂挥打玩物并获得愉快	（2）在游戏中可制造声音	（2）对镜中的形象微笑	（2）玩时可以独立站得好

续表

操弄/建筑游戏（玩物游戏）	表征游戏	社会游戏	身体/动作游戏（体能游戏）
（3）玩别人的身体部位，如摸别人脸或头发	（3）在游戏中可用语言交谈或叫喊	（3）在游戏中嬉笑	（3）爬或匍匐前进
（4）玩水	（4）使用玩物来做假装、虚构	（4）玩社会游戏（如躲猫猫、拍手游戏）	（4）可以边走边玩
（5）在游戏中去拿玩物（或自己拿或从别人处获得）	（5）功能性使用表征玩具（如电话、车子、娃娃或茶具组合等）	（5）单独玩（如幼儿自己玩玩具，即使与别的幼儿彼此处在很近的距离，也不想与其他幼儿在一起玩）	（5）可以用双手将球从头上方丢出
（6）在玩中放开玩物	（6）使用成人衣物或装扮游戏	（6）可以独立玩，持续15～30分钟	（6）可以用大人椅子爬上爬下
（7）用双手去敲打玩物或拍手	（7）表现单一的假装情境游戏（如喝茶或开车）	（7）平行游戏（幼儿通常在一起玩，但各自单独做他们的活动或游戏；通常在玩相似的玩具，但彼此很少有社会性的交流或影响他人的活动）	（7）踢球
（8）做影响环境的重复性动作（如敲打玩具产生响声）	（8）表现虚构情境（事件之间有连续或单一角色持续在5分钟内，如用茶具组合在一起喝茶、吃饼干，好像开茶会、派对，或开车去逛街或加油等）	（8）联合在一起游戏（幼儿可以在一起玩，但各自拥有自己主题的深度活动。彼此间有沟通交流，通常玩的主题是与玩物有关的活动。彼此之间各自有自己的活动目标与目的，可以彼此有所关联，但不是一个有完整组织的活动）	（8）听音乐、做些律动
（9）堆放玩物	（9）表现虚构情节（单一角色游戏可以持续5分钟以上）	（9）两人的合作游戏（两个幼儿参与共同目的的活动，彼此有组织，能相互协调以达到目的。通常幼儿是玩一些扮演、竞争或非竞争的比赛，或做一些作品，彼此相互支持以达目的）	（9）踩（骑）三轮车
（10）自发性地涂鸦	（10）表现虚构情节（有情节、主题，但较不具组织性）	（10）团体的合作游戏（两个以上幼儿能达到目标）	（10）用双脚做跳远状动作（脚离地）
（11）拉玩具	（11）表现有组织、情节的假装游戏	（11）游戏中有分享行为	（11）可以从25厘米高处跳下来
（12）将容器（篮）中的玩具倒出来	（12）可以与其他幼儿做假装游戏（社会扮演游戏）	（12）玩时可以等待	（12）接大球

续表

操弄/建筑游戏（玩物游戏）	表征游戏	社会游戏	身体/动作游戏（体能游戏）
（13）可以横向排列玩具并且有组织性		（13）能为他人做事以达成目标的活动	（13）跑得很好（不会跌倒）
（14）玩沙（过滤、拍、抹平、倒或刮）		（14）要求同伴与他一起玩	（14）可以在矮的玩具和梯上爬上爬下
（15）玩拼图 a. 三件式的形状拼图（三角形、四边形、圆形） b. 四件式个别成型的拼图 e. 四件组成一形体的拼图 d. 七件组成一形体的拼图 e. 十二件组成一形体的拼图		（15）能叫出同伴的名字并炫耀（自夸其所做的事情）	（15）跳绳（至少连续两次以上）
（16）将玩具放入容器或篮子内		（16）可以同特定的玩伴一起玩，并可将他当作最好的朋友	（16）会翻筋斗、跳跃、荡秋千、用轮子溜冰、走平衡木等
（17）会将盖子盖于有盖的容器上		（17）能对有规则的游戏或比赛遵守规则，并能轮流共享玩具	
（18）玩黏土 a. 会用手去压、挤、滚及造型 b. 利用工具（给黏土做造型） c. 利用黏土/沙做表征玩物（如做所熟识的物品，并能说出其名称）			
（19）玩积木 a. 没有表征意识的建筑游戏 b. 具有表征意义的建构游戏			
（20）用剪刀 a. 用剪刀剪东西 b. 将纸或布剪成碎片 c. 沿线剪不同的形状 d. 剪成不同的形状 e. 剪图案（除了太细小部分之外）			
（21）用画图来表征事物（大部分画幼儿所知道的故事并能说出故事中图画的名字）			
（22）游戏建构的结果成为重要的部分			
（23）组织工艺技巧			

操弄/建筑游戏 （玩物游戏）	表征游戏	社会游戏	身体/动作游戏 （体能游戏）
（24）使用彩笔将图案着色			
（25）拓印/盖印画或用笔描绘			

（3）帕特/皮亚杰量表

早期游戏研究者们习惯于从某个单一角度评价幼儿游戏水平。1932年帕特的《社会参与量表》和1966年史密兰斯基改编的1962年皮亚杰的《游戏认知量表》，都属于单一尺度的衡量评估。到了20世纪70年代，鲁滨等人将帕特量表与皮亚杰量表结合起来，创设了两个尺度的评价系统，从而打破了原有的评价模式。新量表以其特有的广角特点容纳了认知水平和社会性水平的12项游戏评价条款，并加入了非游戏行为的项目（见表1-10）。

表1-10　游戏的社会—认知内容

游戏类型	孤独的	平行的	集体的
基础游戏	孤独—基础游戏	平行—基础游戏	集体—基础游戏
结构游戏	孤独—结构游戏	平行—结构游戏	集体—结构游戏
角色游戏	孤独—角色游戏	平行—角色游戏	集体—角色游戏
规则游戏	孤独—规则游戏	平行—规则游戏	集体—规则游戏
非游戏行为：无所事事、旁观、不断变换游戏活动			

1）帕特/皮亚杰量表的操作定义。

① 认知水平定义。基础游戏即重复肌肉运动，用玩具或不用玩具。结构游戏即使用玩具，如积木、积塑小玩具等或材料（沙子、橡皮泥、颜料）构造一样东西。角色游戏即角色扮演与假扮转换。角色扮演例如假装当一个家长、婴孩、救火队员、超人，或妖怪。假扮转换，例如假装开汽车（手臂运动），或用铅笔打针。使用小型汽车或小型熨斗不能算角色游戏，除非这是在扮演角色和假扮转换动作中使用。规则游戏即承认、接受并遵奉确立的规则，例如棋类游戏、踢球。

② 社会性水平定义。孤独游戏即孤单地玩，与周围的孩子使用不同的材料。虽然同伴处于可说话距离，但无谈话。平行游戏即参与周围其他孩子类似的活动，或玩与他人差不多的玩具，但没有与其他孩子一起玩的倾向。集体游戏即跟其他孩子一起玩，角色被分配或未被分配。

③ 非游戏行为定义。无所事事行为，旁观行为，不断变换游戏活动的行为。

④ 非游戏活动定义。事先由老师或自己选定的任务或学习活动，如涂色、计算机、教育性玩具使用等。

根据以上操作定义，我们可以对幼儿游戏行为进行译码（见表1-11）。

表1-11 儿童游戏行为的对应水平

行为表现	游戏水平
A. 两个孩子正玩过家家,各自假装烧饭或炒菜。他们清楚各自的活动,但无交往	平行—角色游戏
B. 一个孩子用积木搭了一样东西,无其他孩子在附近	孤独—结构游戏
C. 一个孩子单独玩,用玩具电话假装打电话	孤独—角色游戏
D. 一个孩子正看其他孩子玩娃娃家	旁观
E. 几个孩子在图书角看书	非游戏活动
F. 两个孩子在地板上开玩具汽车。没有假扮转换的情节,也不互相交往	平行—基础游戏
G. 三个孩子在玩医院游戏,一个做医生,一个做护士,还有一个当病人	集体—角色游戏
H. 一个孩子正在转来转去,不参加任何游戏	无所事事
I. 一些孩子在一起用积木搭一条高速公路	集体—结构游戏

2) 帕特/皮亚杰量表的观察记录例表(见表1-12)。

表1-12 帕特/皮亚杰量表的观察记录例表

姓名_____ 观察日期_____

分类		认知水平			
		基础	结构	角色	规则
社会性水平	孤独				
	平行				
	集体				
非游戏		行为			
	无所事事	旁观	频繁变换游戏活动	活动	

3) 帕特/皮亚杰量表的运用价值及注意事项。

① 研究者和教师必须在运用量表之前熟悉各项操作定义,以利于准确无误地进行观察。

② 在观察中应坚持每个孩子一张表格。

③ 可供选择的方法很多,在此着重推荐实践证明较适于本量表的多次扫描取样法。这种方法要求观察者按顺序将观察对象表格排列好。每次观察一个孩子15秒,按顺序换人。在全部观察完一遍后重新开始一轮各15秒的观察。总共每个孩子四次,由此得出比较准确的各个幼儿游戏状况的观察结论。

(4) 豪威斯的同伴游戏量表

豪威斯于1980年发表了考查幼儿社会性游戏行为的同伴游戏量表。这个量表比较细致、具体地将幼儿游戏的社会性水平分为五个层次:简单平行游戏、互相注意的平行游戏、简单社会性游戏、具成熟意识的互补/互惠游戏、互补/互惠的社会性游戏(见表1-13)。

1) 豪威斯同伴游戏量表的操作定义。

① 水平1——简单平行游戏。幼儿在游戏中没有目光交接或任何社会性行为,都专注于自己的游戏,无视他人存在。

② 水平 2——互相注意的平行游戏。幼儿在做相近的游戏，有目光接触，但没有社会性交往。例如玩积木的孩子偶尔注视别的孩子或别的孩子搭的积木。说明幼儿已有别人在场和别人在活动的意识。这一阶段孩子经常互相模仿，比如一个孩子可能照另一孩子的样搭一个建筑物。

③ 水平 3——简单社会性游戏。幼儿出现直接社会性行为，但没有合作游戏，只是表现出典型的社会性行为：微笑、接触、拿玩具、发出声音、攻击行为等。如玩积木的孩子评论同伴搭的东西"这个好看"，或持否定的态度。

④ 水平 4——具成熟意识的互补/互惠游戏。幼儿在游戏活动中有与同伴合作倾向的行为，能意识到各自的角色，但无对话或其他社会性交流。如，一个玩积木的孩子将一块积木给一伙伴，那孩子接受并回他一块；或者两个孩子搭一个建筑物，轮流堆上去。

⑤ 水平 5——互补/互惠的社会性游戏。幼儿在游戏中有第四阶段的互补/互惠活动，也有第三阶段的社会性交流。如一起搭积木的孩子互相谈论，"别把那块积木放这儿，那块太小了"，或一些孩子共同计划并玩一个表演游戏。

表1-13 儿童游戏行为的对应水平

观察所见	水平阶段
A. 两个相互靠近的孩子，正围着教室中心各自开车，路线各异，观察对象（其中一个孩子）看看教室周围，直至发现另一个孩子，然后又开自己的车。	水平2 因为这孩子表现出另一孩子存在意识。如果他没有看另一孩子，就属于水平1。
B. 积木角内两个孩子在搭房子，他们直接就何处使用哪块积木以及如何放置那块积木进行讨论。	水平5 因为他们在一起玩并始终进行交流。如果没有口头交流，便处于水平4。
C. 在娃娃家角落，一男孩坐在椅子上，另一孩子正假装给他理发，无谈话。	水平4 因为他们一起玩并表现出对各人角色的意识，但无交谈或直接的社会性交往尝试。如他们相互交谈或一个传递镜子给另一位，则处于水平5。
D. 两个孩子挨着坐在一起玩各自的拼图。一个说"我玩不起来"，另一个答道"再试试看"。	水平3 两个孩子有直接的社会性交往尝试，但他们玩的是不同的拼图（不同于两人合玩）。如果第二个孩子放下自己的拼图，去跟第一个孩子一起玩，则达到水平5。

2）豪威斯同伴游戏量表的观察记录例表（见表1-14）。

表1-14 豪威斯同伴游戏量表的观察记录例表

儿童姓名_____ 观察日期_____

次数	孤独游戏	水平1	水平2	水平3	水平4	水平5	游戏活动	非游戏活动	教师参与	地点或使用材料
1										
2										

资料来源：选自约翰逊等，1987.

3）豪威斯同伴游戏量表的运用价值与建议。为更好地掌握幼儿游戏水平，建议使用多次扫描取样法进行观察。即按顺序观察每个孩子15秒，对一个孩子观察完毕后，立即相应地在记录表格"第一次"各栏目里记下各项观察结果，然后观察第二个孩子，依此类推。第一轮观察结束后开始第二轮,记在"第二次"各栏内。一般说,大约每分钟记录两个孩子,因而这种方法较经济实用。

采用豪威斯量表进行观察,并积累数次结果后,研究者和教师可对幼儿游戏水平进行分析,从而有的放矢地给孩子以具体的帮助。

(5)史密兰斯基角色游戏评估量表

史密兰斯基角色游戏评估量表与帕顿/皮亚杰量表、豪威斯量表不同之处在于:一是观察对象数量不同。史密兰斯基角色游戏评估量表可以同时观察多名幼儿,帕顿/皮亚杰量表、豪威斯量表一次只能观察一名幼儿。二是取样方法不同,帕顿/皮亚杰量表、豪威斯量表都采取以15秒为间隔时间取样的方法,史密兰斯基角色游戏评估量表采用事件取样的方法,需要较长观察时间,根据幼儿年龄不同观察时间在5~10分钟。

1)史密兰斯基量表操作定义。

① 角色扮演。幼儿扮演角色(家庭成员或救火队员等),通过口头交流确定角色("我是妈妈"),并出现角色相应的行为(照顾一个假装的婴儿)。

② 假扮转换。用象征物代表物体、行为和环境。A. 用某物体代表另一物体(用积木当杯子),或用语言创设一想象物体(盯住空手说:"我的杯子是空的!");B. 用某一象征动作来代表真的行动(用手的动作模仿家长敲锤子),或用语言来创设一想象的行动("我在敲锤子");C. 用语言创设一个想象情境("让我们假装坐在飞机上")。

③ 社会性交往。幼儿在游戏中根据游戏主题、角色、情节、动作等进行直接的互动交流。

④ 口头交往。幼儿通过语言对有关游戏情节、角色等进行交流,常常在自身真实身份和假扮角色中转换。如"我当大夫你当病人""你发烧了我来给你打针"等。

⑤ 坚持性。指幼儿游戏持续时间的长短。不同年龄段孩子持续游戏时间不同。有研究表明:小、中班幼儿可持续5分钟左右,大班幼儿可持续10分钟左右。

2)史密兰斯基角色游戏评估量表的观察记录例表(见表1-15)。

表1-15 史密兰斯基角色游戏评估量表的观察记录例表

姓名	角色扮演	假扮转换			交往	口头交流		坚持性
		物体	行动	情境		蜕变交流	角色交流	

资料来源:选自史密兰斯基,1968.

3)有关使用史密兰斯基量表的一些建议。

第一,此量表适合集体性观察,从中看出不同幼儿的不同情况,并得出整体游戏水平印象,以供教学和研究参考。

第二,此量表需要较长时间的观察,至少每人每次观察5~10分钟。然后记录观察对象在此时间内是否出现五个方面的游戏行为。

第三,此量表需要观察多次,从而得出符合幼儿实际游戏水平的认识。

综上,无论选用哪种量表,观察时都应坚持一些必要原则。

第一,观察的环境尽量能充分展现幼儿游戏技能。保证幼儿有充足的游戏材料;每个幼儿在室内、室外两种环境的行为都能观察到。

第二，观察的前提是幼儿间相互已经熟悉了解。幼儿在与熟知的同伴共同游戏时表现出较高的社会性和认知水平，所以新学期初或观察对象进入新环境时不宜进行观察。

第三，反复观察，确保观察结果具有代表性。一次观察或一天内的观察无法决定幼儿的游戏行为，因为游戏伙伴相处关系、游戏材料的兴趣、生病、家里发生的问题或其他当时的客观条件很可能影响某个孩子的游戏行为。应尽可能地在相当长时间内多次观察，减少偶然因素影响。一周内观察两到三次是最起码的要求。

（6）弗若斯特·沃史曼游戏发展检核表

弗若斯特·沃史曼游戏发展检核表（见表1-16、表1-17）有助于对3~5岁幼儿游戏行为的观察与了解，是对认识了解游戏及个别幼儿的一种很有用的引导指南。观察记录能对幼儿在角色游戏、社会游戏及肢体发展上的进步进行一个连续性的记载。

表1-16 弗若斯特·沃史曼游戏发展检核表A

社会游戏和社会化：学前儿童
第三阶段（大约3岁）　　　　　　　　　　需引导　　有进步　　熟练 （1）从事单独游戏 （2）从事平行游戏 （3）和同伴短时间地游戏 （4）了解别人的需要 （5）表现出对别人的同情心 （6）参与一个活动的时间：10~15分钟 （7）唱简单的歌曲
第四阶段（大约4岁） （1）容易地离开妈妈 （2）能与其他儿童沟通 （3）能与成人沟通 （4）能与同伴一起游戏 （5）遵守教室常规 （6）交流与分享 （7）使用器材后，能放回原处 （8）保管自己的物品 （9）爱惜别人的物品 （10）参与一个活动的时间：15~20分钟 （11）参与团队活动 （12）与团队一起唱歌 （13）能了解欣赏和批评
第五阶段（大约5岁） （1）完成大部分自发计划 （2）在很少的监督下工作和游戏 （3）参与合作游戏 （4）倾听同伴意见 （5）遵循多种和延迟的指示 （6）负责特别任务（如喂养动物） （7）倾听并遵循成人的建议 （8）喜欢和成人交谈 （9）为了不同责任，可维持一段专注时间 （10）评估自己的工作，并建议改善之处

表 1-17　弗若斯特·沃史曼游戏发展检核表 B

角色游戏：学前儿童
第三阶段（大约 3 岁）　　　　　　　　　　　　需引导　　有进步　　熟练 （1）模仿成人（玩房子和商店） （2）在游戏中表达挫折 （3）创造想象的玩伴 （4）参与家事 （5）在大张纸上涂色和绘画象征的图形 （6）以积木建构简单的图案 （7）使用交通玩具、人和动物，以增进积木游戏 （8）想象任何他或她想要的物品（象征功能）
第四阶段（大约 4 岁） （1）在娃娃家进行角色扮演 （2）角色扮演一些成人的职业 （3）参与熟悉故事中戏剧化的过程 （4）在自我发起的对话中使用布偶 （5）区别真实和想象 （6）假装洋娃娃是真实的人 （7）建构（绘画塑造等）可辨别的图形 （8）参与手指游戏
第五阶段（大约 5 岁） （1）在娃娃家和其他角落有多重角色的扮演活动 （2）在游戏场进行角色扮演 （3）角色扮演多种成人职业 （4）明了图书代表真实的物品 （5）参与广泛的创造性活动：手指游戏、节奏乐、 　　 黏土、绘画、户外游戏、家事、歌唱等 （6）在木工桌上制造和描述物品 （7）制作并描述美术作品 （8）寻找更好的建构方式 （9）建造复杂的积木结构

知识与技能检测

（1）你有没有像本章教学导读部分学前教师对"观察"和"评价"的困惑？你是如何认识的？通过本章学习你有什么新的感受？

（2）请你对一个幼儿园区角进行一次 30 分钟的观察，并写出你的观察记录，对观察到的现象进行评价。

（3）请结合本章内容，对以下案例进行评论。

案例一：手工课结束后，当小明将做好的兔子交给老师时，老师夸张地说："你做的是什么？我怎么越看越不像？兔子的尾巴怎么这么长呢？"

案例二：游戏课结束后，老师让小朋友谈谈自己的感想。面对班上孩子们兴致盎然的讲解，老师最后总结说："这堂游戏课中大家玩得很开心。在交流中有的小朋友谈得很好，有的小朋友还要继续努力。"

模块四　成人对幼儿游戏的介入

对于成人是否有必要介入幼儿游戏中一直存有争议。支持者认为成人的介入会给游戏带来诸多积极影响，而反对者则认为成人参与游戏会带来很多负面效应，甚至会对幼儿造成伤害。成人究竟该不该介入幼儿游戏？究竟该如何介入游戏？本模块将在对成人介入游戏的影响和角色定位的讨论基础上，进一步探讨成人如何有效地介入游戏中，包括介入方式的选择、介入时机的把握以及介入策略的运用。

成人是否有必要介入幼儿游戏中？有研究者支持成人介入幼儿游戏，认为成人参与游戏可以丰富幼儿的游戏经历，成人通过与幼儿进行支持性和反应性的互动，使得游戏对幼儿智力和社会性发展的影响最大化。而也有大量的学者反对成人介入幼儿游戏，如米勒等人（1992年）认为，成人参与游戏会破坏或抑制幼儿的游戏活动，减少幼儿在游戏中学习的机会。

一、成人介入游戏的影响

对于成人介入游戏的影响，有人认为是积极的，也有人认为是消极的。

（一）积极影响

诸多学者认为成人对游戏的介入可以对游戏产生积极的影响，这些积极的影响包括：

1. 增加儿童对游戏的兴趣、专注力和持续性

成人对游戏的介入传达了成人对幼儿正在进行的游戏的积极态度，能够让幼儿感受到自己进行的活动是有价值的；当成人参与幼儿游戏时，可以降低幼儿在游戏时的不专心，而且会增加游戏的时间；邓恩和伍丁（1977年）观察到当母亲与幼儿一起玩游戏时，幼儿玩的时间要比他自己一个人玩的时间来得长；席尔瓦、罗伊和佩恩特（1980年）通过对英国幼儿园的观察也发现，当教师与幼儿一起玩时，幼儿会玩得比较持久；另外，赫特等人研究发现成人在场的时候，幼儿特别是女童的注意广度会增加。

2. 提升游戏的品质

当成人介入游戏中去时，可以提升游戏的品质，帮助幼儿参与更高水平的社会性游戏和结构游戏。维果茨基认为成人与幼儿一同参与游戏能够创设一个"最近发展区"，可以让幼儿开展一些他们自己无法开展的活动；席尔瓦、罗伊和佩恩特（1980年）发现，有了成人的参与，四五岁的幼儿倾向于参与认知上较复杂的游戏类型；贝恩特等人（1997年）认为教师能够提供材料、想法和技能，既能扩展幼儿游戏的范围，也能提高其对于学习的影响；霍斯等人（1995年）认为成人可以帮助幼儿增加与同伴互动的机会，并且也可以指导幼儿成功地、有效地与其他幼儿合作、相处，提高同伴互动的质量。

3. 增加幼儿与成人的依恋关系

游戏中与成人发生积极交往的幼儿可能与这些成人建立更安全的依恋关系。

（二）消极影响

也有学者反对成人介入幼儿游戏，因为他们认为成人介入幼儿游戏可能带来负面的效应。如茨温（1974年）发现，当成人要求幼儿对使用一个不受欢迎的玩具进行想象时，这个玩具在幼儿中就会更加不受欢迎。当幼儿园教师通过示范要求幼儿照做或给予指示，并对幼儿的建构性活动强加高度的结构性时，其中的结构游戏就会减少，而非游戏性活动会增加。费尔和恩托斯（1993年）认为强烈偏向于游戏认知方面的教师干预会对游戏的社会性方面产生负面影响。

米勒等人（1992年）指出成人在游戏中会过度行使权力，将游戏过度结构化，从而抑制了幼儿按自己的意愿进行游戏的能力，并减少了幼儿在游戏中探索发现、解决问题、承担风险以及进行同伴交往的机会。成人介入游戏，往往自己取代幼儿做了大部分工作（Pellegrin & Galda，1993年）。一些教师还喜欢打断游戏，塞入一些他们认为具有教育性的内容。琼斯等人（1992年）认为这种介入通常会对游戏情节造成破坏性影响，致使幼儿停止游戏。因此，萨顿－史密斯（1990年）等持这派观点的学者认为："成人最好鼓励小孩自己玩，也不要应用成人权威，像独裁式的暴君装模作样地指挥孩子如何来做，这简直会干扰孩子并造成对孩子的伤害。"

【思考】

成人究竟该不该介入幼儿游戏？

综上所述，两种截然相反的观点均有存在的理由，支持介入的理由是介入会对游戏产生积极的影响；不支持介入的理由是担心介入会带来负面影响。因此，问题的关键不在于成人该不该介入游戏中，而是成人如何有效地介入游戏中。如果成人以一种敏感的、回应的、支持性的方式与幼儿进行互动，那么成人参与能丰富幼儿的游戏经历，提高幼儿的游戏水平，对游戏产生积极的影响；倘若成人过多干预，对幼儿游戏进行过多的结构性限制，甚至完全控制游戏，或为教学目的而打断游戏，则通常会破坏幼儿的游戏，对游戏具有消极的影响。例如，有关游戏训练的研究发现，成人的参与可以提升幼儿的认知和社会能力，包括幼儿的创造力、语言智力、以他人立场看事情的能力、合作及社交技巧。但成人的参与必须以正确而适当的方式进行，如果干预过多，或是直接纠正幼儿的玩法，则可能反而会阻碍了幼儿创造力的发挥，干扰游戏的进行。

案例链接1

进行体育活动时，教师给幼儿提供了废旧材料——报纸，请幼儿用报纸当器械。

陈老师这时候比谁都紧张，生怕幼儿出现打斗、摔跤等。只见含含把报纸折成长条形在地毯上，子仪也把报纸折成长条和含含的接在一起。含含对景飒说："快点，你的桥折好了没有？我们要合作搭一座长长的桥。"正在幼儿玩得兴高采烈的时候，陈老师出现了，说："桥这么小，小朋友这样过桥很危险的，你们就把报纸揉成一个皮球去投篮吧。"几名幼儿便按照老师说的去投篮了。

案例链接 2

进行体育活动时,教师给幼儿提供了废旧材料——报纸,请幼儿用报纸当器械。

小朋友们拿着报纸分散开始活动。只见含含把报纸折成长条形放在地毯上,子仪也把报纸折成长条和含含的接在一起,含含对景飒说:"快点,你的桥折好了没有?我们要合作搭一座长长的桥。"李老师在一旁观看,心想:"桥这么小,小朋友该怎样过桥呢?"但她没有上前去询问,继续看着!只见含含说:"子仪、景飒快来,我们的桥搭好了,我们要过桥了!"小朋友拍手欢呼着。小雨跑过来问:"你们在玩什么呀?"含含自豪地说:"我们搭了一座桥,我们要过桥了。"只见含含伸出手,用食指和中指从报纸上"一二、一二"走过。这时,李老师才真正明白:原来小朋友用指头当小人,并用报纸给小人搭了一座桥!

看到其他小朋友也玩得很开心,李老师这时候才上前问:"你们是怎样玩纸的?"阳阳争着说:"老师,我把纸捏成足球玩!"子杨也高兴地说:"我把纸捏成羽毛球,手当球拍,看,这样玩。"小雨拉着教师的衣服说:"老师,你看我是这样玩的!"他迅速把报纸撕成两部分,立在地上,跳着经过,兴奋得大声说:"老师,我是不是像刘翔一样?"小朋友们都把报纸制作成体育器械,这是怎么回事?这时,张艺凡小朋友抢着说:"2008年我要去北京看福娃。"这时李老师才明白:活动室内有一张"福娃"的挂图,环境刺激了幼儿,让他们联想到了奥运会中的体育项目,联想到了运动员在运动场上的拼搏,触发了幼儿的想象。

分析:

在案例链接1中,当观察到"桥太小不能过人"的时候,陈老师介入了:"桥这么小,小朋友这样过桥很危险的,你们就把报纸揉成一个皮球去投篮吧。"结果限制了幼儿的创造性思维,导致幼儿的玩法单一的游戏结局。

在案例链接2中,当观察到"桥太小不能过人"的时候,李老师并没有过于着急地进行评价或帮助幼儿处理,而是继续观察。游戏发展到最后才发现,幼儿用报纸搭成桥,用手指当小人过桥。正是因为教师没有急于介入,给了幼儿充分的游戏自主权,我们才能在游戏的最后看到幼儿各种创造性的玩法。

二、成人介入游戏的角色定位

根据教师对游戏介入程度的高低,约翰逊在综合众多文献的基础上,将教师的角色分为不参与者、旁观者、舞台管理者、共同游戏者、游戏带头人、导演这6种角色,如图1-18所示。

1)不参与者。不参与者是指成人对游戏不予关注。

2)旁观者。旁观者是指成人旁观幼儿的游戏而不参与其中。

3)舞台管理者。舞台管理者是指成人帮助幼儿为游戏做准备,并在游戏进行过程中给予支持。

4)共同游戏者。共同游戏者是指成人参与游戏并成为游戏同伴。

5)游戏带头人。游戏带头人是指成人参与游戏并积极地丰富和延伸游戏。

6)导演。导演是指成人控制游戏,并告诉儿童应该怎样做,或重新引导幼儿关注教育性事宜。

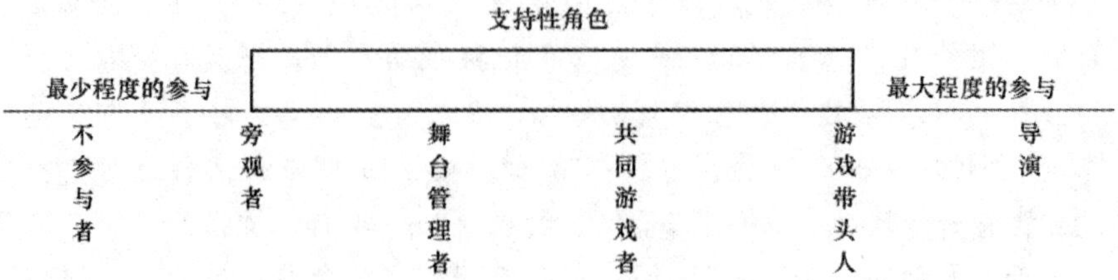

```
                    支持性角色
最少程度的参与 ┌─────────────────────────┐ 最大程度的参与
  不    旁    舞    共    游    导
  参    观    台    同    戏    演
  与    者    管    游    带
  者         理    戏    头
              者    者    人
```

图 1-18 成人在游戏中的角色

（一）非支持性角色

在图 1-18 中，处于两端的成人对游戏的完全不参与以及扮演导演角色被认为会对游戏产生负面影响，即太少或太多干预幼儿游戏都会对游戏产生负面影响，因此这两种角色被认为是非支持性角色。

1. 不参与者

在幼儿园中，我们经常看到，当幼儿进行游戏时，一些教师会利用这段时间准备下一次活动或写一些需要上交的书面材料。在没有成人参与的情况下，幼儿往往进行功能性运动游戏和嬉戏打闹活动，游戏类型单一且社会性水平不高，即使是社会角色性游戏，游戏情节也相当简单，而且往往十分吵闹。

案例链接

在中班，教师简单地交代了游戏注意事项后，幼儿四处散开，各自按自己的需要选择材料。开始游戏了，只见两个男孩跑向玩具柜，同时抓住一顶警察帽抢起来。"是我先拿到的。""不对，是我先拿到的。""是我的。""是我的。"两人谁也不松手。突然，帽子上的绳环被抢断了，其中一名男孩放弃警察帽去别处玩了，另一名男孩则得意地戴上警察帽，装扮成交通警察。可是断了的绳环老在他面前晃来晃去，帽子因此掉了下来。不一会儿，他也放弃了，把帽子放回玩具柜，参加其他游戏去了。

当被问到为什么不介入时，教师的观点是让幼儿自己去解决，如果教师干预，幼儿迫于教师的权威接受，未必能从干预中获得什么道理。

在上述案例中，我们看到当幼儿发生争执时，教师没有参与，而是选择了让幼儿自己解决问题，结果导致帽子的绳环被抢断，游戏无法进行。倘若教师在两人争执未果时介入进去，将会帮助他们学会解决矛盾；或者教师也可在游戏因为绳环被抢断而无法进行下去的时候介入，让幼儿从争抢的后果中明白错误。

2. 导演者

如果教师以导演的角色介入游戏中，告诉儿童在游戏中应该做什么，不应该做什么，完全控制了儿童游戏，则最有可能破坏了儿童游戏，变成了我们说的"游戏儿童"，而不是"儿童游戏"。

伊恩斯和克里斯蒂（1997年）曾举过一个例子，一位幼儿园教师在鼓励幼儿举办一次生日晚会的活动中扮演导演者的角色。在案例中，教师总是试图指挥幼儿做什么，却遭到了幼儿的拒绝。

> **案例链接**
>
> 教师：布利坦莉，到这儿来，你想戴一顶晚会帽吗？这一顶怎么样？这是专门为过生日的人准备的，你戴上它吧，它看上去像一顶皇冠！
> 布利坦莉：不，我已经有了一顶（指着她的头饰）。
> 教师：你能给我们做一个11月份的日历表吗？我们假装这天是你的生日。
> 教师：柏克，柏克，你愿意做一份蛋糕吗？谁愿意做蛋糕？
> 布利坦莉：我不用做，我是过生日的女孩。
> 教师：但是你看，她要把蜡烛插到蛋糕上。真正的蜡烛呢？我们做两个蛋糕怎么样？柏克，你做一个，你拿一根蜡烛，每个人拿一根蜡烛。约瑟夫，你也拿一根，你去做蛋糕，做一个蛋糕，把蜡烛熄灭，先做蛋糕，然后再插蜡烛。"11月"的日历表放在哪里？

（二）支持性角色

在图1-18中，处于中间的角色被认为会对幼儿的游戏产生积极的影响，因此我们称之为支持性角色。

1. 旁观者

教师在一旁观察幼儿游戏，并用语言或非语言信号，如点头、微笑来表示对幼儿游戏的关注。不同于完全不参与者，旁观者不是被动的，而是积极的。教师在一旁一边向幼儿表达自己对游戏的关注，从而让幼儿感受到其游戏的价值；同时，教师虽然没有参与到游戏中，但是通过在一旁对幼儿游戏的观察，了解了幼儿的兴趣、发展，并判断什么时候需要更多地介入游戏中。

> **案例链接**
>
> 几个幼儿在图书角玩耍，他们一边翻书一边讨论书本中的图片。教师坐在旁边的桌子上，看着幼儿玩耍。她用手撑着下巴，面带微笑地看着。她对着这群幼儿说："你们对这些书很感兴趣，看来你们今天挺开心的。"幼儿不时地看她一眼，然后继续看书，讨论书中的图片。
>
> 在上述案例中，教师虽然没有直接参与到游戏中，但是她通过微笑、语言来表达对幼儿游戏的关注，同时幼儿显然感受到来自教师的支持和赞同，所以会在游戏过程中不时地看她一眼。

2. 舞台管理者

舞台管理者仍旧处于游戏的边缘，不参与游戏。但是不同于旁观者，舞台管理者积极地帮助幼儿为游戏做准备，并随时为正在进行的游戏提供帮助。舞台管理者对幼儿关于材料的要求做出回应，帮助幼儿准备服装和道具，并协助布置游戏舞台。舞台管理者也可能提出适当的故事情节建议，以延伸幼儿的游戏。

案例链接

冬冬和明明在尝试利用印模做糕点，倒出的糕点总是粘在模上不能成型，屡次失败后，他俩脸上露出了难色。见此情景，教师找出食用油和干面粉，放在他们的操作台上，并退到一旁观察。只见冬冬首先拿起干面粉搓搓自己粘着面团的手，发现手心变干了，就顺手抓了一些放在印模里，这次印出来的饼虽然完整但饼上有干粉，显得不干净。明明受到启发，在印模里倒入食用油，经过比较，他们发现使用食用油加面粉做出的糕点最漂亮。

在上述案例中，教师在观察幼儿制作糕点屡次失败时，并没有给予任何言语上的指导或者直接参与到游戏中，而是在操作台上悄悄地放置了面粉和食用油，使幼儿在这种材料信息的暗示以及同伴的互相启发下找到了制作糕点的最佳方法。

3. 共同游戏者

作为共同游戏者，成人以儿童平等的游戏伙伴的身份积极地参与到了儿童游戏中。成人在游戏中扮演的角色通常是小角色，而让儿童扮演主要角色，如儿童扮演店主而教师扮演店员。成人在扮演角色时一般遵循游戏的原有进程，让儿童主宰整个游戏，只是通过一些策略如角色扮演、假装转换以及同伴互动等策略进行暗示，间接对游戏产生影响。

案例链接

强强在手工区遇到了小麻烦，他不能很好地做"馄饨"（一种折纸活动）。

强强生性好强，爱面子，若教师直接去教，会伤害他的自尊（因前几天手工课教师已教过，且大部分幼儿已掌握）。于是，教师坐到强强的旁边也做起"馄饨"，边做边自言自语："将这个角与这个边粘在一起，然后用力捏两下……"

在上述案例中，教师没有打断幼儿的游戏，进行直接的技能指导，而是以平行游戏者的身份参与到幼儿游戏中，通过操作相同的活动材料，向幼儿示范捏"馄饨"的技巧，既帮助幼儿掌握了该动作的要领，也没有打断幼儿原有的游戏进程。

4. 游戏带头人

相比共同游戏者，游戏带头人角色在积极参与幼儿游戏的过程中，对游戏施加了更多的影响，有意地采取步骤来丰富和延伸游戏情节。他们提出新的游戏主题，介绍新的道具或情节元素以扩展已有的主题。通常在幼儿很难自己开展游戏，或正在进行的游戏难以再进行下去的时候，成人会选择游戏带头人这一角色。

案例链接

吃完点心，我带着孩子们来到草地上，玩起了轮胎。刚玩了一会儿，几个男孩开始滚起轮胎来，这种玩法吸引了许多孩子，他们也都开始滚轮胎。孩子们各自玩得很投入，但这时我发现了问题，当轮胎往下滚时，很容易撞到下面的小朋友。

我想把孩子们立刻喊下来，尝试着把道理讲给他们听，但没有人理我。如果我硬要大家都下来，可能会达到要求，但孩子们肯定会不高兴，因此我没有这样做。我在反复的思考之后,来到了几个胆小的女孩身边,指着轮胎说:"我们一起来叠轮胎,好吗?"于是我和她们一起动手把轮胎一个个叠在一起。一个、两个、三个、四个、五个……这一举动,被其他的孩子发现了,他们像发现新大陆似的,一个个带着轮胎都来参与了,不一会儿,孩子们的兴趣都转移到叠轮胎上了。

在上述案例中,当幼儿在游戏中出现不安全因素时,教师没有打断或叫停幼儿的游戏,而是积极参与到游戏中。但不同于以一个平等的角色参与到游戏中的共同游戏者,教师示范了新的游戏玩法,带动了幼儿游戏兴趣的转移,从而消除了幼儿原先游戏行为的安全隐患。

值得注意的是,虽然根据对游戏的介入程度不同对成人介入游戏的角色做了以上划分,但是在实践中,有经验的教师总是在对幼儿游戏进行仔细观察的过程中,灵活地选择适合幼儿当前的游戏兴趣、类型和活动的互动方式,他们会根据正在游戏的幼儿特征以及游戏的性质,不断地变换所扮演的角色,从而推动幼儿游戏的发展。

【练习】
分析下面案例中教师介入幼儿游戏的角色定位。

案例链接

快餐店里没有汉堡

区域活动中婷婷做快餐店的大厨师,她把薯条、可乐、鸡块等各种东西一一放在桌子上的一只只小盘子里,嘴里喊:"快来啊!快来快餐店啊!"

顾客泽泽来了,说要买一杯可乐。婷婷从边上拿来一杯可乐放在他的面前,问:"还要什么?""还要一个汉堡。"泽泽说。

婷婷愣了一下说:"没有汉堡。"

泽泽:"妈妈带我去快餐店总是吃汉堡的,怎么会没有?"

婷婷:"就是没有嘛,我们这里没有。"

泽泽:"就是有的,你骗人!"

幼儿的争论引起了我的注意。我连忙走过去,问:"这里有什么好吃的?我也要吃!"

婷婷:"我们这里有鸡块、可乐和薯条。"

泽泽:"他们这里没有汉堡,真奇怪!老师,你说对吗?"

老师:"到底有没有汉堡,这就要看大厨师的本领了!"

婷婷:"老师我知道,快餐店里面是有汉堡的,可是我们这里缺少东西。"

"是什么呀?"我接着问。

"汉堡里面有奶油、蔬菜和鸡腿,我们这里没有呀!"

原来是这样,于是我拿来了皱纸、积木等替代物品。有了这些东西,幼儿很快做出了鸡腿汉堡(黄的皱纸代表奶油、绿的皱纸代表蔬菜,积木代替鸡腿),快餐店的生意一下子热闹起来了。

三、介入时机

如前文所述,成人介入游戏既有正面影响,也有负面影响。关键在于成人如何介入游戏、选择以何种方式介入、介入的时机是否恰当,以及在介入过程中要注意哪些策略。

要判断什么时候是干预幼儿游戏的恰当时机往往是件困难的事。我们常常说教师的干预要适时,但到底怎样是适时的,却难以用几句话表达清楚。我们有时候发现等待非常必要,因为幼儿往往能够自己解决问题,而无须成人去告诉他们如何做,并且他们往往能给成人惊喜,因为幼儿解决问题的方法常常是成人没有想到的。但是有时候等待也会让人错失良机。

综合华爱华(1998年)、萨顿·史密斯(1974年)等人的研究可知,成人对游戏干预时机的选择主要取决于两个因素:一是幼儿客观的需要,即幼儿的游戏行为是否自然顺畅,是否有获得帮助的需求。二是成人的主观心态和状态,既包括成人对幼儿的期待(即成人希望幼儿在游戏中表现出的发展水平、游戏态度和情绪体验),也包括成人的状态,如成人是否具备投入幼儿游戏的热情和精力。萨顿·史密斯(1974年)建议,成人在主观状态不佳的某些情况下,最好不要介入游戏,如自己不想与幼儿玩的时候,仅仅是出于责任介入幼儿游戏而不能享受到其中的乐趣时,以及感到身心过于疲惫时。

具体而言,教师介入幼儿游戏的较佳时机有如下几种情况:

当幼儿不投入自己所构思的游戏想象情境,如独自游荡、经常转换活动、长时间地旁观时,教师的介入可以提高幼儿的兴趣与注意力,延长游戏时间,提高游戏水平;当幼儿难以与别人沟通互动时,教师的介入可以帮助幼儿增加社会参与的机会;当幼儿在游戏中发生困难时,如缺少材料使游戏难以继续,或发生游戏技能的困难时,教师的介入可以帮助游戏流畅地进行下去;当幼儿一再重复自己原有的游戏行为,进一步延伸或扩展有困难时(如反复地搭建、推倒积木,反复地摇动玩偶,心不在焉地翻看图片等),教师应介入,引导幼儿进行更高水平的游戏活动,如建构游戏、社会性角色游戏等;当游戏中出现负面行为效应,如出现不健康的游戏时,或幼儿邀请教师共同游戏时,教师应把握机会参与游戏,在与幼儿共同游戏的过程中,更近距离地了解幼儿。

值得注意的是,游戏应该是反映幼儿自由意愿的一种活动,因此成人不宜过度介入或干涉幼儿的游戏,尤其是幼儿不愿意让成人参与的时候。成人在介入之前,一定要仔细观察,选择适宜时机介入。对于一些特别依赖成人、经常要求成人参与其游戏的幼儿,成人要鼓励或引导他们参与其他幼儿的游戏。

拓展阅读

刘焱(2004年)建议教师在进行干预时机决策的时候问自己几个问题,这些问题的回答将有助于教师对干预时机的把握:

- 幼儿需要怎样的帮助才能克服当前的困难?他(她)更容易接受哪种帮助?
- 我怎样介入才不会影响幼儿的兴趣?
- 我采用的干预方法会引起幼儿哪些可能的反应?
- 我提供帮助之后幼儿还有没有独立思考的空间?
- 我撤出干预之后幼儿能不能继续独立地完成操作任务?

- 这是最适合的干预时机吗？等一等会如何？

介入时机案例枚举：
当幼儿进入游戏出现困难时：

案例链接1

文文在教室里左看看右瞧瞧，走到游戏材料区也是看看这看看那，教师发现她的情况后对她说："你玩过搭高楼的游戏吗？"文文点点头。教师："那小猫钓鱼呢？"文文噘起小嘴摇摇头，于是教师带幼儿到小猫钓鱼的材料前，文文开始探索这些材料。

分析：当发现文文没有明确的游戏意愿，游离于游戏之外时，教师介入。小班幼儿常常会有这种情况，他们会在游戏开始的时候到处闲逛，不知道自己应该做什么、如何去做，这个时候教师的介入是引导幼儿开始游戏的关键。

案例链接2

教师发现亮亮一个人在下棋区，他拿了一副水果棋不知所措，因为这个游戏需要两个人一起玩，而他只有一个人。教师："你为什么不去找好朋友和你一起下棋呢？"于是，亮亮过去邀请娃娃家的甜甜。

分析：当幼儿拿着游戏材料但因缺乏某些游戏要素如同伴或游戏方法而感到无所适从时，教师需要介入引导幼儿顺利进入游戏。

当必要的游戏秩序受到威胁时：

案例链接1

几名幼儿正在下棋，一名幼儿推着自己刚插好的"手推车"嘟嘟嘟地向下棋区开来，眼看就要干扰别人的活动了。教师及时地挡住他："请问有通行证吗？"幼儿说："没有。""没有通行证不得进入，请你回去取通行证，再看看哪个区需要你的车子。"

分析：教师用游戏的口吻很自然地制止了幼儿的干扰行为，并提出了活动的建议。

案例链接2

在一次搭建游戏中，阿乔不小心碰坏了小朋友搭的动物园，孩子们一时很激动，有的埋怨阿乔，有的以暴力攻击阿乔，有的不知所措。教师见状马上说："动物园是不是'地震'了？我们赶快抢救动物，把动物园修好吧！"于是，孩子们又重新投入了新游戏当中，巧妙地化解了一次即将发生的纠纷。

分析：在案例中，教师的介入是在幼儿之间即将要发生纠纷之际，教师以"动物园地震"推动了游戏情节的发展，转移了其他幼儿对阿乔破坏事件的注意力，巧妙地化解了幼儿之间的纠纷。

当幼儿对游戏失去兴趣或准备放弃时:

案例链接 1

中班一次建构游戏中,一女孩对自己进行的游戏失去了兴趣,长时间地坐在那里玩弄自己的衣角。教师见状走过去,小女孩告诉老师她已经搭好东方明珠了。教师看了看,马上表扬了小女孩:"哇!你搭的东方明珠真漂亮,高高地耸立在这里真有气势!你会搭东方明珠,一定也会搭金贸大厦,比东方明珠还高!"小女孩听后点了点头,开始搭建金贸大厦。

分析:在案例中,教师在幼儿兴趣消退之时,用新的刺激点燃了幼儿的兴趣。

案例链接 2

教师要求幼儿造"汽车"。游戏开始时,明明对教师说:"今天我不想造一辆公共汽车。"教师说:"好的,这回你就造一辆面包车,不过可要造得牢一点噢。"明明连忙点头。"面包车"完成了,他高兴地跑到教师面前说:"老师,我的汽车造好了,你来看吗?"教师把"车"放在地毯上摇了摇,说:"这辆车还真牢呢,太棒了!我下了班一定乘你的车!"明明十分高兴。

分析:在幼儿表现出对游戏不太有兴趣但又没有明确的游戏主题和内容的时候,教师提出"造面包车、造得牢一点"的要求,丰富了儿童游戏的内容,促进了幼儿结构能力的提高。游戏内容的拓展和提高游戏技能的要求给幼儿带来了新的兴趣点。

案例链接 3

游戏有一个很好的开始,孩子们准备起飞,让他们假装的飞机飞上天空。但是提供了午饭和睡过午觉(这是一架有卧铺的飞机)之后,孩子们开始对这个游戏失去兴趣。这时,扮演乘客的教师与幼儿展开了对话。

教师:大风刮起来了,飞机在上下晃动。哦,飞机晃得很厉害。
夏琳:不要担心,我们有呕吐袋。
乔依:飞机在转圈。
教师:我们要撤离这架飞机吗?好吧,让我们降落吧。可能会有一次坠机降落,让我们降落。(孩子们惊叫起来)
教师:坠机降落!哦,坠机降落。
乔依:好了,伙伴们,让我们马上离开飞机。
夏琳:好吧,我们必须撤离这架飞机。

游戏持续了好几分钟,孩子们撤离了飞机,却发现身处佛罗里达州的一片沼泽地带。教师又给孩子们添加了另外一个灾难——遭遇鳄鱼,进一步推进故事的发展。

分析:在幼儿兴趣消退的时候,教师可以给这一游戏添加一些"紧张因素",让孩子们重新对这个游戏感兴趣。案例中扮演乘客的教师通过描述恶劣的天气及飞机可能坠毁的情况给这个故事添加了紧张因素,重新激活和扩展了这个装扮游戏。在飞机降落时,教师又增添遭遇鳄鱼的紧张故事情节,再一次激活了幼儿的兴趣,推进故事进一步地发展。

当游戏在内容发展或技能方面发生困难时：

案例链接 1

在区角活动中，幼儿拿着翻绳图解反复研究，兴趣盎然。但是由于认识的字比较有限，对于图解的理解不够，基本上没有幼儿能成功。幼儿一个一个扫兴地离开了这个区角。第二天，又有一批幼儿进入了该活动区域，和前一天一样，他们也垂头丧气地离开了。第三天情况还是如此。教师见状插入一个集体的讨论活动，让幼儿相互讨论，图解到底表示什么意思呢？图解上的符号是什么意思呢？在集体的讨论中，有的幼儿认识字，向其他幼儿解释下面的字的意思；有的幼儿对于图解观察得比较仔细，发现了手势里的秘密；有的幼儿对于上面的符号仔细地观察，发现了其中蕴含的秘密。在讨论中，幼儿在教师的引导下，把这些发现串在一起。三四个幼儿成功了。接着，他们又把自己的经验传给了旁边的同伴，又有五六个幼儿成功了……

分析：当幼儿碰到的困难没有办法解决时，教师应该给予一定的帮助，否则幼儿体验不到成功的喜悦，也不能体现出投入材料的作用。对于幼儿的帮助，方法有很多，教师的直接指导是一种方法，让幼儿和幼儿相互启发、相互影响也是一种方法。在这样的方法中，幼儿感到是自己发现其中的秘密的，他们从中体验到的成功感更加强烈。

案例链接 2

理发店里很安静，有两位坐着等待理发的顾客。青青在给顾客洗头，琳琳在为顾客理发，动作机械，面无表情。

看到琳琳长时间地、机械地重复动作后，教师走了过去："琳琳，这个顾客已经约了我，你休息一会儿，好吗？"琳琳点点头。只见教师先给顾客洗头（用水时发出"呲呲"的声音）、擦头、梳发、剪发（剪发时发出"咔嚓、咔嚓"的声音），剪完后拿起一面小镜子给顾客照照："您满不满意？"小顾客开心地点点头。教师又拿起电吹风，一边给顾客的头发前后左右吹，一边嘴里发出"呜—呜—呜"的声音。在一旁的琳琳看得津津有味。

"琳琳，轮到你来理发了。"琳琳开心地、充满自信地模仿教师的动作和表情给下一个顾客理发。这时候的理发店不再显得那么沉默了，而是充满着温馨和热情的氛围。

分析：在案例中，琳琳动作机械、面无表情，单一理发动作的重复，以及理发店异乎寻常的安静反映了幼儿在理发角色扮演游戏中的困难。教师观察到这点后，作为同伴游戏者介入游戏中，为儿童示范、重现理发店的情景。教师同时很注重发挥情绪感染的作用，用开心的表情以及各种象声词如电吹风发出的"呜呜"声、剪发时发出的"咔嚓、咔嚓"声等，传递出一种支持、愉快的情绪，鼓励幼儿在遇到困难时积极尝试。

四、介入方式

成人介入游戏的方式主要有两种：外部干预和内部干预。

（一）外部干预

外部干预是指成人在指导游戏时，并不直接参与游戏，而是以一个外在的角色，引导、说明、建议、鼓励游戏中幼儿的行为。

如教师看到一名小班幼儿把橡皮泥切成条状分放到碗中后独自坐在那里，就走过去对幼儿说："这里有这么多的饭菜，是餐馆吧？你想怎么卖菜呢？"通过外部干预，教师帮助幼儿明确游戏中的角色身份，以便幼儿能够做出更好的角色装扮行为。再如，一名幼儿长时间地、无意义地摆弄娃娃，教师走过去说："你的孩子好像肚子饿了，你是不是该给他烧点饭吃呢？"这时，教师是在鼓励幼儿扮演妈妈的角色，把娃娃想象成自己的孩子，给他烧饭和喂饭，从而引导幼儿从单纯动作的模仿转为对扮演角色的兴趣，推动了幼儿从机能性游戏到象征性游戏的发展。

托小班幼儿在游戏中时常忘记自己扮演角色的身份，常常需要教师的直接提醒。如在一次游戏中，当一个娃娃家的爸爸抱着娃娃去散步时，看到别人在玩手机，他就把娃娃放在桌上，自己去玩了。这时教师走过去抱起娃娃大声喊："咦，这是谁的孩子？谁家丢了孩子？"当幼儿走过来抱娃娃时，教师说："娃娃家的爸爸应该照顾好孩子，不能让孩子走丢了。"在此例中，教师通过外部干预帮助幼儿继续中断了的游戏。

案例链接

中班幼儿在玩娃娃家，林林和其其在哄娃娃睡觉，但哄了几分钟之后，两个人都觉得没劲了，一个在那不说话，拍着娃娃，另一个去摆弄旁边的一台玩具电话，并无语言交流。这时，我跑过去说："你们的娃娃好像睡醒了，你们让他起床，先帮他穿衣服，然后给他吃点心哦！"听了教师的话，他们一个立刻抱娃娃起床，一个又去准备饼干，吃完之后还学着我们平时的样子，给娃娃洗脸擦香。

分析： 在案例中，教师进行的是外部干预，在幼儿没有游戏内容的时候，教师适时适当地给予直接的指导，幼儿立刻明白了，并调动起已有的生活经验，将游戏继续下去。在幼儿对语言的理解能力达到一定水平，并积累了相当的生活经验时，内部干预作为点拨能推动游戏的进行。

（二）内部干预

内部干预是指成人以游戏中的角色身份参与幼儿的游戏，以游戏情节需要的角色动作和语言来引导幼儿的游戏行为。

如玩饭店游戏时，教师看见两名幼儿正在无所事事地说笑，于是扮成顾客问："有没有馄饨？我想吃馄饨。"两名幼儿一看没有馄饨赶紧忙着包起来。在此案例中，教师没有直接建议幼儿干什么，而是以顾客的角色参与到游戏中，引导游戏的继续发展。

案例链接1

小班幼儿在角色区做游戏，宁宁坐在邮局里无所事事，摆弄着一个称重器。并且在这之前，幼儿没有"邮局"这个角色游戏的经验。于是，教师拿了一个盒子过去，对宁宁说："我想寄东西去超市（旁边有超市游戏区），你能帮我称一下吗？"他马上接过盒子，放在称重器上，看了一下说："100克！"我问："多少钱？""10元钱。"教师假装付了钱，宁宁立刻把盒子送到了隔壁的超市。接着，有几个小朋友也学着教师的样子将一些东西寄到旁边的医院、美容院、娃娃家、邮局变得忙起来了。

分析：在案例中，教师采用的是内部干预的方法，以顾客的身份参与到邮局游戏中，给幼儿演示了一遍游戏的过程，让幼儿来模仿游戏。教师没有直接建议他们怎么做，而是以角色行为暗示的方法，引导幼儿该如何进行游戏。对于没有多少生活经验的小班幼儿，直接的演示比简单的几句建议来得更有效。

案例链接 2

娃娃家的小朋友邀请我去做客，饭菜已摆了一桌子，"爷爷"在扫地，见我一进门，"妈妈"和"孩子"都招呼我坐下吃饭，而扮爷爷的天宇还在忙。我忙站起来说："爷爷岁数大了，您先坐这儿吃吧！"看到我这样尊敬爷爷，当孙女的湘湘赶紧过来说："爷爷您辛苦了，我帮您捶捶背吧。"说完伸出小手给天宇捶背，天宇乐得眉开眼笑。

分析：角色游戏是幼儿对现实生活的反映，幼儿的生活内容越丰富，游戏内容就越充实、新颖，游戏的水平也就越高。但实际的游戏中，幼儿往往提出了游戏的主题和内容，却又不知如何往下玩。案例中，教师不是主动介入游戏，而是受邀参与到幼儿游戏中。教师在作为"共同游戏者"身份介入幼儿游戏后，引入"敬老"的情节，激发了幼儿孝敬老人的意识并引发了幼儿的模仿行为，让幼儿在不知不觉中受到来自教师的影响。

（三）干预方式的选择

有人认为，内在干预更能帮助幼儿建立游戏技巧，因为成人以游戏者的身份参与其中，其行为更能影响幼儿的游戏过程。但所谓"不管白猫黑猫，抓到老鼠就是好猫"，采用内部干预还是外部干预，关键是要看游戏的需要以及幼儿的年龄特点。一般而言，年龄越小，越适宜于通过内部干预来塑造幼儿的游戏行为；年龄越大，越适宜于通过外部干预为幼儿提供可以自主选择的行为方案。这与幼儿的认知发展水平以及生活经验有关，年纪比较大的幼儿拥有了一定的生活经验，教师直接参与的较少，而是偶尔给予一些建议，幼儿会有比较多的想法，教师的意见他们会自由选择接受还是不接受。

举例来说，大班幼儿有时会玩交通警察的游戏，教师会提前先将道路、红绿灯、车子等都准备好，并且会向保安借来帽子等，在游戏之前教师会把一些规则教给幼儿，如"红灯停，绿灯行"之类的交通法规，并会让幼儿看一些有关交通警察的资料等。等到玩的时候，教师只是偶尔从旁指导。如红灯的时候有的幼儿闯红灯了，但是扮演警察的幼儿却没有抓住他，这时教师就可能会说："刚才红灯，可是他没有把车停下来，你该怎么做啊？"教师并不一定要直接参与到幼儿的游戏中去，这与大班幼儿的生活经验以及心理发展水平有关，他们有了一定的理解能力和控制能力。

又如教小班幼儿《吱吱和喵喵》儿歌，教完之后，教师会让小朋友做猫捉老鼠的游戏，边玩边背儿歌同时配上动作。如果教师不作为角色参与进去，而只是让幼儿自己玩的话，幼儿就可能无法控制这个游戏，而且儿歌也可能会背不出来，结果可能就是每个人只是满足于跑来跑去的、机能性的快乐。这时，比较好的方式就是教师参与到游戏中扮演大花猫喵喵，幼儿扮演小老鼠吱吱，一起念儿歌玩游戏。

案例链接

游戏一开始，教师帮助幼儿确定自己在活动中的角色，在和幼儿商量之后，给扮爸爸的强强戴上了一条领带，给扮妈妈的玲玲系上一条围裙。另外，军军和兰兰自愿做孩子。

军军坐在小餐桌旁，玲玲（即"妈妈"）拿着小碗、小勺给兰兰喂饭，兰兰很乖地大口吃着"饭"。强强（即"爸爸"）也学着她的样子，让军军坐在小餐桌旁，喂军军吃饭。

在重复了约5分钟喂饭动作之后，"爸爸"和军军觉得没劲儿，军军拿起厨房里的锅子、刀玩了起来，"爸爸"生气了，大声说："小孩子怎么能弄刀呢？别弄。"可军军不睬他，于是两个人抢了起来，推来推去……

干预方式一：外部干预

教师走过来说："你们怎么了，这样可不行。宝宝想玩，到哪儿去玩呢？"

强强（"爸爸"）说："我们去超市买玩具吧。"

玲玲（"妈妈"）和兰兰也马上有了兴趣，纷纷嚷着说："我也去。"于是，一家子都跟着去超市买玩具去了。

干预方式二：内部干预

教师主动说："我也想玩娃娃家，我来当外婆，好不好？"

幼儿看到教师也来参与游戏，十分高兴，都围过来说："外婆快来，快来吧！"

教师外婆用商量的口吻和幼儿说："我好渴啊，好想喝水，谁来倒茶啊？"

外婆又问："宝宝哭了，谁来照顾宝宝？""厨房里的碗没洗，谁来洗？"

强强、玲玲抢着说："我来，我来。""宝宝别哭，别哭。"

小班幼儿的角色扮演意识往往需要在教师的帮助之下得以明晰，从而推动游戏情节的发展。如在观察实录中幼儿玩"娃娃家"的游戏，开始他们只是拿碗、勺子重复喂饭这些动作。但这些动作重复持续约几分钟后，幼儿不能自主地发展活动内容，就出现了后来的两名幼儿互相争抢娃娃家材料打架的攻击性行为。这时教师及时地干预，介入幼儿的游戏，引导幼儿丰富游戏的内容，从而促进游戏情节的进一步发展，生成新的游戏兴趣点。

从两种不同干预方式后幼儿游戏的表现来看，两种干预都起到了效果——幼儿之间的争执得以解决；同时，幼儿的游戏行为从原来"喂饭单一动作的重复模仿"转换到"一起去超市买玩具"的角色游戏，游戏类型发生了变化，游戏的内容丰富了。但比较两种干预后幼儿的表现，我们还是能够发现有所不同。外部干预在解决了幼儿争执以及游戏进展的问题之后，又出现了新的问题——一家子"一窝蜂"地都去了超市，家里没人了。而在内部干预中，小班幼儿看到教师和他们一起成为游戏伙伴时格外兴奋，情感上得到了一定的满足；另外，教师以"外婆"这一配角身份参与到游戏之中，可以细致地观察、了解"娃娃家"中幼儿游戏的现状和存在的问题，并能根据当时的游戏需要，以角色身份提出富有启发性的问题，给幼儿建议。在帮助幼儿进行简单的角色分工的同时，进一步加深了幼儿的角色意识，促进了游戏情节的发展。

五、介入策略

（一）分层次指导

在不同年龄阶段，幼儿游戏发展的层次水平各不相同。针对不同的年龄段，教师指导的侧重点应有所不同。如在角色游戏中,对小班幼儿的指导重在丰富他们的生活经验,通过自己扮演的角色和游戏中的动作影响游戏内容的发展,给他们一些启发性的问题、劝告和建议增强游戏中的社会性交往行为;对中班幼儿,教师应让他们自己商量分配的角色,扩大幼儿关于成年人的劳动和日常生活、关于人与人相互关系的种种观念,从而使游戏中某一角色的内容具体化,培养幼儿游戏的主动性和目的性,进一步增强幼儿中的社会性交往行为。对大班幼儿,应该让他们自己商量角色的分配和游戏的计划。教师应在不破坏游戏的情况下引导游戏,强调游戏规则,引导幼儿按游戏规则处理纠纷,保持幼儿在游戏活动中的主动性和创造性。

(二)慎扮"现实代言人"角色

当幼儿的游戏与现实不太吻合时,成人往往会介入,提出一些现实性的问题,或试图加入教育的因素,即扮演"现实代言人"的角色。有的时候,这种成人以现实为导向的评议和提问对幼儿游戏的影响不会太严重,但有时候,成人的这种干预会严重破坏假装游戏的"框架",致使幼儿停止游戏。

案例链接

(大班)融融想玩"开奖"游戏,他画了许多奖券,还大声叫嚷:"快来摸奖呀!特等奖'小推车'一辆!"

炎炎是"娃娃家"的妈妈,她在融融那里摸到了特等奖,融融推给她一把椅子,告诉她:"给你,小推车!"炎炎满足地推着椅子回家了。

强强是警察,他在融融那里也摸到了特等奖,融融还是推给他一把椅子,告诉他:"给你,小推车!"强强也推着椅子回家了。

凡凡是快餐店的服务员,他也在融融那里摸到了特等奖,融融照样推给他一把小椅子,告诉他:"给你,小推车!"他高兴地推着椅子回家了。

教师也参与到摸奖游戏中,融融可高兴了,他真希望教师也摸到一个特等奖。

果然,教师摸到的也是特等奖。融融迫不及待地推出一把椅子,还说道:"恭喜恭喜,恭喜你得到小推车。"可是,教师却说:"这一点也不像小推车,小推车有轮子,小推车还……"融融看着自己的"小推车",不得不开始"整改"。

在以后的游戏中,融融一直忙着想办法做一辆有轮子的小推车,但抽奖游戏也因此而停止了。

在这个游戏中,幼儿用小椅子替代小推车,来实现他"摸特等奖"的情节构思。幼儿能够成功地以物代物,反映了幼儿象征思维的发展。替代物与被替代物越不像,越具有符号抽象的意义。而案例中的教师却以角色的身份对幼儿所选择的替代物提出了质疑,认为小椅子不像小推车,试图引导幼儿按真实的样子加以改装,从而中止了原来的游戏情节,转向改装车子的结构游戏。

(三)及时退出

教师无论采用什么方式对幼儿游戏进行干预,一旦幼儿开始表现所期望的游戏行为后,成人就可以成为一个无指导性的共同游戏者或完全从游戏中退出来。这种退出可以让幼儿重新控制游戏，促进幼儿的独立性和自信。

案例链接

4岁的害羞的波比经常一个人独自玩积木，他很少用积木从事结构性或角色性游戏，往往只是将积木堆起来，然后又很快推倒。教师知道波比刚穿了一双新鞋，他非常喜欢并且得意有这双鞋，于是教师用外在干预的策略鼓励波比参与较高层次的游戏。

教师：店员先生，你有许多鞋子（指着积木），你卖掉了一些吗？

波比：还没有。

教师：你为什么不把大积木从架子上移开，让人们都可以看到你要卖的鞋子？如果你做这些事，我帮你找一些顾客来买你的鞋子。

接着，教师到娃娃家那边找一些小朋友，问他们是否愿意去波比的鞋店买一些新鞋子。随后教师退出。

分析：在案例中，教师通过外部干预的方式鼓励波比用积木进行社会角色性游戏。教师将积木与鞋联系起来，在帮助波比建立了以物代物的象征意义后，给他提供了进一步游戏的建议，并为他进行角色性游戏提供支持。在完成这一切后，教师即退出，让幼儿成为游戏的掌控者。

在退出中，教师要注意以下一些策略：

（1）不留痕迹地退出。教师应悄悄地或者有计划地逐步退出游戏，以免造成游戏的中断。在退出前，教师应尽量鼓励儿童同伴之间的互动，降低教师在游戏中的重要性。

（2）利用角色行为退出。如在角色扮演中，教师扮演妈妈，可以对幼儿说："上班时间到了，我去上班了。"然后退出。

（3）如果幼儿不肯让教师退出，可以直接告诉幼儿，还有其他小朋友需要教师的帮助。如果幼儿依然不肯，教师可以说："我去看看就回来。"然后逐步延长离开的时间。

知识与技能检测

（1）成人介入幼儿游戏的几种方式是什么？

（2）成人介入幼儿游戏的策略是什么？

（3）成人介入幼儿游戏的最佳时机是什么？

感知运动游戏的设计与指导

【项目目标】

1. 了解什么是感知运动游戏。
2. 认识感知运动游戏的分类。
3. 掌握感知运动游戏的指导要点。

【项目预备知识】

一、感知运动游戏及其特点

感知运动游戏主要是利用感觉器官和身体动作与周围环境互动的体验性活动。

1. 0~2 岁是感知运动游戏的重要阶段

感知运动占幼儿全部活动的比例是随着年龄的增长呈逐渐下降趋势。分别占 14~30 个月幼儿的 53%，3~4 岁幼儿的 36%~44%，4~5 岁幼儿的 17%~33%，到 6~7 岁，就只占 7%~10%（Pelle-grini & Smith, 1998）。由此可见，感知运动游戏以年龄较小的婴幼儿为主。但由于当代养育方式的精细化、智能化和舒适化，使幼儿生活环境变得失衡，视听的刺激频繁而应接不暇，其他感觉系统和动作发展则被束缚，严重影响了幼儿感知能力的健康发展。因此，当前在幼儿园强调开展感知运动游戏，仍不失为一种有意义的教育补偿。

2. 体验应成为感知运动游戏的核心要素

伦普夫（1981）把幼儿成长的过程比喻成躯体的苦行修炼，"孩子必须要学习，学习在某些渠道中减少他的感官感觉对世界的反应,学会在这种情况下如何控制他的感官感觉"。换句话说,就是只有幼儿亲身感觉、体验的事情,才能建立起事物之间的联系。如让幼儿参与躲闪奔跑、攀爬、跳跃等运动方式,才能让幼儿感受身体的灵活性存在。这里,要强调的是感知运动游戏不是一种训练,它只是人天生的一种本能,在感知和身体运动中建立联系,可以为智力的发展奠定基础。

二、感知运动游戏结构

感知运动游戏的结构要素是幼儿的感官系统、身体动作、玩具。它们协同形成幼儿丰富的感知世界。

1)感官系统和身体动作是幼儿认识世界的物质基础,是感知运动游戏的内容核心。

2)身体动作是个体身体发展和建立个人与外部世界关系的主要方式,一般通过粗大动作和精细动作两种方式完成。出生后的每一个动作的发展都代表着生命个体由软弱无助走向独立,而这个过程,即抬头、翻身、坐、爬、站、行,仅仅需要 36 个月的时间就完成了从爬行走向独自站立,而随后跑、跳、投、攀等动作形态,为其成长带来了全新的感知体验。双手从手眼协调、抓握、精细化发展,为儿童拓宽了另一种认识世界的途径。在这里,幼儿不只是获得认知的发展,更重要的是在这个过程中的积极暗示,即安全感。

3)玩具是幼儿感知运动游戏的物质支柱。婴儿一出生就具有玩耍的各种感官系统,其中各种感官玩具和运动玩具无疑为其发展起到了推波助澜的作用。

三、感知运动游戏的类别

1)身体运动游戏。此类游戏主要训练婴幼儿的基本动作,如抬头、翻身、坐、爬、站、走、平衡等。主要包括俯卧游戏、仰躺游戏、翻身游戏、爬行游戏、坐游戏、站游戏、走游戏、跑游戏、跳游戏、投掷游戏、攀爬游戏、平衡游戏、综合体能游戏等。

2)精细动作游戏。此类游戏锻炼婴幼儿手部的小肌肉,提高手眼协调性,如抓握游戏、抓捏游戏、手指夹物游戏、五指抓游戏、三指抓游戏、二指捻游戏、以指按物游戏、手影游戏、绘画游戏、握笔游戏等。

3)感官游戏。此类游戏以刺激婴幼儿的感觉器官为主,如视、听、味、嗅、触游戏,感觉统合游戏等。

四、感知运动游戏指导

1. 遵守活动性、游戏性原则

婴幼儿的活动是多种多样的,其中最基本的活动是游戏。在游戏活动中,婴幼儿既能操作各种材料,与物体相互作用,又能与同伴交往,与人相互作用。在相互作用的过程中使婴幼儿的思维、想象感觉等心理活动充分展开,促进身心和谐发展。在活动中还可以获得认识周围事物的机会,了解人与自然、人与环境的关系,学习认识问题和解决问题的方法,体验探索的乐趣和获得成功的愉快。

2. 遵循整体教育思想原则

注意在组织游戏的过程中发挥游戏的整体功能,使婴幼儿获得较好的发展。整体教育思

想体现于设计各领域教育目标、教学内容上的互相渗透和有机结合,主要体现在以下四个方面:

1)教育目标的整体性。婴幼儿身心发展迅速,生理和心理的发展是相互促进、相互协调的。要把婴幼儿作为一个独立的人、完整的人、生长发育中的人来看待,设计各领域发展的游戏活动,才能促进其和谐发展。

2)教育理念要渗透到各个领域。领域的划分是根据婴幼儿所接触的周围环境和应当获得的生活经验确定的,并不是若干个系统的学科。在游戏过程中,不能过分地强调某一个领域而忽视另一个领域,若干个领域的内容要互相联系、互相渗透。

3)实现游戏手段与教育功能的整体性。通过科学、合理地安排婴幼儿的一日生活,将游戏活动有机地与一日生活紧密结合起来,充分发挥一日生活的整体教育功能。

4)把家庭、社区、亲子园、早教机构几方面的教育资源进行整合,为婴幼儿的全面发展创造良好的社会环境。

3. 遵循环境育人原则

环境育人是现代教育发展的一大趋势。良好的教育环境包括物质环境(如为婴幼儿发展提供可感知的丰富的玩具和材料)、精神环境(如营造宽松、愉快的精神氛围,父母、保教人员的情感、态度、教育观念和教育行为对婴幼儿的影响等)两个方面。

4. 遵守反复性原则

婴幼儿所得到的知识和经验是在多次反复中获得的,每次反复都是对获得的感知和经验的一种整合,都是一次积累的飞跃。婴幼儿喜欢反复操作同一种玩具,反复做同一种游戏。因此在安排设计感觉游戏时,也要充分考虑婴幼儿发展的需要和学习兴趣,有选择、有间隔、有变化地反复进行训练,帮助婴幼儿积累多种经验、熟练操作各种技能,促进婴幼儿各领域的发展。

知识与技能检测

(1)搜集感觉统合训练的相关视频。

(2)设计一个感官游戏活动。

幼儿创造性游戏活动设计与指导

【项目目标】

1. 了解角色游戏的概念及发展。
2. 理解角色游戏对幼儿的教育功能。
3. 能对幼儿的角色游戏行为进行观察、记录与评价。
4. 能按规范制订各年龄班幼儿角色游戏指导计划。
5. 了解学前儿童表演游戏的定义和价值。
6. 理解学前儿童表演游戏的特点和类型。
7. 掌握学前儿童表演游戏的组织和指导要点。
8. 理解结构游戏的特点和教育作用。
9. 掌握结构游戏的分类及各种结构玩具的主要特征。

【项目预备知识】

模块一 幼儿角色游戏活动设计与指导

一、什么是角色游戏?

角色游戏是幼儿通过扮演角色,运用想象,创造性地反映个人生活印象的一种游戏,通常都有一定的主题,如娃娃家、商店、医院,等等,所以又称为主题角色游戏。角色游戏是

3~6岁儿童的典型游戏活动，它在幼儿期所占的比例很大。

二、角色游戏的产生和发展

（一）角色游戏的产生

角色游戏是幼儿对现实生活的积极再现。角色游戏是一种典型的象征性游戏，它是伴随着幼儿的心理发展到一定阶段自然产生的。2岁之前幼儿的游戏主要是简单的感觉运动游戏。幼儿寻求并满足于感觉与运动器官的机能性快乐，故也被称为机能性游戏，如敲打和摆弄物体、摇木马等。2岁以后，由于模仿和想象能力的发展，幼儿开始能够进行延迟模仿，也就是说可以借助头脑中的表象，在事后进行模仿。正是这种延迟模仿的能力使他们能够在非真实的情境中模仿曾经经历或想象的生活情景，展开新的游戏形式——角色游戏。3~5岁的孩子普遍都热衷于角色游戏，如果教师仔细观察幼儿的角色游戏活动，就会发现他们的游戏主题往往都与幼儿的日常生活经验紧密相关，如爸爸妈妈照顾小娃娃、到医院看病、到商店买东西，等等。6~7岁以后角色游戏逐渐减少并逐渐被规则游戏所取代。

（二）角色游戏的发展

角色游戏是幼儿游戏发展的必经阶段。正常发展的幼儿都必然会经历角色游戏这个阶段，从中获得情感、社会能力以及认知等方面的发展。幼儿不可能从感觉运动游戏直接跨入规则游戏，这也是由他们智力发展的阶段性所决定的。而角色游戏本身也是有一定的发展过程的，角色游戏的发展可以从角色扮演水平、游戏内容的扩展与丰富、材料与玩具的使用以及语言与社会能力的发展等方面来衡量和评价。

1. 角色扮演水平的提高

第一阶段，幼儿不能意识到自己所扮演的角色，而是满足于摆弄物体和反复进行同样的动作。如幼儿反复"喂娃娃"，不停地"切菜"，且没有意识到自己是在扮演妈妈。

第二阶段，幼儿开始意识到自己所扮演的角色，但是经常会转移注意力，不能始终按照角色的要求来行动。如"妈妈"在喂娃娃时，听到有人喊自己或是看到别的游戏开始了，会丢下娃娃就走，离开自己的游戏和所扮演的角色。

第三阶段，幼儿角色意识明确，能够按照角色要求来行动，但还不能与角色进行有效的配合。如扮演医生的幼儿始终在忙着自己的事情，一会儿给病人把脉，一会儿用听诊器给病人听心跳，但一直没有注意到旁边的护士，没有进行角色间的沟通。

第四阶段，幼儿的角色意识明确而且能够协调角色间的关系，有角色行为的配合互动，已能达到共同游戏的需要，实现游戏的目的。

2. 游戏内容的不断扩展与丰富

幼儿游戏的内容包括主题和情节两个方面。游戏主题是指在游戏中所反映的社会现象的范围，如幼儿游戏中有家庭生活主题，有医院、商场、超市、银行等扩展的社会生活主题。游戏情节是指主题的展开以及游戏中的具体活动过程。在幼儿的游戏中往往主题相同而游戏情节却有很大的差别。幼儿游戏主题的范围由较熟悉的家庭或幼儿园的生活，逐渐扩大到社会生活。主题的性质由简单的、自由的内容到比较复杂的、有规定的内容。

3. 使用材料与玩具能力的发展

第一阶段表现为模仿性强,往往是别人玩什么,自己就玩什么,自己没有的话就会从同伴那里去"抢"。第二阶段,幼儿不再只模仿他人,而是能够根据自己的兴趣使用材料,但这些材料通常是实物,形象性比较强。第三阶段,幼儿能够按照角色要求使用替代物,这些替代物与真实物体具有外形上的相似性,如以牙签代替针筒,拿拖布当马骑。第四阶段,幼儿能够不拘泥于材料外形上的相似,有时还能够借助于想象力用语言来替代。

4. 语言与社会能力的发展

第一阶段是平行游戏阶段,游戏时幼儿各玩各的,很少有语言沟通,主要是自言自语;第二阶段,幼儿开始进行联合游戏,并能够进行简单对话,对话的内容围绕材料出现,如对材料的借还,对游戏结果的评价等;第三阶段,与合作游戏对应,能够依据游戏情节的发展和角色身份进行有意义的沟通,同时也能在游戏外以自然身份进行沟通,即能自觉出入于游戏内外。

三、角色游戏的特点

1. 游戏内容来自幼儿的生活经验

如果我们认真观察3~6岁幼儿的游戏活动,经常会看到这样的情景:

幼儿们分别扮演爸爸妈妈,用树叶、纸、沙土等做饭,然后一起享用或者把自己做好的饭菜送给其他人吃;

一个孩子"生病"了,"医生"再给"病人"打针;

一个孩子拿着一个瓶子或盒子在"打电话";

……

这些都是角色游戏中幼儿对现实生活的积极再现。这些表现都来自他们自己的亲身经历以及对其他幼儿的游戏行为的观察。幼儿在角色游戏中的表现源自他们的经验,游戏主题、角色、情节、材料的使用均与幼儿的社会生活经验有关。幼儿的生活经验越丰富,角色游戏的水平就可能越高。

2. 游戏过程充满想象

角色游戏过程是幼儿创造性想象的过程。在角色游戏过程中,幼儿的想象主要表现在三个方面:一是对游戏角色的假想(以人代人),如扮演妈妈、爸爸、司机、医生等幼儿生活中熟悉的人物。幼儿可通过语言、表情、动作等表现自己对这些角色的认识与体验。二是对游戏材料的假想(以物代物)。在角色游戏中,幼儿常常以一种物品代替另一种,还能一物多用,如用纸条当"面条",用木棒当"筷子",用小棍当"针"等。同样一种物品在不同的游戏中可以充当不同的东西。三是对游戏情景的假想(情景转换),如把户外活动场地当作追敌人的战场,将一张小床想象为小娃娃的家,等等。

四、角色游戏的教育作用

角色游戏是幼儿期最重要的游戏活动之一,开展角色游戏对幼儿获取知识、开阔视野、发展思维、锻炼个性、培养能力、形成良好的思想品德、实现社会化发展目标都有很大的意义。

1. 认识社会，学习社会规则

角色游戏中，一些行为准则会寓于角色扮演之中，幼儿在角色游戏中按照相应的社会角色的行为以及人物之间的社会关系来进行活动，如妈妈如何照顾孩子，医生如何给病人看病，等等。把客观的道德观念和人们的交往方式变为幼儿扮演角色的主观要求。同时，角色游戏还有一定的游戏常规，如共同布置游戏场地，轮流担任主要角色等。游戏提供了实际练习这些常规的机会，使行为巩固下来，发展了幼儿遵守社会准则的能力。

2. 广泛交往，建立良好人际关系

角色游戏提供儿童获得社会交往能力的机会：学习如何参加小组，为同伴所接受；如何共同商议，互相合作，互相配合；如何公平地解决发生的争吵和不同意见及如何与同伴相处，从而培养他们为别人着想的意识，克服以自我为中心的意识。在此过程中，幼儿模仿成人进行广泛的交往，学习成人的交往技能和待人接物态度。共同的游戏意愿将幼儿联系在一起，有助于帮助他们建立良好的人际关系。

3. 体验自主，发展主动性与创造性

幼儿是游戏的主人，幼儿在游戏中学会了确定游戏主题、选择合作伙伴，在与玩具材料的相互作用中，学习了替代、假设与制作，这些对幼儿主动性与创造性方面的发展是十分有利的。

角色游戏有利于培养幼儿的积极情感。游戏的内容和形式是灵活多样的，幼儿在游戏中体验着各种情绪情感。尤其是角色游戏，为幼儿提供了表现自己情绪的机会。例如幼儿的愤怒、厌烦、紧张等不愉快情绪，在游戏中得以发泄、缓和，它是幼儿消除生活情境产生的忧虑和紧张感，向自信和愉快情绪过渡的方法。

角色游戏有利于促进幼儿想象力与思维能力的发展。实物"笔""纸杯""纸盒"，如果给你这几样东西，你会在游戏中把它们变成什么？（笔：针、手术刀、小刀；纸杯：听筒、假装装满饮料；纸盒：拍X光的机器、保险箱、肥皂等。）孩子们会在游戏中逐渐发现问题，进而去发挥他们的想象力、创造力，去解决问题。

五、教师在角色游戏中的能力素质

角色游戏作为幼儿乐意接受的一种教育手段，教师应重视并利用其为教育服务，并在其中充分发挥主导作用，通过有效的组织与引导，使幼儿在角色游戏活动中充分发挥出自己的创造性、积极性和主动性，以获得生活经验，增长知识。因此，教师必须加强对角色游戏的指导，使角色游戏能积极地开展并深入地进行下去，并有效地促进幼儿多方面的发展，这就需要幼儿教师具备以下能力素质：

（一）观察、倾听和分析幼儿行为的能力

观察、倾听为教师指导游戏的准备工作提供基础，也是教师的准备工作和介入游戏这两者之间的桥梁。教师通过对游戏的细致观察，可以发现何时需要增加游戏时间、地点、材料和经验，可以了解幼儿游戏的现状，使教师能更好地介入幼儿的游戏。观察的内容主要包括：游戏中幼儿之间的关系、角色与材料之间的关系、幼儿对游戏的态度、游戏持续的时间、幼儿外部与内心的表现等。总之，教师对幼儿游戏的观察是多方面、多角度、多层次的。教师还要尽可能地把观察和倾听到的东西记录下来，并分析、寻找幼儿的兴趣点、知识领域、经验范畴和思维特点，这样才能更准确地了解幼儿，以采取更好的方法教育幼儿，促进其发展。

（二）沟通能力

没有沟通，就没有理解，更谈不上教育。幼儿教师的沟通能力是实现心灵交流的教育艺术，是创造彼此新关系的动力。幼儿教师对角色游戏的指导主要体现在帮助幼儿按自己的愿望和想象开展游戏，充分发挥他们的积极性、主动性和创造性，使他们有兴致、毫不勉强、努力地在游戏过程中学习，而不是将教师自己的意图或设计强加于幼儿。因此，在幼儿角色游戏中，教师要善于使用适当的语言，尽可能地蹲下来与幼儿交流，了解他们的真实兴趣和想法，鼓励他们大胆地表达自己的愿望，帮助他们确定主题，并要善于启发幼儿理解角色、认真而富有创造性地扮演角色；结束游戏时，也要尊重幼儿的意愿，不要因为时间到了，马上命令或要求幼儿结束游戏，应该视游戏的内容与情节的发展而灵活把握，可与幼儿协商。总之，要与幼儿达成共识，使幼儿自然、从容、愉快地结束游戏。

（三）创设游戏环境、丰富幼儿生活经验的能力

环境是儿童学习的"第三位老师"，儿童是在与环境的和谐互动中获得发展的。教师作为环境的创设者，游戏中应善于通过观察和聆听，从幼儿作用于环境的活动中敏锐地捕捉有用的信息，并通过调整和变化环境，将游戏引向纵深。幼儿教师必须为幼儿提供安全、卫生、美观、整洁有序、富有童趣的游戏环境。只有在丰富的物质环境中，幼儿才有多种选择的可能性。幼儿的生活经验越丰富则角色游戏的内容越充实新颖，否则游戏将变得枯燥无味，也不能持久。幼儿的生活经验主要来自家庭、幼儿园的生活，以及通过图书、电视、电影、参观等获得的体验。例如：幼儿玩医院游戏前，老师可以帮助他们回忆医院看病的情景，用谈话的方式再现从挂号、看病到付款、取药的过程，了解医生和病人的对话，掌握医生这个角色的一般语言。在游戏时，"医生"便会煞有介事地说："你发烧了要休息，多喝开水，按时吃药。"教师要在日常活动中丰富幼儿的生活，使幼儿每天的生活都有新内容。这一切必然会反映到幼儿的游戏中。

（四）随机介入、指导幼儿游戏的能力

角色游戏的自主性与教育的目的性是一对矛盾。如果仅从游戏的角度考虑，让幼儿随心所欲地玩，那么他们就难以从游戏中得到教育所要给予他们的东西，如果仅从教育的角度出发，用教育要求约束游戏，强迫幼儿学这学那，则会失去游戏的本意，所以指导角色游戏既要尊重幼儿的游戏意愿，发挥他们的主观能动性，又要寓教育于其中，发挥教师的主观能动性。这就要求幼儿教师具有灵活、机智地介入幼儿游戏的能力。最有效、最自然、幼儿最欢迎的一种介入方式，就是教师以游戏角色的身份进入并指导游戏。例如，"影剧院"中的"检票员"检完票就无事可做了，所以幼儿觉得没意思，不愿扮演这一角色。这时教师可扮演一位迟到的观众，检完票后说："里面这么黑，请检票员带我找座位，好吗？"于是"检票员"高兴地找到"手电筒"，帮助观众找座位去了。由此可见，教师的介入丰富了角色的内容，也增强了游戏的趣味性。

（五）评价游戏活动、调整游戏计划的能力

游戏评价是教师了解游戏开展的基本情况、有效指导和深化游戏的一个不可缺少的环节。幼儿教师应在观察、倾听的基础上把握幼儿的行为表现，发展脉络和活动方向，如：当一些游戏不能引起幼儿兴趣时，教师要及时调整游戏计划；当发现有些幼儿自发的游戏不恰当时，教师要适时、适度予以转化或淡化；或将幼儿游戏活动中有价值的经验和具有共同性的问题，用幼儿能够接受的方式加以提升，以满足幼儿进一步发展的需要。

六、角色游戏的设计与指导

角色游戏是一种自发性游戏，往往比较简单，内容和情节也比较平淡。而作为学期教育的一种重要手段，角色游戏被赋予了一定的教育目的，因此教师的指导就必不可少了。角色游戏的指导工作主要是围绕游戏前、游戏过程中和游戏结束这三个阶段展开的。

（一）游戏前开始部分的指导

角色游戏的开始部分，既可以像集体教学活动一样，有一个明显的组织环节，也可以直接让幼儿开始游戏。

1. 丰富幼儿的生活经验，拓宽角色游戏的内容来源

角色游戏是幼儿对现实生活的反映，丰富的生活印象和知识经验是角色游戏内容的源泉。一旦幼儿对周围环境、社会生活有了感知印象，在开展游戏活动时就容易进入角色，再现幼儿经历的生活体验。如果幼儿不具备担任某种角色的经验，那么玩起游戏来将会变得枯燥无味而难以持续下去。教师一方面要在日常教育教学活动、生活活动和娱乐活动中，利用一切机会引导幼儿观察周围生活，拓展幼儿的视野，丰富和加深对周围生活的印象。在游戏前，教师可带幼儿参观、散步或听故事、看图书、看电影、看电视等，帮助幼儿理解游戏中的各种角色。另一方面还可指导和协助家长安排好幼儿的家庭生活，丰富幼儿的见闻。

2. 创设游戏情境，准备丰富的游戏玩具和游戏材料

创设良好的情境能引发幼儿玩游戏的欲望。情境创设首先应该从幼儿玩的角色游戏的内容去考虑，布置适合于该游戏需要的场景。如在"步行街"游戏中，由于各种门店摊位较多，这就需要教师根据本园的实际情况和游戏需要为孩子们准备较大的活动空间。在游戏情境的基础上，教师还需要准备丰富的物质材料，包括玩具和游戏材料。苏联教育家马卡连柯说过："玩具是游戏的中心，没有中心，游戏就玩不起来。"在角色游戏中玩具代表着幼儿曾经看见过的物体，通过它能勾起幼儿对生活经验的回忆。因而，各种玩具或材料构成幼儿游戏活动的物质基础，是幼儿开展游戏活动表现游戏内容的辅助工具。对游戏玩具材料的选择，要能引起幼儿对游戏的兴趣，激发其创造性，教师尽可能根据幼儿现有的知识经验和游戏的需要，为幼儿准备一些玩具或成品、半成品材料，帮助角色游戏的进行，并激发幼儿游戏的愿望和兴趣，发展幼儿想象力。

3. 提供充足的游戏时间，促进游戏深入开展

幼儿的角色游戏所需时间一般都较长，每次不能少于 30 分钟，只有在较长的时间里，幼儿才能有寻找游戏伙伴、商量主题和情节、分配角色及准备材料等机会。否则，如果游戏

时间太短，游戏情节难以充分展开，势必影响游戏的结果。

（二）游戏过程中的指导

在幼儿游戏的活动过程中，教师要抓住游戏过程的主要环节，协助幼儿按照自己的兴趣和愿望组织和开展游戏，以尊重幼儿的主体性为原则进行科学指导。教师可以在观察的基础上采用提问、建议启发、提供玩具和材料等游戏指导的方法来介入游戏的各个环节。

1. 鼓励和协助幼儿按照自己的意愿提出游戏的主题

角色游戏是幼儿自主自愿的游戏，其主题应来自幼儿的需要。教师要善于发现幼儿游戏的需要，适当启发幼儿游戏的动机，帮助幼儿学会确立主题。同时，不同年龄阶段的幼儿有着不同的特点，教师要根据这一特点进行有针对性的指导，保证幼儿在游戏中的主体地位。儿童是游戏的主体，有权决定自己的游戏主题、内容、情节及角色分配，教师不要包办代替一切，人为地对幼儿游戏实行控制与支配，结果会阻碍幼儿积极性、主动性和创造性的发挥。教师应从幼儿的角度去看待角色游戏，尽量满足幼儿游戏活动的各种需要，要尊重幼儿意愿，鼓励幼儿自由发挥游戏角色，尽量让处在游戏角色中的幼儿获得满意的感受。

2. 指导幼儿选择和分配角色

游戏中角色的确定有很多方法。如猜拳、轮流等，教师可在平时游戏中教会幼儿使用这些方法来分配角色。幼儿在分配角色时比较容易发生纠纷，教师可运用多种方法帮助幼儿解决纠纷。在幼儿分配角色时，教师还要注意观察，使幼儿在扮演角色时有一定的针对性和公平性。某些幼儿平时性格比较安静、内向，在扮演角色时角色可进行针对性的安排，如让这些幼儿去扮演活泼的、互动性强的角色，如警察、医生等；而对那些外向的、活动性过强的孩子则建议他们扮演一些需要有耐心的角色，如门卫、收银员等。同时教师还要注意到，不要总是让那些能力强的幼儿扮演主要角色，而使能力弱的幼儿总是处于被支配的地位。幼儿各自有不同的居住环境、生活经历和社会交往，不同的幼儿扮演同一个角色，会有不同的表现效果。这就要求教师了解幼儿，知其长短，区别对待，加强对个别幼儿的指导。

3. 指导幼儿丰富游戏内容和情节，提高游戏水平

教师可参与游戏，以角色的身份来指导游戏，也可以用提供玩具和材料的方法来促进游戏内容和情节的丰富与参与。教师参与游戏，扮演角色，一方面可提高幼儿的兴趣，调动和激发幼儿的主动性和创造性，同时可使游戏内容和情节得到自然的丰富和展开，而不让幼儿有被干涉的感觉，在不知不觉中提高幼儿游戏的能力和水平。例如，在邮局游戏中，教师可扮演不知道目的地、邮编或忘了贴邮票的寄信人，从而吸引邮局工作人员主动来帮助，这样就丰富了角色间的对话。在商店游戏中，教师可扮演成一个难缠的顾客，故意要买一些商店没有的商品，以引发幼儿寻找代替品或到工厂定做，使得游戏情节进一步展开。以角色身份参与游戏活动，可以更好地发挥教师的指导作用。教师只有以角色身份深入幼儿的游戏中去，认真观察幼儿在游戏中的一言一行、一举一动，才会有新的发现，才会对幼儿有新的感觉。教师参与幼儿游戏活动的方式多种多样，而直接起指导作用的莫过于扮演角色，成为幼儿游戏活动的一员，这是最为有效的。

（三）游戏后的指导

1. 让游戏在愉快自然的状态下结束

在愉快自然的状态下结束游戏能保持幼儿下次继续游戏的积极性。教师应把握好结束游戏的时机和方法。如果游戏情节开展得比较顺利，应在幼儿情绪尚未低落时结束游戏，这样可以让幼儿感到意犹未尽，对下次游戏充满期待；如果游戏情节已告一段落，再往下发展有困难，这时即使游戏时间还没结束，也应该提醒幼儿结束游戏，以免产生倦意。

2. 做好游戏后的整理工作

游戏结束后整理场地、收拾玩具既是下次开展的必要条件，又是培养幼儿良好生活习惯的重要时机，教师千万不能包办代替。针对不同年龄班幼儿的特点教师应该采取不同的指导方法。

3. 评价、总结游戏

角色游戏的讲评也是组织游戏的重要环节。成功的讲评对提高游戏质量、发展游戏情节和巩固游戏中所获得的情绪体验等都有直接的导向作用，主要包括对游戏情节、游戏材料和玩具的制作与使用进行讲评以及对游戏中幼儿的行为进行讲评等内容。教师应在游戏结束收拾玩具之前，对游戏活动进行必要的评价，让幼儿边摆弄游戏材料边回忆游戏情境，或示范典型的游戏情节，对在游戏活动中表现较好的幼儿给予充分的肯定。游戏评价既是对游戏活动进行总结，又作为下次开展游戏活动的导向。教师合理的评价与肯定，能使幼儿以后对游戏活动保持浓厚兴趣，有利于帮助幼儿不断地提高游戏活动水平，促进幼儿全面发展。

知识与技能检测

（1）什么是角色游戏？
（2）幼儿的角色游戏是怎样发展起来的？
（3）幼儿开展角色游戏有什么作用？
（4）角色游戏中对教师有哪些能力素质要求？
（5）角色游戏开展前教师需要做哪些准备工作？
（6）教师如何指导幼儿选择和分配角色？
（7）如何观察幼儿的角色游戏？

模块二　幼儿表演游戏设计与指导

一、什么是表演游戏

表演游戏，也称戏剧游戏，是指幼儿根据故事和童话等文学作品的内容和情节，通过扮演角色，运用语言、动作和表情等表演技能再现作品内容（或某一片段）的一种游戏形式。它以儿童自主、独立地对作品的理解去展开故事情节，如幼儿演出的童话剧、歌舞剧、木偶剧和皮影戏等。

故事或童话等文学作品是幼儿经常接触的学习内容，对他们具有很强的吸引力。爱听故事是幼儿的天性。不管幼儿多么好动，多么顽皮，一听说讲故事，便会乖乖地认真听讲，听到精彩处，甚至非问个子丑寅卯不可。当幼儿听过童话或故事后，不管是性格活跃还是性格文静的幼儿，几乎都愿意扮演故事或童话中的各种角色或某角色进行游戏活动。幼儿通过积极、欢快同时又富有创造性的表演游戏，再现文学作品，表达自己对故事或童话的感受和情感。由此可见，表演游戏也是一种创造性游戏，是深受幼儿喜爱的游戏之一。

二、表演游戏的特点

（一）表演游戏是幼儿的一种艺术表演活动

表演游戏和角色游戏有很多相似的地方，导致许多人经常会将两者混淆起来。它们的相似之处主要体现在：两者都是幼儿通过模仿和想象扮演角色来进行的游戏，以表演角色的活动为满足，这说明表演游戏跟角色游戏一样都具有游戏性。

两者的区别在于：其一是角色来源不同，在角色游戏中，幼儿按照自己所熟悉的经验，主要来自现实生活中的各种人物，角色具有社会性；而表演游戏中，幼儿扮演的角色来源于文学作品中的角色，角色具有艺术性。其二是反映的内容不同，角色游戏反映的内容是幼儿的生活印象，以自己的生活经验为情节自由开展游戏，游戏的角色、情节、内容可以由幼儿自由选择创造；表演游戏的内容则均来自文学作品，以经过艺术加工的文学作品内容为情节来展开游戏，也可以适当根据兴趣和发展需要进行创造。

但是文学作品中的故事不再是真实的生活故事，这决定了表演游戏比角色游戏更具夸张的戏剧成分。但表演游戏中幼儿的表演并不是随心所欲的即兴表演，而是"源于生活又高于生活"的较为夸张的表演。可以说，兼具游戏性和表演性正是表演游戏不同于其他类型游戏的特点。在表演游戏中，幼儿需要运用一定的表演技能，这更接近于文艺表演。当幼儿具备了一定的知识经验积累以后，他们还能自编自演或开展即兴表演，进行有更高品质、更富有个性化戏剧色彩的游戏活动。同时，表演游戏的主题、角色、道具、服装、情节等也均有着鲜明的戏剧成分。

（二）表演游戏是幼儿创造性的自娱活动

表演游戏和文艺表演也有很多相似之处，它们都是以童话故事等文学作品为依据，均含有对话、动作和表情等表演的表现形式。但不同的是，文艺表演是在教师的组织导演下，严格按照作品的内容、情节、语言进行表演的。而表演前则是幼儿主动、自发的创造性活动。其创造性表现在幼儿表演游戏时可根据对作品的角色、情节的感知理解和体验，在语言、动作表现上有所增添或改动也即对作品进行再创作。例如，表演"狼和小羊"时，有的幼儿扮演成一只凶狠的狼，有的幼儿则扮演成一只狡猾的狼，孩子们的不同理解和表演往往使艺术作品具有了新的亮点。此外，表演游戏的道具材料一般由师生共同制作或幼儿自制，材料多是采用废旧物品来替代，比文艺表演更为灵活和随意。如果说文艺表演是以表演给别人看为目的的活动，那么表演游戏则是幼儿的一种自娱自乐活动。

三、表演的类型

在幼儿园的表演游戏中，幼儿根据文学作品的内容进行角色扮演，自娱自乐，并不在乎有无观众。随着儿童年龄的增长，表演游戏呈现出不同的特点：3～4岁的幼儿只能表演自己看到的、听到的作品中印象最深的情节,只是作品中片段的反映,且表演简单而缺乏内在联系;5~6岁的幼儿则具有计划性、组织性,表演前能先理解故事内容、情节发展、角色的动作与对话,能按作品中人物分配角色,准备道具,并能自编自演,把带有部分创作的故事加以戏剧化的表演。一般而言,表演游戏包括以下几种类型:

1. 自身表演

自身表演即幼儿自己扮演角色进行表演的游戏活动。在此类活动中,幼儿的表演是极为单纯和朴素的,他们以故事、童话、诗歌等作品为蓝本,按照自己对作品的理解,在游戏中自编自导自演,自娱自乐,非常投入和专注,且充满激情,每一遍演出都可能会有不一样的效果。

2. 桌面表演

桌面表演,是指在桌面上以各种成型玩具或材料替代作品中的角色,幼儿以口头语言(独白、对白)和操纵玩具角色的动作等形式,来再现作品的内容。这种游戏以个人游戏为主。桌面表演对幼儿的语言表达能力有一定的要求,尤其是幼儿讲故事时的语音语调,要求他们在理解作品情节和体会角色情绪情感的基础上,能用不同的音调、音色、节奏来表现作品中角色的性格特征和情节的发展变化。

3. 木偶戏表演

木偶原本是指用木头制作而成的玩偶。现在用各种材料(木、布、纸、盒子、蛋壳、泥等)制成的人物、动物及植物造型的玩偶,都称为木偶。通过木偶来再现文学作品的内容,称为木偶戏。常见的木偶有手指木偶、布袋木偶、提线木偶等几种,还有一种重要的表演形式就是人偶同演。幼儿们很喜欢看木偶表演,因为木偶形象夸张、造型生动活泼而有趣。同时,他们更喜欢自己操纵木偶,自编自演。幼儿游戏用的木偶大多比以较简单的手指木偶和布袋木偶为主。既有市售的布袋木偶玩具可供选择,又可以由教师带领幼儿自己动手制作。演出的舞台只要拉一块幕布挡住操纵者即可,非常简便易行,很受孩子们喜爱。

4. 影子戏表演

幼儿玩的影子戏有人影、手影和皮影戏等,其中以手影游戏居多,而皮影戏则具有鲜明的地方特色。影子戏表演是根据光学原理,通过光的作用,利用物体的阴影来进行表演的一种游戏。

手影游戏是令无数孩子着迷的游戏。它十分简便,不需要复杂的设备和材料,只要有一灯或一烛,甚至一轮明月,只要有光的地方就可以展开。一双手在光线的照射下,做出各种各样变化的手势,投射到墙上就变成了活灵活现的黑影,勾勒出一幅幅神奇变幻的动画。幼儿喜爱动物于是各种动物就成了手影的主要表现对象。

皮影戏是让观众通过白色幕布,观看演员操纵的平面人偶表演的灯影来达到艺术效果的戏剧形式。皮影偶人一般为平面侧影,具有小巧玲珑、生动夸张的特点,其内容包含了美术、音乐、戏剧、剪纸、故事和游戏等综合性因素。幼儿皮影戏可以就地取材,选用硬纸片、透明胶片、马粪纸等代替传统的皮革,用剪纸和刻花的方法制作影人、布景和道具即可。演出的影窗可用一块白纱布平绷在倒置的桌腿上,再把灯光调整到适当的位置。然后一边操纵影人，一边配词拟声，就能进行简单的表演了。皮影戏对幼儿的言语表达能力、手眼协调能力、动手操作能力、分工合作及相互协调能力都有较高的要求，所以一般在大班才出现，而且需要教师的组织与指导才可能顺利进行。

四、表演游戏的教育作用

1. 表演游戏能促进幼儿对文学作品的感知理解

表演游戏是幼儿对文学作品的一种感知、学习过程。在游戏过程中，各种语言信息伴随着具体的动作信息和情景信息一起进入大脑，与幼儿头脑中已有的表象融为一体，使得这些信息更容易为幼儿理解和记忆。借助于表演游戏，幼儿能更好地掌握文学作品的人物角色、内容、情节和主题思想，事件的先后顺序和逻辑关系，情节的发展和因果关系，人物的性格特征和人物角色之间的关系，领会人物的思想感情，加深对文学作品的理解。

2. 表演游戏能促进幼儿记忆力的发展

在表演中，幼儿通过对角色的种种揣摩来表演角色，呈现角色的思想、情感、对话和动作，能够在不知不觉中烙下角色的各种印记。同时，幼儿的记忆很容易受情景和情绪的影响，在表演游戏中，由于扮演角色的需要，幼儿必须积极地、自觉地、有目的地去回忆作品的情节，包括整个故事中各个角色的名称、出场的先后顺序，自己所扮演角色的动作、表情及角色间的对话等，这就有利于幼儿有意记忆的发展。

3. 表演游戏能促进幼儿想象力的发展

表演游戏的过程是幼儿想象活动的过程。在表演游戏中，尽管幼儿所扮演的角色是假的，甚至他们所用的道具也可能是假的，但他们却要当作真的来对待。这种以假当真的活动必须依靠想象才能进行。幼儿丰富的想象力使表演游戏呈现出多样性，幼儿想象力发挥得越充分、越丰富，表演也就越逼真、越生动、越有趣。

此外，表演游戏常常还需要使用一些道具和装饰，材料准备的过程，也是一项创造性的活动。教师可以发动幼儿自己动手制作，如用纸箱制作木偶戏台，用泡沫板拼小河，用饮料瓶当话筒，用厚纸制作大树，用瓶子、乒乓球等制作指偶等。这个发动幼儿动手制作或寻找替代物的过程，也促进了幼儿想象力和创造能力的发展。

4. 表演游戏对幼儿语言的发展有着突出作用

学前期是幼儿语言发展尤其是口头语言发展的关键时期，文学作品中的语言优美生动、句式丰富多变，不仅能吸引幼儿去模仿和表演，还对幼儿学习和掌握有关语言内容、语言形式和语言运用的经验具有特别意义。

5. 表演游戏能培养幼儿良好的人际交往能力

表演游戏是一种集体游戏，每个人都要扮演一定的角色，因而需要分工和合作。在游戏中，幼儿通过与同伴的交往活动，学习如何共同商议分配角色，如何创设游戏情境，如何互相协作和配合让游戏玩得更有趣；在游戏中，当幼儿与同伴之间发生冲突时，还要逐渐学会如何处理和化解矛盾，如何坚持正确意见或放弃自己的想法，从而培养幼儿良好的人际交往能力。

6. 表演游戏能促进幼儿获得艺术熏陶

表演游戏的选材和内容绝大多数是一些幼儿文学作品。作品中美好的主题、有趣的题材、鲜明的形象、生动的情节、活泼的语言以及巧妙的结构形式、出奇的表现手法等都给幼儿带来极大的快乐和愉悦,是幼儿接受表演艺术熏陶的一种有效途径。这种情感体验不同于幼儿玩玩具时的快乐,它是以美的形态感化人心,满足幼儿强烈的好奇心、求知欲和游戏心理。同时,在表演游戏过程中,幼儿会主动注意自身的形象,试着去调整、改变自己的仪表、言行等。这对幼儿的形象、仪表、言行、体态、艺术素质等方面有综合培养的作用。

表演游戏不仅有助于发展幼儿的表演才能,还能使他们从感受语言美、艺术美逐步扩展到通过语言、动作去表现美、创造美,从而发展幼儿的审美能力,陶冶幼儿的艺术气质,让幼儿潜移默化地受到艺术熏陶。

五、表演游戏的组织与指导

在当前各大幼儿园中,表演游戏已逐步成为一种较为常见的游戏形式。但是,在实际开展的过程中还存在重表演、轻游戏的倾向。具体表现为:教师对幼儿表演游戏的指导和控制较高,给幼儿自己感知理解作品的时间和机会较少,常常把自己对于文学作品的理解强加到幼儿身上;片面追求表演游戏的表演性,即只追求表演的结果,而忽略了表演游戏的游戏性和游戏的过程。这直接导致表演游戏变成了单纯的表演,师幼关系也变成了指挥者和被动执行者的关系。

要想改变这种倾向,教师首先要遵循的一个基本原则就是表演游戏的游戏性要先于表演性,即幼儿教师要先把表演游戏看作是游戏而不是表演,要按照游戏活动的本质特点来组织和指导幼儿的表演游戏,要让幼儿在活动中产生游戏性的体验。

其次,幼儿教师要始终明确自己是幼儿表演游戏的组织者和辅助者,师幼关系应当是一种民主平等的合作关系。

此外,在组织和指导幼儿开展表演游戏时,教师还应当为幼儿开展表演游戏创设宽松自由的游戏环境(包括时间和空间),支持和鼓励幼儿主动地交往与探索。

知识与技能检测

(1)什么是表演游戏?
(2)表演游戏的特点是什么?
(3)列表比较幼儿表演游戏与文艺演出、成人表演的区别。
(4)表演游戏对幼儿的发展有什么作用?
(5)常见的幼儿表演游戏有哪些?
(6)哪些主题的作品适合幼儿进行表演游戏?
(7)如何对不同年龄班幼儿的表演游戏进行指导?
(8)开展游戏时,需要训练幼儿的哪些表演技能?

模块三　幼儿结构游戏设计与指导

一、什么是结构游戏

结构游戏，也称建构游戏，是幼儿利用各种不同的结构玩具或结构材料（如积木、积塑、金属片、泥、沙、雪等），通过与结构活动有关的各种动作构造物体形象，反映现实活动的一种创造性游戏。结构游戏始于幼儿3岁左右，一般从简单的积木游戏开始，如建造房子、桥、汽车等。随着幼儿年龄的增长和认知水平、动作技能的发展，结构游戏也日趋复杂化、多样化，并常常出现在角色扮演者的游戏中。

在幼儿园，结构游戏不单是一种构造活动，也是一种包含着多种技能的创造性组合活动和全面培育心理素质的综合活动，它对幼儿全面发展有着广泛的教育意义。

二、结构游戏的特征

1. 结构游戏是幼儿的一种创造性活动

结构玩具是一种素材玩具，单独一个结构元件并无意义，只是组成各种物体与形象的素材，而当这些素材被组合成某一结构物时，才有意义。例如，孩子用积木元件搭建自己设计的坦克，这充分体现了他们丰富的想象力和创造力，是他们对生活的一种创造性反映。结构玩具作为一种素材玩具，为幼儿的结构活动提供了想象创造的广阔天地。

2. 结构游戏是幼儿的一种操作活动

结构玩具作为素材，只有在幼儿的实际操作中，即构造活动中，才具有可玩性。例如，雪花片只有通过孩子们拼插构建，才构成一种物体；没有拼插构建，就成为一堆废塑料。孩子们只有在拼搭活动中才能得到愉快和满足，离开构造活动，也就无所谓结构游戏。

3. 结构游戏是幼儿的一种造型艺术活动

结构游戏与绘画一样，不仅反映了幼儿的美术欣赏能力，同时也需要掌握艺术造型的简单知识与技能。绘画是平面的，结构造型则如雕塑，是立体的艺术。幼儿的结构造型生动、形象，反映了他们对生活中美的感受和对创造美的追求，具有审美意义。

三、结构游戏的种类

1. 积木建筑游戏

积木游戏是用各种积木或其他代用品作为游戏材料进行的结构游戏。这种结构游戏在幼儿园开展较早，也较为普遍。积木是一种素材玩具，它是结构游戏的重要材料，是孩子游戏的亲密伴侣，是幼儿教师的重要教具。

积木种类繁多，式样各异，有大、中、小型积木，有空心或实心积木、有动物拼图积木等。这些不同颜色、不同形状的几何图形积木进行排列和组建，可以造出各种房屋、桥梁等建筑物，各种交通工具和各种动物等。不同年龄段幼儿玩的积木不同。在小班，适合提供体积中等，颜色鲜艳，分量较轻，以三角形、长方形、圆形等为主的形状简单的空心积木。中班则可以丰富积木的种类、形状，增加积木的重量。到了大班，木制的本色实心积木就可以成为积木区的主角了。它的形状可以达到30余种，数量可以达到100多块，能充分地满足大班幼儿构造的需求。

2. 积塑构造游戏

由塑胶制成的各种结构玩具称为积塑。积塑构造游戏是各种形状的片、块、粒、棒等部件，通过接插、镶嵌组成各种物体或建筑物模型的活动。积塑玩具有胶粒、齿形积塑、花片、趣味插子等。这类材料的结构元件上都有凸出的"头"和凹进的"孔"，或者有槽，可以相互拼插、镶嵌组合成一个结构件。积塑轻便耐用，便于清洁，很适合孩子在家里与家人一起玩，最能促进幼儿认识、操作、美感等多方面的发展，充分发挥幼儿的主动性和创造性。

3. 积竹游戏

积竹游戏是指将竹子制成各种大小、长短的竹片、竹筒等，然后用他们进行构造物体的游戏。积竹可构造"火车""飞机"，还可构造"桥梁""公园"，构造出的物体同样栩栩如生，富有情趣。

4. 拼图游戏

拼图游戏是结构游戏的一种，用木板、纸板、塑料或其他材料制成不同形状的薄片，并按规定的方法进行拼摆的一种游戏，如可拼摆动物的房屋、故事情节等画面。

拼图游戏是幼儿喜爱的游戏，可以激发孩子推理思考能力并增进手眼协调能力，提高孩子的挫折忍受度，增加观察力，培养耐心、专注力，了解"部分"与"全部"的关系，初步理解平面组合的概念，让孩子更聪明。拼图材料种类较多，如按照图像组合拼图、拼版、拼棒、几何图形拼图、自然物拼图和美术拼图，传统的七巧板就属于这类游戏。

5. 玩沙、玩水、玩雪游戏

幼儿非常喜欢用沙、水、雪等自然物做游戏，是结构游戏的一种类型。沙、水、雪都是一种不定型的结构材料，它们具有简便易行、变化灵活的特点，可以随意操作，幼儿可利用水、雪玩划船、堆雪人、打雪仗等游戏，在城市、农村都可以广泛开展。

四、结构游戏的培育作用

1. 培养幼儿的基本动作，特别是手的动作获得协调发展

结构游戏操作多，使幼儿手指、手腕、手臂肌肉的力度和灵活性得到锻炼，手的控制力得到加强，从而培养了幼儿的基本动作。结构游戏是手眼协调、手脑并用的结果，会使幼儿的感觉器官变得更加灵敏、清晰，为他们的学习活动打下良好的基础，为发展感知运动技能提供了充分机会。

2. 能够促进幼儿创造性思维的发展

在结构游戏中，一切的结构活动都以丰富的想象和创造性思维为基础。依靠头脑中的表象去制作具体的东西。幼儿为了表现自己想象中的形体，要考虑选择什么样的材料、用多少、按怎样的顺序、用什么样的排列和组合的方法等，从而锻炼了他们的感知觉观察力，形象记忆力、想象力和思维，以及设计、构思能力和布局能力，培养了他们工作的目的性、计划性和创造性。所以，人们也常把结构玩具称为智力玩具。

3. 能够丰富幼儿的知识、经验

结构游戏以幼儿的知识、经验为基础，反映幼儿对生活的认识。幼儿通过结构活动能获得以下知识和经验：关于结构材料的性质、用途的知识；关于物体结构特征，各部分大小、长短、轻重、高矮比例关系和空间方位概念，简单的数理知识，简单的造型知识等；通过自由地建造各种物体，取得组合、堆积、排列各种形体材料的经验。

4. 能够培养幼儿优良的个性品质

结构游戏可以自然地培养幼儿注意力集中、沉着、失败不气馁、坚持到底的良好习惯。结构游戏中，有时一个结构部件需要几个、十几个，甚至更多元件组合，这对培养幼儿细心、耐心、克服困难的品质很有意义。结构游戏为幼儿提供了更多合作游戏的机会，幼儿在使用中，必须互相协商、友好分配、相互谦让，这对一些个性安静、喜欢自己独自摆弄的幼儿来说既增强了其自信心，又有助于幼儿养成团结友爱、友好协作的好习惯和集体观。

5. 提高幼儿的审美能力

结构游戏既是幼儿感受美、欣赏美、表现美的过程，也是幼儿艺术感受力、表现力不断提高的过程。幼儿在欣赏建构作品中可以感受美，在评价作品中可以提高欣赏美的能力。结构游戏激发了幼儿自由表现美的欲望，在这种动力驱使下，幼儿再构建出更美的、更能体现出自己愿望和情感的作品，从而表现美的能力也得到了提高。

五、结构游戏设计

（一）结构游戏设计格式

1）结构游戏名称。
2）年龄班。
3）结构游戏活动目标。
4）结构游戏准备（知识准备和材料准备）。
5）结构游戏玩法。

（二）结构游戏设计要点

结构游戏是一种创造性游戏，教师规范的设计固然重要，但是更重要的是在设计中如何给幼儿创造条件，给幼儿提供足够的创造空间，提供尝试操作结构材料的机会，让孩子们搭一搭、插一插，拼一拼。为此，结构游戏设计要把握以下几点：

1. 目标——解决结构游戏活动的方向问题

活动目标是幼儿园活动的指南针，它既是活动设计的起点，也是活动设计的终点；既是选择活动内容、活动组织方式和教学策略的依据，也是活动评价的标准。显然，在游戏活动过程中，游戏活动目标的确定是一个非常重要的环节，以幼儿发展为本，从幼儿的兴趣出发，突出结构游戏的特点，更多发挥幼儿的创新能力和自主能力。

2. 材料——解决用什么来游戏的问题

《幼儿园教育指导纲要（试行）》指出："指导幼儿利用身边的物品或废旧材料制作玩具、手工艺品等来美化自己的生活或开展其他活动。"玩具材料是幼儿结构游戏的物质支柱,是幼儿游戏的工具,幼儿是通过使用玩具材料来摸索、学习的。玩具材料的选择和运用在游戏中特别重要。

1)幼儿教师应该根据幼儿年龄特点,有目的、有计划、有针对性地投放、变更和调整结构游戏材料,科学地指导幼儿使用和操作。如:为小班幼儿提供体积较大、形状单一、色彩鲜艳的玩具材料;到中班时,随着幼儿游戏能力的增强,可以将体积较大的积木更换下来,同时增加一些木板儿、废旧瓶罐、玩具小动物、小木偶等辅助材料。在材料的提供上,还应注意幼儿的能力差异。对能力强的幼儿,可引导他们用辅助材料建构,对能力弱的幼儿可提供结构简单、易于操作的材料。

2)教师应深入探究已有材料的玩法,使物尽其用。仅仅为幼儿提供配置材料,并不能保证良好的活动效果,要使这些玩具材料切实发挥应有作用的关键在于教师。正如研究游戏的专家苏塔玛指出的:"游戏材料只是游戏的一个必要条件,在没有与游戏有关的直接和间接指导的情况下,游戏材料本身不会有教育意义和可解释性。"

3. 兴趣——解决为什么要游戏的问题

1)兴趣是人们从事任何活动的强有力的动力之一,尤其是幼儿,幼儿参加结构游戏,往往是从感兴趣开始的。兴趣可以吸引幼儿去参加各种活动,思考各种问题,从而发展各种能力。结构游戏中的雪花能变换出"花篮""秋千""电视塔"等许多有趣的造型,一堆不起眼的积木能搭出各种各样的房子。这一切在孩子们的眼中多么新鲜、有趣和不可思议,他们对拼、插、搭产生了强烈的好奇,个个跃跃欲试。因此,教师设计结构游戏方案时应该把握幼儿的兴趣点,激发幼儿结构游戏的兴趣。

2)给幼儿提供动手操作的机会,让幼儿试一试。结构游戏设计过程中,一定要考虑结构游戏的特点是创造性、操作性、艺术性,一定要给幼儿操作和创造的实践机会。在幼儿想动手做的基础上,可为幼儿创造条件,提供尝试操作结构材料的机会。孩子们搭一搭,插一插,左看看,右瞧瞧,无意之中搭的东西好像一辆小汽车,加上两块积木又好像是小房子。兴奋之中,构造兴趣愈加浓厚。

另外,结构游戏设计方案中语言表述要清楚,流畅,层次结构清楚,时间安排要合理,要充分体现科学性原则、活动性原则、循序渐进性原则。

六、结构游戏的组织与指导

结构游戏的教育作用是在教师正确的指导下实现的。由于幼儿年龄特点的局限性,他们在游戏中反映出来的各种要求、思想、能力、行为、认知水平等问题,都离不开教师的合理帮助和正确指导,老师的指导是发挥结构游戏对教育作用的关键。这里,教师的指导是全面的、系统的,既要主动地为结构游戏的顺利开展创设条件,又要把握游戏中主体与主导的位置,顺应结构游戏本身的发展趋势进行指导。

(一)结构游戏环境的创设和材料的投放

1. 营造平等、宽松、自主的心理环境,激发幼儿参与结构游戏的兴趣

伟大的科学家爱因斯坦说过:"兴趣是最好的老师。"这就是说一个人一旦对某事物有了浓厚的兴趣,就会主动去求知、去探索、去实践,并在求知、探索、实践中产生愉快的情绪和体验。

幼儿参与结构游戏往往是从感兴趣的结构物或感兴趣的结构活动开始的。因此教师要利用多种方法激发幼儿好奇心，用构造物品吸引幼儿兴趣，关注幼儿兴趣点，帮助幼儿维持构建兴趣。

2. 创造开放、丰富的物质环境

拓展幼儿的活动空间。室内（活动室、寝室）、室外、走廊都可以成为幼儿游戏的空间。保证充足的游戏时间，提供符合幼儿年龄特点的丰富的结构材料。

小班：色彩鲜艳、大小适中并便于操作的材料。中班：种类各异的有一定难度需一定力度操作的材料。大班：精细的、有难度的、创作余地更大的结合结构的材料。

另外，广泛搜集废旧物品作为辅助材料，自然物和无毒无害的废旧物品，如纸箱、纸盒、挂历纸、贝壳、鹅卵石、可乐瓶、吸管等，都是未定型的结构材料，能够一物多用，它们与定型的材料相比，不仅经济实惠，价廉物美，而且还更有利于幼儿新思维和能力的培养。

3. 及时更换、补充结构材料

随着幼儿的发展和多次摆弄同样的材料，幼儿也会玩腻。如果很少有幼儿去玩或很少有幼儿专注地去玩某些结构材料，老师就要及时地更换这些材料，但是更换的频率也不能太快，以免幼儿的注意力过多地被材料的色彩和外形所吸引。

（二）丰富和加深幼儿对物体和建筑物的印象

结构游戏通过造型反映物体的外形特征，这就要求幼儿对周围生活环境中物体和建筑物有细致的了解和深刻的印象，在此基础上引导幼儿根据需要选择合适的材料，创造性地表现自己对事物的认识。

首先，要积极培养幼儿仔细观察周围事物的习惯。从日常生活中经常接触的、熟悉的物品入手，如幼儿的座椅、吃饭的桌子、睡觉的小床以及操场上造型简易的板、滑滑梯、独木桥、爬杆、转椅等，逐渐发展到观察生活中常见或少见的物品（体），如电视机、电风扇、各类家具、小动物、汽车、飞机、轮船等。教师不但要引导幼儿掌握物体的主要特征，还要幼儿能区分同类物体的明显甚至是细微的区别。如椅子和凳子都是四条腿，一个有靠背，一个没有靠背；四条腿的凳子，有的是长的，有的是方的，还有的是圆的；汽车都有轮子，有三轮，有四轮，甚至有六轮的；公共汽车的车身长而高，小卧车的车身矮而低；等等。这些大概的掌握和细致的区分，不仅有利于幼儿通过构造真实地再现周围生活中的物体，而且能促使幼儿举一反三，在构造物体时进行加工和创造。

其次，教师应该通过上课、观赏、散步、图片、幻灯、模型教具等，指导幼儿认真细致地观察建筑工人的劳动，观察周围的各种生活建筑物，观察喜闻乐见的风景建筑，观察祖国的名胜建筑等。从单一的围墙、花坛、亭子、曲桥，到组合的公园、综合的乐园；从家乡的公路、鼓楼、码头，到祖国的万里长城、北京天安门。既要让幼儿经常直接观察实物，又可利用图书、画报、照片、电影、电视的介绍让幼儿间接观察物体；同时，还应该经常用谈话、绘画等方式巩固幼儿对各种劳动、建筑物和物体的印象。总之，幼儿脑海中积累的感性物象越多，他们构造时的表达力、创造性也就越强。

（三）指导幼儿掌握结构造型的基本知识和技能

1. 识别与使用材料的技能

引导幼儿认识结构玩具，识别结构元件的形状、颜色、大小等特征，会选用结构元件去构造物体，会灵活使用材料。

2. 结构操作技能

引导幼儿学会积木的排列组合（平铺、延长、对称、加宽、加长、加高、围合、盖顶、搭台阶等），积塑的插接、镶嵌（整体连接、交叉连接、端点连接、围合连接等），以及穿套编织、黏合造型等技能。这是幼儿构造物体的基础。

3. 设计构思能力

引导幼儿整体构思构造计划，使幼儿能有目的、有计划、有步骤地进行构造活动。在构造实践中能根据需要修改、补充，以取得结构成功。

4. 结构分析技能

引导幼儿学会看平面图纸，能把平面结构变为立体结构，会评议结构物。

5. 集体构造的技能

引导幼儿在集体构造中学会分工和合作，共同完成任务。

（四）针对幼儿不同年龄的特点，具体指导

1. 小班结构游戏特点及指导要点

特点：小班幼儿的建构活动往往是无意识、无目的的，建构的特点是独自游戏和平行游戏，只对搭的动作感兴趣，而不在乎搭出什么。因此，小班幼儿的结构游戏嬉戏性较强，作品结构较为简单。小班幼儿对结构的动作感兴趣，常常把结构材料堆起垒高，然后推倒，不断重复，从中得到快乐和满足。他们没有明确的目的，只是无目的地摆弄结构材料，只有当有人问他（她）"你搭的是什么"时，他（她）才会注意自己的结构物，思考"这是什么"的问题，然后根据自己的想象对结构的物体加以命名。因此，小班应侧重认识结构材料，学习初步的结构技能，稳定结构主题并建立结构游戏的规则，学会整理和保管玩具材料的最简单方法，养成爱护玩具材料的好习惯。

指导要点：

1）教师先引导幼儿认识积木、纸盒等材料，引起幼儿运用材料进行结构游戏的兴趣。

2）教师积极鼓励幼儿在自己的操作中探索学习建构技法，鼓励幼儿独立地建构形状简单的物体，并能表现其主要特征，例如搭建门、桌子、床等。

3）教师引导幼儿学习连接、延长、围合、加宽、垒高等主要构造技能，搭建简单的三维物体，例如，让小班幼儿在建构区搭建马路、围墙等简单物体。

4）教师引导幼儿建立结构游戏的规则，例如轻拿轻放、不乱扔、玩后要收拾整理等，并学习收拾整理材料的方法。

2. 中班结构游戏特点及指导要点

特点：中班幼儿已具有一定的结构水平。手部小肌肉动作逐渐发展，思维想象、生活经验等更加丰富，建构的目的性增强，建构的坚持性也在增加，结构水平由单一的延展向整体布局过渡。例如，搭建楼房和小区。中班幼儿已能运用已有经验对物体进行再现和创作，但是结构作品大部分不讲究对称和平衡。中班幼儿不但对动作过程感兴趣，同时也关心结构的成果，目的比较明确，主题比较鲜明。因此应在进一步掌握结构技能的同时，鼓励幼儿大胆想象，共同构造，并且能相互评议结构成果。

指导要点：

1）增加中班幼儿造型方面的知识和训练，例如，引导幼儿学会认识高低、宽窄、厚薄、轻重、长短、前后等空间方位，会选择和利用结构材料，能较正确地结构物体。

2）在小班搭建经验的基础上，引导幼儿学习架空、覆盖、桥式和塔式等结构技能，形成里外空间的概念，例如，中班幼儿可以学习搭高楼、架大桥等。

3）教师可尝试提供作品构造图，引导幼儿学习看图纸搭建。

4）教师可要求中班幼儿有目的、有计划、有顺序地搭建，学习与同伴合作，共同完成一个物体的搭建，例如，三名幼儿合作搭建公园、停车场等。

3. 大班结构游戏特点及指导要点

特点：大班幼儿已经具有一定的独立建造能力，掌握了一定的搭建技巧，会使用辅助材料，事先能进行一定的设想和规划，并能通过分工、合作完成一件较为复杂的工程。大班幼儿能够搭建出有场景、有情节的较高水平的建筑群且其结构作品多为立体结构，讲究对称和平衡，比较形象。大班幼儿已有了较强的结构与技能，目的明确、计划性较强，能围绕一个主题进行长时间的结构活动，合作意识增强。因此，应侧重引导大班幼儿开展参加人数多、持续时间长的大型结构游戏，并引导幼儿进一步美化自己的结构物。

指导要点：

1）在中班搭建的基础上，教师引导幼儿学习转向、穿过、平式联结和交叉联结等结构技能，搭建复杂的三维物体，例如，搭建立交桥、拱形门等。

2）教师引导幼儿掌握整齐对称、平衡的构造，尝试整体布局，学习选择使用辅助材料，例如，在公园里搭建相呼应的前门和后门，在住宅区里搭建左右对称的凉亭、路边的花草等。

3）教师引导大班幼儿在搭建前学习商讨、分工，进行一定的设想和规划，通过分工、合作完成一件较为复杂的工程，例如，经过商讨后大家分工，有的搭建楼房，有的搭建停车场，有的搭建花园，有的搭建游泳池，有的搭建围墙，形成一个完整的住宅区。

4）引导幼儿建造有一定主题和情节发展的、结构复杂、装饰精巧的建筑群。

知识与技能检测

（1）什么是结构游戏，它具有什么特征？

（2）结构游戏有什么教育作用？

（3）结构游戏有哪些种类？

（4）如何设计学前儿童结构游戏？

（5）在组织指导幼儿结构游戏中，如何丰富和加深幼儿对物体和建筑物的印象？

（6）如何针对幼儿不同年龄的特点，开展结构游戏的组织指导？

项目四

幼儿规则性游戏活动设计与指导

【项目目标】

1. 理解体育游戏的特点和教育作用。
2. 掌握体育游戏的分类。
3. 掌握幼儿体育游戏设计与指导要点。
4. 能制订各年龄班幼儿体育游戏指导计划。
5. 理解智力游戏的概念、结构、特点及教育作用。
6. 掌握智力游戏的分类及各种类型智力游戏的玩法。
7. 掌握幼儿智力游戏设计与指导要点。
8. 能制订各年龄班幼儿智力游戏指导计划。

【项目预备知识】

规则游戏一般被认为是幼儿游戏发展的高级形式,在幼儿游戏发展过程中较晚出现,尼克泊罗(1991)指出,随着幼儿年龄的增长,幼儿假想游戏逐渐让位于规则游戏,而在生活中象征性游戏中的隐性规则为幼儿开展规则游戏提供了保障。艾弗曼(1871)通过研究发现,儿童规则游戏在6~10岁出现的频率最高,之后稳步下降,14岁达到最低点。规则游戏在我国受到长期重视,但更多的是将其作为实现教学任务的手段,而非真正认识到其在儿童智力品质、智力技能和社会性发展中的价值,因此,重新认识其教育的独特价值就显得尤为重要。

规则游戏的"规则"是整个游戏的核心,无论规则的制定,还是规则的执行,对发展幼儿"去自我中心化"能力、社会道德的认知能力、协调他人观点的能力、有意性注意能力都有着不可或缺的教育作用。

一、规则游戏及特点

1）规则游戏具有规则性。心理学家维果茨基认为规则游戏是由"明显的规则和隐蔽的想象情景"所组成。规则游戏中的规则具有"约定"性质，即可以来自游戏着的幼儿自己"约定"，也可以来自成人或年长幼儿的"传递"。

2）规则性游戏具有竞争性。竞争性是规则游戏的主要特征，美国幼儿教育家凯米和狄佛瑞斯指出：规则游戏是根据一定的规则进行的身体或智力上的竞赛性活动，游戏双方的关系是对立的，每一方都试图让自己在游戏中获胜，而让对方输掉游戏（1980）。

3）规则游戏具有文化传承性。规则游戏往往以代代相传的方式流传于民间，并以"言传身教"的方式获得传播。

4）规则游戏具有趣味性。这是规则游戏区别于教学游戏的最突出的地方，它强调玩法刺激，具有挑战性和可变性，能诱发幼儿重复游戏的欲望。

二、规则游戏的结构要素

规则游戏的结构要素，主要包括目标、玩法、规则和结果。

1）目标一般围绕幼儿发展的目标而展开，可以是一个目标指向，也可以是多个目标指向。

2）玩法是为完成游戏目标设计的，具有趣味性、情节性或竞技性的特质，用来影响幼儿游戏中的动作和活动进展。

3）规则是对玩法的规约，起引导、组织、调整幼儿行为的作用，是游戏目标实现的保障，也是整个游戏的核心。恰当的游戏规则可以提高游戏的趣味性和刺激性，使游戏变得好玩而有价值。

4）结果是游戏目标达成的水平，能提高游戏的目的性，使幼儿获得愉悦的满足感，还能激发幼儿继续游戏的愿望。

老鹰捉小鸡

【目标】身体躲闪及运动的灵敏性。

【规则】幼儿自主分配角色。游戏开始前，一人担任"鸡妈妈"的角色，其他人依次在"鸡妈妈"的身后牵着前面人衣襟排成一队，双腿叉开。"老鹰"角色由"鸡妈妈"选择，"鸡妈妈"弯下腰来，用沙包从叉开的腿间往后抛，沙包碰着的人便可以做"老鹰"。"老鹰"抓住了"小鸡"，"小鸡"就出局，等待游戏结束后再重新开始。

【玩法】游戏开始，"老鹰"要跑来跑去、左冲右扑，想办法把"鸡妈妈"身后的"小鸡"捉到手。"鸡妈妈"则张开双臂左右阻挡，用整个身体挡住"老鹰"的去路。"老鹰"扑向哪里，"鸡妈妈"就挡到哪里，保护自己的孩子。"小鸡"一个拉着一个，跟着"鸡妈妈"左躲右闪，逃来逃去，不让"老鹰"捉住。

【结果】等到"鸡妈妈"身后的"小鸡"全被"老鹰"捉光了，"老鹰"赢了，一场游戏便结束了，然后重新分担角色，再开始下一场的游戏。

三、规则游戏的指导要点

规则游戏的指导不同于教师"教学"的指导策略,也不同于幼儿"象征游戏"阶段的指导策略,作为一种独特的指导策略,它更趋向其"发展"的价值大于"结果"的价值这种观点。因此,在实施规则游戏的指导时,往往遵循如下方法:

1. 选择适宜幼儿发展的规则游戏

小班:侧重享受与成人一起玩规则游戏的过程,积累规则游戏的经验。

中班:为幼儿提供更多需要伙伴的互补性规则游戏。这种游戏是双方做不同的事,都在争取"结果",但意义却不同。如追逐游戏中,"追"和"逃"是不同的,却是互补的动作,彼此在不同的游戏策略中享受"结果"带来的不同体验。

大班:侧重为幼儿提供有认知难度的规则游戏。因这个阶段幼儿普遍关注游戏的结果,因此,具有挑战性的游戏对幼儿才有吸引力。

2. 从小班即可开始玩规则游戏

事实上3岁的孩子是可进行规则游戏的,比如猜猜看游戏中,幼儿也猜,但会不等猜就去掰开手看,然后又合拢,又开始。这时候的规则游戏只是让幼儿体验多样化的有规则的现象,包括规则游戏,但并不一定要在规则游戏中学到什么。而随着年龄的增长,尤其在6岁左右,规则游戏的教育价值才以其正常的形态给幼儿的发展带来无限的魅力。

3. 规则游戏需要指导

由于规则游戏的"玩法"和"规则"有着"约定性",因此,向他人学习成为一种重要方式。由于其玩法的可表现性,模仿学习便成为一种可能,早期的亲子游戏和在幼儿园中的教师带幼儿玩游戏,不失为一种行之有效的组织策略。研究表明,成人的某些策略示范动作很容易被幼儿所模仿。实验"猜拳跨步"游戏中尽量跨大步和猜声音中的"变音"策略,小班的幼儿在教师示范后,玩游戏的水平都有了明显的提高。但值得一提的是数周后,这种策略的运用能力明显回落,可见,"模仿"的结果并不意味着内部的发展,因此,对于不同年龄阶段的幼儿游戏指导的侧重会有所不同。规则游戏中应该注意以下问题:

1)如何对待"规则"的坚持与否。规则在小中班使游戏更趋向于"好玩",因而可以允许幼儿做适度的改变,但到了大班,则需要坚持,以更大限度地彰显规则游戏的独特价值。

2)如何对待"结果"的成败与否。教师对待结果的态度会直接影响幼儿的发展。因此,教师的重点不是放在对结果的评判上,而应该是对"结果"的后续影响给予关注和有效回应。

3)如何对待"电子"游戏,是现代社会幼儿园教师、家长们需要关注的问题。注意选择有益于开启幼儿智力和认知的游戏,拒绝暴力游戏,同时要控制好幼儿玩"电子"游戏的时间,保护视力。

模块一 幼儿体育游戏设计与指导

一、什么是体育游戏

幼儿体育游戏是幼儿体育活动中最重要的内容，它是以基本动作为主要内容，以游戏活动的形式，以增强幼儿体质为主要目的的一种活动。

二、体育游戏的特点

1. 具有锻炼身体的价值

这是体育游戏不同于智力游戏的地方。体育游戏本来就是通过身体运动的方式进行的，具有某种锻炼价值。体育游戏不同于智力游戏，身体要参与活动，才是体育游戏。锻炼身体的价值也是体育游戏的本质特点之一。

2. 具有趣味性特点

《辞源》中说：游戏乃"玩物适情之事也"。游戏是有趣的玩耍一类的事情，它能使人在精神上得到某种欢娱，能满足人们对于娱乐的需求，趣味性也是体育游戏的本质特点之一。

3. 具有一定的规则

体育游戏是在一定规则约束下的玩耍。游戏的规则在游戏的发展中起着非常重要的作用。

4. 具有综合性特点

体育游戏的综合性特点主要表现在：第一，几乎任何体育项目的练习都可作为体育游戏的素材；第二，几乎任何体育项目都可以将体育游戏作为教学与训练的手段；第三，体育游戏既能培养与提高身体的基本活动能力，又能运用它学习与提高运动技能、技术及战术。体育游戏是综合性最强的一种特殊的体育手段。

5. 具有教育特点

体育游戏在未成年人全面发展的教育中具有积极的作用和重要的意义。在游戏中，游戏者必须遵守游戏规则，控制、约束自己的行为，这种体验有助于游戏者形成行为的社会定式，内化社会行为规范。体育游戏中的群体活动，角色的扮演、转换与互动，也满足了少年儿童社会归属或团队意识的欲望，对他们掌握人际交往技能，形成健康的人格，发展社会适应能力等具有独特的功效。体育游戏本身具有的竞赛性和结果的不确定性的特征，可以激发游戏者的进取心和自尊心，培养他们的道德感和责任感，促进他们健康个性的形成与发展。体育游戏总能为少年儿童创造一种合作、竞争，同时又相互鼓励、彼此理解的环境，在这种生动活泼、和谐友好的气氛中，少年儿童的个性与社会性得到高度发展。

6. 可采用情景人物等虚构的方法

"游戏是真实生活的反映，却又不是真实的生活，它是在假象的情景下反映真实生活的活动。"在幼儿角色游戏中，经常运用假设与虚构的方法，赋予游戏以某种故事情节，幼儿在游戏中模仿大人的活动，或者扮演某种动物或其他角色，因而在游戏中尝到解脱自我、变成"别人"的欣喜。另外，幼儿通过模仿各种社会角色，学会处理人际关系，适应社会生活，对儿童的个体社会化有重要的作用。

在体育游戏中运用假设与虚构的方法一般有如下几种：

1）人物假设。参与游戏的学生假扮成其他的人物、动物及器物。

2）器物假设。将体育器材或其他游戏教具假设成其他的器物、人物及动物。

3）动作假设。将人的动作或手势假设成其他动作、器物或情况。

4）信号假设。用光或声的信号表示各种假设的情况。

5）符号虚构。将石灰及粉笔在地上画的线条及几何符号，表示各种不存在的地形地貌、器物及人物。

6）语言虚构。用语言虚构各种游戏场地上并不存在的东西，如"左边是高山""右边是悬崖"。

三、体育游戏的分类

1. 按运动项目进行分类

篮球游戏、排球游戏、足球游戏、田径游戏、体操游戏、武术游戏等。

2. 按游戏进行形式分类

有接力游戏、追逐游戏、角斗游戏、攻防争夺游戏、传递抛接游戏、集体比快游戏等。

3. 按身体素质进行分类

有速度游戏、力量游戏、灵敏游戏、耐力游戏等。

4. 按基本活动技能进行分类

有奔跑游戏、跳跃游戏、投掷游戏、攀爬游戏等。

5. 按游戏参与者的年龄分类

有幼儿游戏、儿童少年游戏、青年游戏、中老年游戏等。

四、体育游戏的作用

1）通过体育游戏练习，提高幼儿认知水平。体育游戏是在幼儿对一定事物有了认识之后，才能模拟游戏情景或角色进行练习。如：小蝌蚪找妈妈，教师事先让幼儿知道小蝌蚪是怎样演变成青蛙的生物学过程，让幼儿认识小蝌蚪的妈妈就是青蛙，清楚蝌蚪演变过程，告诉幼儿青蛙是捉害虫的益虫，我们要保护青蛙。因此通过游戏的练习，不仅可以提高幼儿腿部的力量，而且可以让幼儿知道小蝌蚪的演变过程，知道青蛙是益虫等知识。

2）发展幼儿基本活动能力，提高身体素质，增强体质。体育游戏是通过身体参与活动，有一定的运动量，因此，它必须包含走、跑、跳、投等基本活动。通过游戏练习，能有效提高幼儿基本活动能力，提高身体素质，增强对疾病的抵抗能力。

3）培养幼儿遵守规则，团结协作，具有集体主义精神及良好的社会适应能力。在体育游戏中，必须遵守规则才能顺利完成游戏，因此，可以培养幼儿遵守规则的习惯；同时体育游戏必须要团结协作才能完成,有助于培养幼儿的集体主义精神。

五、学前儿童体育游戏的设计与指导

体育游戏的教育作用是在教师正确的指导下实现的。由于幼儿年龄特点的局限,他们在游戏中反映出来的各种要求、思想、能力、行为以及认知水平等问题,都有待于教师的正确指导,老师的正确指导是发挥体育游戏教育作用的关键。这里,教师的指导是全面的、系统的,既要主动地为体育游戏的顺利开展创设条件,又要把握游戏中主体与主导的位置,顺应体育游戏本身的发展趋势进行指导。

（一）幼儿体育游戏创编的原则和方法

1. 幼儿体育游戏创编的原则

（1）锻炼性原则

体育游戏不同于一般性游戏（如角色游戏、娱乐游戏等）,它应该是姓"体",即是要以增强幼儿体质为主要目标。因此,创编幼儿体育游戏时,应考虑以下几点：

1）必须要有某些基本动作。将1~2个基本动作渗透到游戏的情节中,如"小蚂蚁运粮",让"小蚂蚁"（幼儿）背驮沙袋从场地的一端爬到另一端。

2）要有一定的运动负荷量。游戏活动中,要充分利用面积宽大的场地,数量充分的运动器械,尽可能采用共同活动的方式或鱼贯活动的方式练习,保证幼儿实际活动的时间。

3）充分利用运动器械以及草地、树林等自然环境。体育游戏一般可选用1~2件运动器材,使幼儿活动更有兴趣,也可提高幼儿使用器械的能力。体育游戏还可以与自然环境中的草地、树林及大型运动器械等有机结合,使幼儿的活动充满生机,并将大自然与体育游戏融为一体。

（2）趣味性原则

体育游戏的趣味性,是体育游戏具有生命力的重要因素。因此,应选择幼儿熟悉和喜爱的角色,安排简单、有趣的情节,使幼儿感到体育游戏十分有趣。老师要不断地收集体育游戏素材,积累创编和运用体育游戏的经验,通过各种角色的吸引、运动器械的创新和多变,以及游戏方法和规则的推陈出新,创编出丰富多彩、新颖有趣的体育游戏。

（3）教育性原则

体育游戏的内容及开展体育游戏的过程,应该渗透各方面的教育。要使孩子的认知能力得到发展,并要不断培养幼儿服从集体、遵守规则、团结合作的意识和行为,以及勇敢、大胆、诚实等优良品质。

（4）安全性原则

由于幼儿控制自己行为的能力较弱,容易受无关刺激的影响而发生事故。因此,创编幼儿体育游戏内容时,要考虑各种安全因素。如：活动的范围要适当,既不能太大、太分散,又不能太集中；内容的安排上,不要出现跑步后立即做爬或平衡动作；往返的路线、投放的器械不能太拥挤,要避免造成碰撞等。

（5）发展性原则

由于3~6岁的幼儿在身体、心理等方面的发展具有明显的差异性,他们在体育游戏活动中表现出来的行为也不同,因此在创编体育游戏时可参考表4-1中的内容。

表4-1 不同年龄幼儿体育游戏的基本内容

项目	小班	中班	大班
内容动作	内容简单，动作简单	内容开始复杂，喜欢有情节的游戏和追逐性的游戏	喜欢竞赛性的游戏以及内容丰富、将体力与智力相配合的游戏，动作增多，难度也增大
情节	简单	复杂性增加	较复杂
角色	少，多为幼儿熟悉的角色	增多	较多，与情节的关系更复杂
规则和要求	简单，不带限制性	较复杂，带有一定的限制性	较复杂，限制性较强
结果	幼儿不太注意	幼儿有所注意	喜欢有胜负结果
活动方式	集体做一种动作，共同完成一项任务	出现合作性的游戏	合作性游戏增多，增加了组与组的合作

2. 幼儿体育游戏创编的方法

（1）设定目标

设定游戏目标是幼儿体育游戏创编最重要的一环。长期以来，在幼儿园体育游戏创编和指导中，存在着只重视内容、形式，而忽略目标，或先选内容再定目标的现象，从而使幼儿体育游戏活动产生了极大的盲目性。

设定目标：首先必须从幼儿已有的水平出发，最终促进幼儿达到新的发展水平；其次，目标内容应从幼儿的活动参与（态度）、身体发展（技能）、心理健康（情感）和社会适应四方面来选择确定，避免单纯以身体发展为唯一目标，以及太抽象、太笼统、不具体、不切实际的要求；再次，应尽量运用幼儿体育活动时的行为来表述目标。如，中班"拍球比多"游戏的目标是：体验和感受球性，尝试单手连续拍球的方法，感受"拍球比多"的快乐，培养幼儿玩球的兴趣。又如，大班"舞龙"游戏的目标是：学会一个跟着一个以各种姿势走和跑；提高与同伴合作游戏的能力，感受"舞龙"民间体育游戏的乐趣。

（2）选择内容，确定设计方法

1）幼儿体育游戏主要是以身体活动为主要内容。它包括：

① 走、跑、跳、投、钻、爬、攀登、各种滚动等基本动作；

② 利用各种球、绳、圈、棍、沙包、钻架等大、中、小型运动器械的体育游戏活动；

③ 利用水、土、沙子、石头、冰雪、山坡、田野等大自然环境的各种体育游戏活动；

④ 各种舞龙、斗鸡、跳竹竿、荡秋千等民族、民间地域性体育游戏活动。

2）幼儿体育游戏设计可以从角色、情节入手，结合开始信号、动作过程、结束姿势、游戏规则等。

① 情节。也可成为设置体育游戏的方法。它可以以幼儿熟悉的生活为题材，如"妈妈找宝宝""给小动物喂食""郊游"等；也可以以电视、电影、画报、报刊中的童话故事为题材，如"猫头鹰抓田鼠""小鲤鱼跳龙门""沙漠中的骆驼"等；还可以以成人的各种活动为题材，如"盲人摸路""小小侦察兵""抗洪救灾"等。值得一提的是，部分体育游戏没有复

杂的情节，甚至没有任何情节。如，一名幼儿坐在滑板上，另一名幼儿在其背后推着走；又如，两名幼儿相互做石头、剪子、布的动作。这类体育活动，虽然没有情节，但却明确了具体身体活动的玩法，因此，也可称为体育游戏。

② 角色。这是幼儿在体育游戏中不可缺少的重要部分。在比较简单的幼儿体育游戏中，可以只设计一个角色，在较复杂的体育游戏中，可选择多个角色。角色选择可以让幼儿自己承担，既可以以小朋友为游戏角色，也可以冠以各种小动物名称，如小白兔、大象、大灰狼等；各种人物名称，如爸爸、妈妈、运动员、侦察兵、机器人等；各种物体名称，如树叶、雪花、小汽艇、卡车等。角色安排方面，可以设计同一个角色或不同角色共同完成一个任务，如"小小送货员"——全体幼儿都扮送货员，拖着车把"货"（水果、蔬菜）送到各个商店、学校、医院等；也可以选择不同角色相互对抗，如"坦克兵与投弹手""小猫抓鱼"等。

③ 规则。具有组织教育及保证游戏合理、公正开展的作用。它从属于游戏的内容、情节和角色等。幼儿体育游戏规则，随着年龄及动作要求的变化而变化，具有很大的可变性和灵活性。小班幼儿不注意、不重视规则，常常以游戏方法及活动内容代替游戏，如，拖、推着各种玩具走各种弯弯曲曲的路，既有方法又有规则。而中、大班可以逐渐增加规则数量和难度要求，如，走过平衡木时必须两臂侧平举、头顶沙袋，如沙袋掉地，必须原地捡起，放回头顶，才能继续走平衡木，否则暂停走平衡木一次。

④ 环境。这是重要的教育资源，应通过环境的创设和利用，有效地促进幼儿身心发展。幼儿园内的户外草地、塑胶地、土坡、沙池、水池、投掷墙、攀岩墙、室内大教室等各种场地的空间和设施，各种购置和自制的大、中、小型运动器械等，都是幼儿体育游戏环境创设的资源。这些资源通过教师的设计和动手布置，就构成了体育游戏环境，而环境创设"应有利于引发、支持幼儿的游戏和各种探索活动，应有利于引发、支持幼儿与周围环境之间积极的相互作用，有效地促进幼儿发展"（引自《幼儿园教育指导纲要（试行）》第三部分第八条）。在环境创设中，应充分利用场地和运动器材使幼儿体能得到发展，使锻炼身体的积极性、主动性得到激发；环境创设应贴近幼儿的生活，被幼儿所理解和接受。

（3）撰写文字和画场地示意图

幼儿体育游戏构思后，就要动手撰写文字和画场地示意图了。幼儿体育游戏一般应从以下几个方面着手撰写：

1）游戏名称：是指幼儿体育游戏的名称。应该生动、直观、形象，符合幼儿认知水平，并具有体育特征。如"小马运粮"这一游戏中，小马是幼儿所熟悉的角色，"运"是所要做的动作，"运粮"是小马所要做的事。类似的还有"车轮滚滚""勇敢者道路""小动物救灾"等游戏。

2）游戏目标：根据游戏方法和内容，指出重点发展的某项身体动作，提高某项运动技能或身体素质，培养某种个性和品质等。

3）游戏准备：指游戏前的准备工作，它包括器材名称、数量及安排，场地布置、划分，辅助器材的布置等。游戏准备要写得具体和全面。

4）游戏方法：这是游戏过程中的主要部分，游戏应该集合成什么队形、分成多少人一队、开展游戏的具体方法和结果以及游戏从开始到结束的顺序等，都要表述完整。

5）游戏规则：规则应力求简单、具体、明确，有利于游戏的开展与进行。如，跳跃时进入小河，则要回到起点重新出发；又如，被"猫头鹰"抓到，只能走到"猫头鹰"的家里蹲下，不能再跑了；再如，红灯亮时汽车还在开，只能让这辆车回到"修理厂""修理"（停止游戏一次），"修"好了下次再玩。

6) 注意事项：主要表述教师组织指导时的要点和要求；游戏中必须注意的安全措施；游戏变化的方法等。如"跳树枝"游戏的注意事项：其一，可在空罐外包一层（涂层）木纹纸，以增加真实感和游戏趣味性；其二，在幼儿自由排列树桩时，教师可参与或提建议，以帮助幼儿将树桩排列得更合理、更稳妥；其三，体弱、胆小的幼儿在跳树桩时，教师要加强鼓励和指导，随时注意幼儿的安全。又如"打泡泡"游戏的注意事项：其一，在游戏中，纸棒只能打泡泡，不能打在同伴身上；其二，马夹带数量准备多一些，如破损可以调换；其三，在追逐游戏中，教师要控制好时间，调节好幼儿的运动负荷量。

7) 画场地示意图：主要是表述活动场地的形状、大小、器材的内容及摆放的位置与方法，幼儿游戏队形、路线以及教师站的位置等。如图4-1所示。

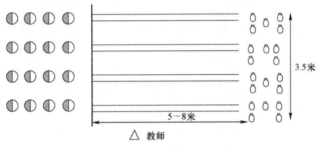

图4-1 游戏场地示意图

（二）幼儿体育游戏的指导原则方法

1. 幼儿体育游戏的指导原则

指导原则是根据教育、教学目标，为反映幼儿运动规律而制定的指导工作的基本要求，是广大教师在长期体育游戏指导过程中积累起来的经验概括和总结。体育学科特点和幼儿学习体育游戏的特点，是确定体育游戏指导原则的两个主要依据。

（1）教师为主导，幼儿为主体的原则

教师的主导作用，如环境布置、语言讲解、讲评、发布口令、示范等方面的应用，能有效地激发幼儿参与体育游戏的兴趣，使之积极、主动、愉快地参与体育游戏。在体育游戏的过程中，教师应理解幼儿的各种想法、玩法与感受，支持、鼓励他们大胆探索，充分发挥他们在体育游戏中的主动性、积极性和创造性，使幼儿真正成为体育活动的主体。

（2）直观模仿与启发思维的原则

幼儿心理学研究表明，幼儿思维特点主要依靠具体的形象和表象的联想。因此，在幼儿体育游戏指导中，教师要运用形象、生动的语言描述，结合动作示范，引导幼儿积极思维，同时积极地参与动作模仿，使幼儿视觉和肌肉本体感觉同时"工作"，从而使幼儿尽快地熟悉体育游戏内容，掌握体育游戏方法和规则，积极投身于体育游戏中。

（3）面向全体、重视个别差异的原则

在幼儿体育游戏中，幼儿既是具有一般共性的群体，又是各具特性的个体，因此，教师在指导游戏中，既要照顾全体幼儿的兴趣、爱好和现有的发展水平，体现面向全体，又要照顾对一般活动感到困难或者不能得到满足的幼儿,加强个别指导。让每个幼儿在不同水平上都得到发展。如,在"小白兔跳小沟"的游戏中,教师将小沟的宽度分成宽、较宽、较窄,让幼儿自由选择跳跃的宽度。对能力差的幼儿,教师应积极鼓励并同他们一起跳过较窄的小沟。

(4) 适宜的运动负荷原则

该原则是指幼儿在体育游戏中,应该保证身体承受适宜的运动负荷量。运动负荷是指人体运动时,身体所承受的生理负荷量和心理负荷量的总和。

教师要选用适合不同年龄幼儿的教材,难易程度要适中,并要运用引导、启发、鼓励的方式,使幼儿对体育游戏活动产生并保持兴趣。在幼儿参加体育游戏过程中,要保证幼儿有充足的活动时间。教师要做到精讲多练,减少不必要的过渡环节,消除不合理的等待现象,尽可能运用共同活动、鱼贯活动等形式,增加幼儿实际活动的时间。在体育游戏过程中,教师还要密切观察幼儿的生理和心理现象,如脸色、汗量、呼吸频率、动作协调性等,及时运用增减练习时间和次数,改变集中或分散练习等方式,使幼儿所承受的运动负荷始终处于适宜的状态。

(5) 加强卫生和安全教育的原则

为了使幼儿体育游戏更具有增强体质的实效性,教师在组织、指导体育游戏中,要特别注意加强卫生和安全教育。

3~6岁的幼儿,特别喜爱体育游戏,但他们缺乏运动经验,特别是缺乏运动中卫生和安全的经验,这就特别需要教师在指导中加以重视,以确保他们在安全的环境中进行游戏活动。因此,教师首先要了解每个幼儿当日的健康状况,如有不适,应采取暂停游戏或减少游戏时间等措施;要对游戏的场地、器材及时进行检查,排除不安全因素;要做到规范、有序地开展体育游戏。如:取放、交换运动器材要有序,不争抢、不乱丢;教师集合信号发出后,幼儿能很快地排成一个较固定的队形(围在教师周围或围成圆形等);能注意力集中地听教师讲解、看教师示范;在游戏中能遵守规则,不做危险动作;如违反了规则,能主动、自觉地按违规"处罚"去做等。

幼儿游戏时,教师还应密切观察幼儿游戏时的运动状态,要特别注意那些自我控制能力较差或经常容易冲动的幼儿,以及运动时不够灵敏、协调的幼儿。如发现危险动作,则要及时运用柔和的语言提示和保护帮助的方法,防止事故发生,绝不能采用吼叫、恐吓或放任的方法。

(6) 符合人体生理机能活动能力变化规律的原则

人体在运动过程中,生理机能活动能力会发生变化,这种变化有一定的规律性。一般是在身体运动开始时,机能活动能力逐渐上升,然后达到并在一定时间内保持最高水平,最后又逐渐下降。从而形成逐步上升→相对稳定→逐步下降的规律。

1) 上升阶段。幼儿参加体育活动的开始阶段,教师可以通过形象生动而带有启发性的语言,激发幼儿参加体育活动的愿望,使之逐步产生兴奋、高涨的情绪,从而使其心率和呼吸频率逐渐加快,产生积极的心理和生理准备。教师还可以通过身体活动,帮助幼儿克服身体各器官的惰性,使机体的活动能力较快地上升,以适应负荷量较大的身体运动。对3~6岁的幼儿来说,他们的身体正处在新陈代谢的旺盛时期,其身体各器官的惰性相对较小,机体的活动能力上升较快,因此他们的准备活动时间可以相对短些,运动负荷量可以稍快地增长。

2）平稳阶段。在这一阶段，由于幼儿身体各器官的活动能力已经逐渐达到较高的水平，因此，教师可以指导幼儿开展一些运动负荷量较大的游戏活动，学习新动作，或创新各种玩法等。然而，由于幼儿神经系统和运动系统较容易疲劳，能量储备也较少，他们这一阶段所能持续的时间也比成年人短，保持最高水平的时间也短。因此，教师在指导中，要注意活动内容与方式的多样性和变化性，以激发和保持幼儿积极高昂的情绪。同时应采用动静交替、劳逸结合的手段，不断调节运动负荷。

3）下降阶段。幼儿经过了一段时间游戏后，体内能量消耗较多，体力恢复和供应不足，身体机能、活动能力逐渐下降，出现各种疲劳的现象。此时教师在指导中，应安排一些放松身体的活动，使孩子的情绪逐渐平稳、体力和心率逐渐恢复，疲劳逐渐消除。如此才能有利于幼儿身心健康，并有利于开展其他活动。

（7）负荷运动技能形成规律的原则

运动技能是指人体在运动中掌握和有效地完成专门动作的能力。运动技能的形成，是通过相应的神经支配下的骨骼肌运动来实现的一系列外显动作所构成，它是神经系统和运动系统建立条件联系和不断巩固的过程。运动技能形成，一般要经历相互联系的三个阶段：

1）粗略掌握动作阶段。这一阶段是运动技能学习的起始阶段。在这一阶段中，幼儿的大脑皮层兴奋过程扩散，处于泛化阶段。表现为动作费力、紧张，不协调，不准确，缺乏控制力，并伴有多余的动作。因此，教师应多做示范动作，幼儿模仿教师做动作。教师示范的速度不宜过快，以帮助幼儿建立清晰、正确、完整的动作表象，还应给幼儿提供较多的练习机会，让幼儿逐渐地形成初步的运动技能。这一阶段对幼儿的要求不能过高、过严，不能过多地强调动作细节，对能力差的幼儿，可适当降低要求。

2）改进提高动作阶段。这是有意识地改进技能，使动作各个组成部分建立固定联系的阶段。在初步形成动作的基础上，幼儿通过经常、不断的练习，使大脑皮层兴奋与抑制过程处于分化阶段，兴奋相对集中，抑制逐步发展和巩固，初步建立动力定型，并能较精确地完成动作。其表现为幼儿紧张现象和多余动作明显减少，大多数错误动作得到纠正，使动作变得准确、协调和轻松起来，但还不够熟练和巩固。在一些复杂、变化的情况下，仍较容易出现动作变形，或有多余动作及错误动作出现。

在这一阶段，教师应让幼儿进行更多的练习，加强对错误动作的纠正，帮助幼儿逐步掌握动作的细节，加强抑制与兴奋过程分化，不断提高幼儿完成动作的质量，促进动力定型。

3）熟练掌握动作阶段。这是运动技能巩固、完善达到自动化的阶段。在这一阶段，幼儿大脑皮层兴奋过程高度集中，抑制相当牢固，形成了牢固的动力定型，表现在幼儿能准确、熟练、轻快地完成动作，并能灵活自如地运用，达到了动作自动化的程度。

在这一阶段，教师可以设置各种变化的环境和条件，使孩子在各种变化的条件下自如地运用运动技能，以提高幼儿动作的适应性。

运动技能形成的三个阶段是有机联系的，各个阶段之间并没有明显的界限，它们是一个逐步过渡、逐步发展的过程，每个阶段持续时间的长短，与幼儿体质基础、教师指导方法等有很大的关联。教师在指导中，应选用对幼儿动作发展和应用有积极作用的手段和方法（如运用示范—模仿—游戏、纠正—练习—游戏的手段等），不断运用新的方法和形式吸引幼儿，尽量避免单调的重复练习。

2. 幼儿体育游戏的指导方法

（1）游戏前的准备

1）熟悉游戏的内容和目标。

2）考虑好开展游戏的具体步骤，包括怎样讲解（引导和示范）。

3）选择和布置场地、运动器械（可以和能力强的幼儿共同布置）。

4）督促、检查和帮助幼儿整理服装、鞋子（脱去多余衣、裤、手套、围巾等）。

5）了解幼儿健康状况。

（2）游戏的进行

1）游戏开始，各步骤如下：

① 组织带领幼儿进入游戏场地。

② 引出游戏内容、方法、结果和注意事项。用形象、生动的语言和好的方法吸引幼儿。语言简明扼要、幼儿化；声音洪亮；讲解可结合示范进行（教师自己示范或请幼儿示范）。

③ 分配角色。主要角色由教师担任（大、中班也可由能力强的幼儿轮流担任）。

2）游戏过程中，各步骤如下：

① 幼儿游戏，教师观察指导。

② 选用教师带领幼儿游戏或幼儿自己游戏等具体手段。幼儿游戏时，教师要选择合理的位置，全面与个别相结合地观察幼儿；并运用鼓励、引导、参与、帮助、纠正、保护等具体手段指导幼儿。使幼儿主动、积极地开展游戏。

③ 小结评价。对前段时间的游戏情况，教师可运用交流、演示、讲评（包括提出新的玩法和要求）等方法，对游戏进行阶段性小结讲评，鼓励幼儿继续游戏，进而达到调节运动负荷量或调整游戏的目的。

3）游戏结束，各步骤如下：

① 组织带领幼儿放松身心，使幼儿身心逐步平静。

② 全面与重点相结合的讲评（以鼓励为主），激发幼儿下次游戏的愿望。

③ 收拾、整理场地与器材（可让部分幼儿参与）。

（三）针对不同年龄的特点，具体地指导

体育游戏是幼儿利用周围环境进行的一种身体练习。由于年龄段的不同，幼儿身体发育的特点不同，需要教师有针对性地进行指导。

1. 小班体育游戏特点及指导要点

特点：小班幼儿身体发育不够完善，对事物认知水平较差，对基本动作不能很好完成，因此宜做一些动作及角色较为简单的游戏。

指导要点：

1）教师事先引导幼儿学习一些基本动作。

2）教师积极鼓励幼儿根据自己的想象和了解去模仿一些简单的动作。

3）教师引导幼儿思考事物的变化和动物的动作，例如，小白兔跳，兔子怎样跳的？兔子吃啥食物？幼儿回答后，教师再引导幼儿学习兔子跳的动作。

4）教师教幼儿学习儿歌：小白兔，跳跳跳，跳到草地吃青草。

5）教师引导幼儿了解游戏的规则，例如只能轻轻地跳，不能跑。

2. 中班体育游戏特点及指导要点

特点：中班幼儿已具有一定的认知水平，手部、腿部小肌肉动作逐渐发展，思维、想象、生活经验等更加丰富，对事物有一定的了解，但不够全面，对基本动作有所掌握。

指导要点：

1）增加中班幼儿对基本动作的知识和训练，例如引导幼儿学会快跑、单双脚跳等，较正确地掌握基本动作。

2）在小班基本动作基础上增加难度，例如"小蝌蚪找妈妈"，小朋友们知道蝌蚪的演变过程，而且模仿蝌蚪一步一步长出前腿再长出后腿，再把尾巴摆掉，变成青蛙，学习青蛙跳的动作。

3）教师可用图片或电脑演示青蛙的演变过程，并观察青蛙捉害虫和青蛙跳的动作。

4）教师让幼儿模仿蝌蚪演变成青蛙的动作及青蛙跳的动作，而且要跳在荷叶上，跳到终点线后返回，击下一个幼儿的手掌，下一个幼儿才开始。

认识规则：必须跳在荷叶上，跳到终点返回；必须站在起点线后；必须击掌后下一个幼儿才开始。

3. 大班体育游戏特点及指导要点

特点：大班幼儿已经具有一定的独立思考的能力，掌握了一定的基本动作，会在意比赛胜负结果。

指导要点：

1）在中班体育游戏的基础上，基本动作难度应该有所加强，教师引导幼儿学习更加复杂和难度较大的基本动作；

2）教师引导幼儿掌握较为复杂的动作和有一定故事情节的游戏，例如"小红帽到外婆家"，先让幼儿了解这个故事，故事中的人物要经过一座小桥，到大山下面，打大灰狼，钻过一个山洞，才能到达外婆家。做一些基本动作组合练习，如钻、投等；

3）引导幼儿思考，过小桥、钻山洞、遇着大灰狼时应该怎么办？幼儿回答后，教师带领幼儿学习后再比赛。注意强调规则和动作规范性。收拾、整理场地与器材（可让部分幼儿参与）。

项目实施

任务一：基本动作训练

（一）任务目标

让学生学会基本动作技能，并掌握其组织教法。

（二）完成任务形式

个体或小组合作完成。

（三）任务指导书

班级_____　　　　　　　　　组号_____

组员姓名和学号_____

基本动作训练要求表

项目	学前儿童体育基本动作
任务	基本动作训练

任务内容	任务条件	任务要求
走、跑、跳、投、钻、爬、悬垂与支撑、滚动、滚翻、攀登等基本动作	空旷的场地、沙包障碍、垫子、支撑架等	走的动作要求：上体正直，自然挺胸，头位正，肩臂放松，两臂前后自然摆动，身体不要晃，两脚不擦地也不抬得过高，抬腿方向为正前方，落地时轻而柔，脚尖基本向前，双腿动作协调。 跑的动作要求：幼儿跑步动作应逐步做到上体正直稍前倾；积极向前抬腿、用力后蹬，落地轻而稳；两手半握拳，两臂屈肘前后自然摆动；眼看前方，用鼻子或口鼻同时呼吸，自然而有节奏。集体跑步时，学会保持适宜的间隔距离。 跳的动作要求：幼儿跳跃动作种类很多，形式丰富多样，但无论哪种形式，都包括预备、起跳、腾空、落地四个阶段。预备阶段包括原地预备和助跑两种方式。原地预备动作是屈腿、体前屈、两臂后摆；助跑动作要求是轻松、自然、不减速。起跳有单脚和双脚：单脚起跳时，起跳腿用力蹬直，摆动腿快速向起跳腿方向摆起；双脚起跳时，两腿用力蹬地，摆臂跳起。腾空阶段要保持身体平衡、完成规定任务。落地也有两种形式：单脚落地要继续向前跑几步缓冲；双脚落地要屈腿缓冲，保持平衡。 投掷的动作要求：双手抛投要求两手在体前托住投掷物（或小球），用摆臂、抖腕的力量将物体（或小球）向前上方抛出，两臂用力要均匀。单手肩上挥臂投掷要求：正面投掷时，两脚前后开立，重心在后脚，上体稍后仰，肩上屈肘高举臂（肘关节向前），眼看前方，通过蹬腿、挥臂、甩腕将物体投出；侧面投掷时，身体侧对投掷方向，两脚左右开立，重心在一侧腿上，投掷臂远伸，通过蹬腿、转体、甩腕等协调用力动作，迅速将物体投出。 钻的动作要求：钻的方法一般有正面钻和侧面钻两种。正面钻的要求是：面向障碍物，屈膝下蹲，低头弯腰，缩紧身体，两脚交替向前移动，从障碍物下面钻过。侧面钻的要求是：身体侧向障碍物，屈膝下蹲，一侧腿从障碍物下伸过；然后低头、弯腰，同时，蹬腿移动重心从障碍物下钻过。 爬的动作要求：幼儿爬的动作种类很多，有手膝着地爬、手脚着地爬、肘膝着地爬以及俯卧在地上的匍匐前进等。在爬的过程中，如果遇到障碍物，又有爬越和钻爬的动作。爬越较小物体或者较低障碍物时，则要求身体任何部位都不能碰到障碍物；当越过较大物体或较高的障碍物时，身体各部位都可以碰到障碍物；当遇到障碍物中间或下方有较大空隙时，可以用钻爬动作完成。

续表

任务内容	任务条件	任务要求
走、跑、跳、投、钻、爬、悬垂与支撑、滚动、滚翻、攀登等基本动作	空旷的场地、沙包障碍、垫子、支撑架等	攀登的动作要求：幼儿攀登动作可以由两手握上一格横木，然后两脚先后登上同一格横木练习开始，逐渐过渡到两手两脚交替向上攀登。 悬垂与支撑的动作要求：幼儿的悬垂和支撑动作，一般是由混合悬垂和支撑开始，如当幼儿在攀登架上玩时，常常用两手握横木、两脚蹬横木，身体呈蹲悬垂，或两手握横木，两脚穿过横木呈仰卧悬垂；有时两手握横木、两脚蹬横木站立，呈混合支撑等。随着年龄增长和动作的发展，幼儿在攀登架上，常常用两只手握横木，全身悬空于器械轴下方，形成单纯悬垂动作；有时坐在地上，两手撑地使身体腾空，形成短暂的支撑动作。有时两人合作，玩推小车游戏，形成俯撑行进。 滚动与滚翻的动作要求：翻身（俯卧—仰卧）是婴儿最早的滚动动作，3个多月的婴儿，已逐步学会翻身打滚，即滚动。随着年龄的增加和动作的发展，幼儿期已逐步掌握向一侧连续滚动，并能学会仰卧抱腿、团身前后滚动。 原地运球的动作要求：两脚自然开立，腿稍弯曲。手置于球的正上方，手臂随球自然上下移动。 抛接球的动作要求：一般两手持球，把球直接往上抛，然后用手把它接住。也有把球往前抛，然后向前跑几步接住球，这个动作难度有点大，一般不要求练习。 滚球的动作要求：一手或两手把球从一端滚向另一端，用手掌轻轻往需要滚动的方向推一下

（四）任务评价

教师与学生共同商议项目任务"学前儿童体育基本动作"完成标准，评价体系由学生自我评价、小组评价、教师评价三部分构成，按学生自我评价30%、小组评价20%、教师评价50%的比例确定最终成绩。

任务评价表如下：

任务评价表

姓名_____ 班级_____ 学号_____ 组号_____

评价内容＼评价主体	学生自评	小组评价	教师评价	评分理由	总分
活动目标					
活动内容					
游戏准备					
组织能力					
知识运用能力					
语言表达能力					

续表

评价内容 \ 评价主体	学生自评	小组评价	教师评价	评分理由	总分
遵守纪律					
团队合作					
幼儿的积极性					
幼儿参与性					
游戏趣味性					

任务二：学前儿童体育游戏设计与教学方案

（一）任务目标

让学生学会设计体育游戏，并分组进行模拟教学。

（二）完成任务形式

小组合作完成。

（三）任务指导书

班级_____　　　　　　　　组号_____

组员姓名和学号_____

学前儿童体育游戏教学技能训练要求表

项目	学前儿童体育基本动作
任务	教学技能训练
任务内容	任务条件	任务要求
---	---	---
体育游戏设计	综合知识和技能（道具制作、教案设计技能）	① 设计幼儿体育游戏要符合幼儿身心发展的特点和要求； ② 所设计游戏包含一定的体育基本动作，有一定的运动负荷量； ③ 符合游戏的结构，有一定的新颖性和趣味性； ④ 体育游戏设计符合教案的要求，组织有序，教学手段新颖、有效
游戏组织教学	空旷的场地，石灰，游戏所需要的道具、口哨等	按照教案设计执行，导入形式和内容能深深吸引幼儿注意力，充分调动幼儿学习的积极性和主动性；讲解语言富有启发性且用儿化语；场地布置合理、有序且安全。热身活动既能充分活动身体，又能为游戏练习打下基础；游戏讲解要简明、扼要、清楚且富有启发性，规则要清楚、明确。示范要正确、优美；组织要严密，练习要规范、有序。课堂气氛活跃，课中体现幼儿团结友爱、互助合作的品质；引导幼儿做放松练习；对课堂教学进行简要小结，收拾场地器材；教学效果良好

（四）任务评价

教师与学生共同商议项目任务"学前儿童体育游戏的设计与教学"完成标准，评价体系由学生自我评价、小组评价、教师评价三部分构成，按学生自我评价30%、小组评价20%、教师评价50%的比例确定最终成绩。

任务评价表如下：

任务评价表

姓名_____ 班级_____ 学号_____ 组号_____

评价内容 \ 评价主体	学生自评	小组评价	教师评价	评分理由	总分
活动目标					
活动内容					
游戏准备					
组织能力					
知识运用能力					
语言表达能力					
遵守纪律					
团队合作					
幼儿的积极性					
幼儿参与性					
游戏趣味性					

项目知识拓展

活动一：创编幼儿民间体育游戏

以当地民间体育游戏为基础，选择创编适合幼儿身心发展水平的民间体育游戏。

活动名称：踢毽子。

活动目的：发展幼儿腿部力量及动作的灵敏性、协调性、准确性，提高平衡能力。

活动准备：踢绳毽（毽子上拴一根绳子）、鸡毛毽。

活动方法如下。

1）手持绳端，用脚的内侧、外侧或两脚交替踢毽。

2）一踢、一接毽子。用手托毽子，轻轻上抛，用一脚内侧踢毽子，在用手接住，反复练习抛、踢、接的动作；还可以用手、脚面、抬平大腿等处接毽子。

3）连续踢毽子。用左（右）脚内侧或外侧连续踢毽子，使毽子不落地；也可以用左、右脚交替连续踢毽子。

4）集体踢毽子。两人、三人或多人围成圈，交替或轮流踢毽子，使毽子不落地。规则要求如下：

① 按照规定动作及要求踢毽子。
② 踢毽子过程中，如果未踢中或未接住毽子，使毽子落地，则为失败。
③ 记数比赛时，以踢中次数最多的一队为胜。

活动二：创编球类游戏设计

根据球类有弹性、是圆的、可以滚动的特性，可以通过把球进行传递、滚动、拍击、投准、投远等动作练习，发展幼儿目测力和投掷能力以及灵敏性和协调性。

活动名称：投篮。

活动目的：发展幼儿投掷能力和上肢力量。

活动准备：小篮球若干，4个小篮子。

活动方法：把全班幼儿分成人数相等的4个组，每组排头手持一个小篮球，站在起点线后，把球投进一定距离的小篮子里，哪一组投进次数最多为胜。

规则要求：幼儿必须站在起点线后进行投掷。

活动三：创编混龄合作体育游戏设计

活动名称：抬花轿。

活动目的：培养大小班幼儿合作的能力，发展幼儿快速行走能力。

活动准备：废汽水瓶4个。

活动方法：把两个班幼儿平均分成8队，站在起点线后面，两组面对面站立，并相互介绍自己（姓名、几岁、来自哪个班、家住哪个小区等），并互相握手和拥抱问候。教师示范幼儿手臂相互抓握好，形成一个四边形，把汽水瓶放在两人手中间，从起点线开始，抬向对面，把汽水瓶交给下一个组，用同样方法把汽水瓶抬回，传给下一个组的幼儿，依此类推，直到全部幼儿做完，看哪一个组最先抬着汽水瓶跑过终点。

规则要求：必须站在起点线后，必须到达对方线后才能交给下一组，中途汽水瓶掉地，要自己拾起，幼儿们要相互鼓励，不能相互抱怨。

活动拓展

活动一：小青蛙找妈妈

活动名称：小青蛙找妈妈。

活动目的：练习幼儿双脚跳远的能力，发展腿部力量。

活动准备：场地上画两条线，一条为起点线，一条为终点线，中间画几朵荷叶（见图4-2）。

活动方法：教师告诉幼儿小青蛙找妈妈的故事，让幼儿知道小青蛙的演变过程以及青蛙是益虫，我们要保护它。教师让幼儿模仿青蛙跳，教师再教幼儿学习青蛙跳的动作；教师再教幼儿学念儿歌，边念儿歌边做动作；把全体幼儿分成人数相等的两个组，站在起点线后；教师发令开始，第一位幼儿模仿青蛙跳动作跳过荷叶，不能掉进荷塘里，踏在终点线后，再跳回去，击第二位幼儿的手掌后，第二位幼儿开始跳，其他幼儿一起念儿歌。依此类推，直到最后一位幼儿跳完。最先跳完的一组幼儿为胜。

规则要求如下：

1）必须站在起点线后开始跳，必须模仿青蛙跳。
2）必须双脚跳落在荷叶上，若没有落在荷叶上，掉进荷塘里，返回重新开始跳。
3）必须踏过终点线才能返回。
4）第二位以后幼儿必须击掌后才能开始跳。

小青蛙找妈妈游戏如图4-2所示。

图4-2 小青蛙找妈妈

活动二：玩球

活动名称：玩球。

活动目的：提高幼儿协调性和灵敏性。

活动准备：球若干个。

活动方法：几个幼儿在一起，相互用手把球滚到对方幼儿那里去；也可以用手拍球，从能拍一次到几次，拍的次数多的获胜；把全班幼儿分成人数相等的4个组，站成4路纵队，从排头开始往后传递篮球，幼儿可以从胯下、左侧、右侧、头上方式进行传递，看哪一组最先传完为胜。

规则要求：必须用规定的方式进行传递，如果球掉了，必须自己拾起，开始进行传递。

活动三：好玩的易拉罐

活动名称：好玩的易拉罐。

活动目的：

1）喜欢玩易拉罐，愿意探索易拉罐的多种玩法；
2）发展幼儿的走、跑、跳、投等多种技能；
3）培养幼儿的想象力和创造力，体验与同伴合作的乐趣和集体主义精神。

活动准备：

1）各种桶或箩筐、易拉罐若干（幼儿至少人手两个）。
2）录音机、录音带。

活动过程如下：

1. 开始部分

准备活动,大家一起来做操(自编)。

幼儿每人拿两个易拉罐,跟着老师一起做操。在做操的过程中教师带幼儿手握易拉罐随着音乐敲敲打打。

2. 基本部分

(1)引导幼儿自己玩易拉罐

1)激发幼儿玩易拉罐的兴趣。

教师:"刚才我们拿着易拉罐做了一段操,老师觉得你们做得太棒了!你们喜欢玩易拉罐吗?请你们想一想、试一试,易拉罐可以怎样玩?"

2)幼儿自由探索易拉罐的多种玩法,教师巡回指导。

3)教师请幼儿演示易拉罐的玩法并小结:头顶易拉罐走;跳过摆在地上一定间隔的易拉罐;打大灰狼(把易拉罐投到画有大灰狼头饰的地方);摆成各种图形;等等。

(2)引导幼儿与同伴合作玩易拉罐

1)提出要求:"刚才小朋友玩易拉罐的时候都是自己玩的。我们能不能把更多的易拉罐合在一起玩呢?试一试,说不定我们还能玩出更多的花样。"

2)幼儿自由结合,合作玩易拉罐。教师巡回指导。

3)演示多人合作玩易拉罐的方法并小结:把易拉罐摆在地上,间隔一定距离,绕八字跑或跳(单脚跳、开并腿跳、双脚跳);把易拉罐垒成各种图形;把易拉罐摆成保龄球的站位形状,打保龄球;用圈套易拉罐(易拉罐摆成各种不同距离的地上,用圈套易拉罐)练习投准;抬花轿(两个幼儿手挽手,把易拉罐放在两个人的手中间,一起抬着易拉罐到达目的地)等。

3. 结束部分

放松活动。把易拉罐摆成一排,听音乐走 S 形路线(做各种放松动作)。收拾好易拉罐。

活动延伸:户外活动时为幼儿提供易拉罐,引导幼儿继续探索易拉罐的多种玩法。

知识与技能检测

(1)什么是体育游戏,它具有什么特征?
(2)体育游戏有什么教育作用?
(3)体育游戏有哪些种类?
(4)如何设计幼儿体育游戏?
(5)如何针对幼儿不同年龄的特点开展幼儿体育游戏?

模块二 幼儿智力游戏设计与指导

一、什么是智力游戏

(一)智力是什么

加德纳的多元智力理论认为智力是一种"处理某个文化环境中可以被激活的信息来解决

问题，或者，创造一种有文化价值的生物心理学的潜力"（加德纳，1999）。智力包括两部分的内容：一是每个人多少都具有的类智力因素，包括观察力、注意力、记忆力、想象力、思维能力、操作能力和实践运用能力等；二是某些人可能有的、差异很大的个性智力因素，包括数学能力、文学修养、音乐美术等艺术创造和观赏力、社交能力、价值评判能力、组织领导能力等。

类智力因素在智力结构中是基础智力因素，以发展类智力因素为主旨的智力游戏，应是学前智力教育的主要内容。

（二）智力游戏是什么

智力游戏是根据一定的智育任务设计的一种有规则的游戏。它以生动、有趣的游戏形式，使幼儿在愉快的实际活动过程中完成增进知识、发展智力的学习任务。将学习的因素和游戏的形式紧密结合起来，是发展幼儿智力的有效手段。

二、智力游戏结构与特点

（一）智力游戏的结构

构成智力游戏一般包括游戏任务、游戏玩法、游戏规则和游戏结果四个部分。

1. 游戏的任务

游戏的任务旨在游戏中增进幼儿的知识和发展智力。各个智力游戏都有不同的智育任务，如训练感官、训练记忆力、练习分类与归类、练习语言描述等。

2. 游戏的玩法

游戏的玩法是指在游戏中对幼儿动作与活动的要求，如"接龙"的玩法是将相同的物体相连接，但玩法要紧密围绕和服从游戏的任务，并且要具有一定的趣味性和吸引力，以引起幼儿的兴趣，使他们愿意进行游戏。

3. 游戏的规则

游戏的规则是关于动作顺序以及在游戏中被允许的或被禁止的活动的规定。规则可提高游戏的趣味性，促使幼儿在游戏中要付出一定的努力。

4. 游戏的结果

游戏的结果是幼儿在游戏中要努力达到的目的。良好的游戏结果，使幼儿获得满足和快乐，并能激发幼儿继续玩游戏的积极性，游戏的结果也反映了幼儿掌握知识和智力发展的情况。

以上4个部分是互相联系、互相配合的，综合地体现在每一个智力游戏中，失去其中任何一个部分，便失去了智力游戏的特点。

（二）智力游戏的特点

不同年龄班的智力游戏有着不同的特点。

1）小班幼儿的智力游戏比较简单，游戏任务容易理解，容易完成，游戏方法明晰，游戏规则一般不复杂，开始时对全体游戏者几乎是统一规则要求。

2）中班幼儿的游戏任务比小班要求高一些，游戏的动作逐渐多样化，游戏规则更多带有控制性，游戏中除运用具体实物和教具外，还增加了一些语言的智力游戏和竞赛的因素。

3）大班幼儿智力游戏的任务和内容都较为复杂，要求幼儿在智力游戏中完成较多的活动，游戏动作难度较高，多为一些有互相联系的、迅速而连贯的动作，游戏规则的严格程度也提高了，幼儿不仅要控制自己遵守游戏规则，而且要迅速、准确地执行游戏指令。

三、智力游戏的教育作用

1）智力游戏有助于幼儿知识的积累。通过各种听觉、视觉及触觉等智力游戏，可以帮助幼儿获得有关智力游戏材料的大小、颜色、性质、形状等方面的知识，并获得一些空间概念（上下、前后、左右），发展了幼儿的认识，积累了幼儿的知识。

2）智力游戏有助于幼儿智力的发展。有趣的智力游戏能使幼儿产生愉快的情绪，提高学习的积极性和努力完成任务的坚持性，增强思维的敏感和灵活性，能养成幼儿乐于动手动脑的习惯，这对于幼儿智力发展是大有裨益的。

3）智力游戏有助于幼儿意志及品德的发展。智力游戏要求幼儿善于同别人合作，并且有效控制自己的行为，诚实地遵守游戏的规则，有利于幼儿品德的培养。

四、智力游戏的种类

1. 听觉游戏

听觉是幼儿的一项重要感觉，良好的听觉功能是幼儿智力开发的重要条件。而听觉并不是生来就很敏锐、杰出，需要通过听觉游戏加以培养。听觉游戏有两个方面的训练任务：一是分辨声音特征；二是判断声源及声源的方向。

2. 视觉游戏

视觉游戏不仅对幼儿的视力有好处，也能开发幼儿的智力。幼儿看到并弄懂的东西越多，就会越聪明。视觉游戏一般有分辨颜色的游戏、分辨图形的游戏以及分辨空间的游戏。如图4-3所示。

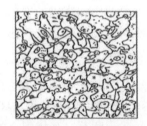

图4-3 视觉游戏

项目四　幼儿规则性游戏活动设计与指导

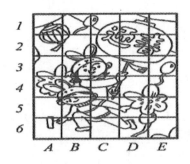

图 4-3　视觉游戏（续）

3. 触觉游戏

所谓触觉是幼儿身体碰触的感觉刺激，对物体的软硬、冷热、光滑及粗糙等质地的认识，主要通过触觉完成。触觉训练主要是让幼儿经过手对物体的感觉来认识物体的性质。这种触觉刺激的认知必定让幼儿体验到不用双眼认识物体的喜悦。"百宝箱"和"百宝袋"是幼儿园常见的触觉游戏。

4. 嗅味觉游戏

通过闻味，可使幼儿从各种不同物体所发出的特殊气味中来识别物体；通过品尝，可使幼儿区别有味道的物质的酸、甜、咸、苦等。"尝一尝"和"闻一闻"这类构思的智力游戏都属于嗅味觉游戏。

5. 记忆力游戏

记忆力游戏是一种主要依赖于幼儿记忆力来完成，并能对幼儿的记忆进行锻炼，增强记忆力，促进幼儿智力发展的游戏。记忆力游戏主要是让幼儿对实物、图片、图形、词汇、数字等内容识记后，进行诸如取物、发现、寻找等形式的再认和再现。

仔细看图 4-4 一分钟，然后盖上图回答三个问题。

1）天上共有几朵云？
2）画上共有几只羊？
3）有几只羊在吃草地上的草？

6. 想象力游戏

想象力属于创造性智力。幼儿想象力的发展，在成长过程中尤为重要。想象力游戏是促进幼儿想象力发展的有效途径，如，猜谜、折纸、拼贴画、捏橡皮泥等常见的幼儿游戏都能

图 4-4 记忆力游戏

有效促进幼儿想象力的发展。(图 4-5、图 4-6)

 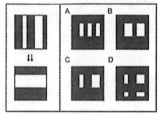

图 4-5 想象力游戏(一)　　图 4-6 想象力游戏(二)

7. 思维力游戏

思维力是智力的核心。幼儿期是培养和提高思维能力的关键期,在幼儿期加强思维训练,往往会收到事半功倍的效果。通过思维力游戏可以有效促进幼儿的思维力发展。发展思维力的游戏包括发展幼儿概念理解能力的游戏,发展分类、比较及序列化能力的游戏,发展逻辑判断和推理能力的游戏以及发展综合思维能力的游戏(图 4-7 至图 4-9)。

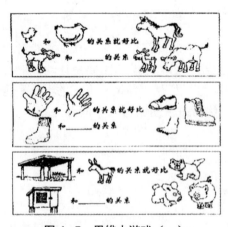

图 4-7 思维力游戏(一)

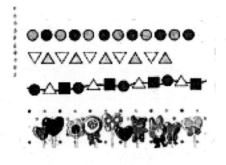 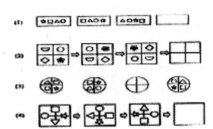

图4-8 思维力游戏（二）　　　　　图4-9 思维力游戏（三）

五、幼儿智力游戏的设计与指导

（一）智力游戏的设计原则

在设计幼儿智力游戏时，教师应坚持以下几项原则：

1. 坚持趣味性原则

在设计智力游戏时，教师要尽可能提高游戏本身的趣味性和吸引力，使幼儿乐意参与游戏。比如在智力游戏"小动物找家"中，有的动物可以只出示半个头部，有的动物可以只出示一只脚印，让幼儿根据形状特征来辨别是哪种动物。这样的形式能增加游戏的趣味性，调动幼儿参与游戏的积极性。

2. 坚持挑战性原则

根据幼儿年龄的特点，智力游戏的内容应具有一定的挑战性。将智力游戏的难度控制在幼儿经过一定的努力能够达到成功的程度，即"跳起来能够到的"高度。当幼儿克服困难完成一定的游戏任务时，其自信心会受到鼓舞，游戏的积极性也会更加高涨。比如在智力游戏"你说我猜"中，教师可出示一些比较抽象的图片。如"地球""闪电"等，让幼儿竭尽所能想出合适的词语以完成游戏任务，满足幼儿求知的需求。

3. 坚持渐进性原则

智力游戏材料的投放，一定要遵循由浅入深、由易到难的顺序。比如，在投放拼图类智力游戏材料时，可先投放一些简单的镶嵌式拼图，然后逐渐增加难度，投放一些不同形状的几何体图形让幼儿拼摆图案，最后再投放小木棍或者火柴，让幼儿在一定数目下摆成正方形或者三角形。

4. 坚持针对性原则

智力游戏的种类繁多，在编选时切忌拿来就用，一定要根据训练的目的按类择取或设计。同时，智力游戏的针对性很强，适应面较窄，因而编选和设计智力游戏时，应充分考虑幼儿的生活经验与接受能力，既要符合幼儿智力发展的水平，又要照顾到幼儿智力发展的个体差异，使尽可能多的幼儿都能适应游戏，或有适合的游戏。

总之，一个好的智力游戏应该是：智力训练的目的、任务明确，玩法新颖，内容多变并逐步复杂化，规则简单易行，能够激起幼儿积极的心理活动。

（二）智力游戏的指导

1. 教会幼儿正确地游戏

智力游戏是成人所编定的，有着既定的成分。因此要使幼儿掌握智力游戏，需要通过教与学的过程。一个新的智力游戏的出现，教师可用简明、生动的语言和适当的示范，将游戏的名称、玩法、规则和结果向幼儿逐一介绍清楚。对需要操作练习的游戏，应事先教会幼儿必要的技能；可以小组教、全班教，有时还可个别地教，幼儿之间也可以互教互学。在游戏过程中督促幼儿遵守规则，要求幼儿按既定的玩法和步骤认真完成任务。

小班的智力游戏多是利用玩具材料进行的，要求玩具和材料形象准确、颜色鲜明、品种简单；在教游戏时，教师应以自己的兴趣影响幼儿，讲解力求生动、简单、形象，过多的解释会转移幼儿的注意力，使幼儿失去游戏的兴趣；有些讲解可与示范动作相结合。

对中班的幼儿，仍需要示范和讲解游戏的玩法和规则。在游戏进行中应注意检查他们对游戏玩法的掌握与执行规则的情况。对遵守规则的幼儿应给予鼓励，使幼儿明确只有严格遵守规则游戏才有趣味。要鼓励幼儿关心并努力争取好的游戏结果。中班幼儿应能独立地玩熟悉的游戏，教师只在必要时给予指导即可。

对于大班幼儿，教师主要通过语言来讲解游戏，要求他们能独立地进行游戏，严格遵守游戏规则，争取最好的游戏结果，并能对游戏的结果进行评价。

2. 鼓励每个幼儿积极参加各种智力游戏

智力游戏简便灵活，不局限于环境条件和时间长短，均可进行。智力游戏除采取集体、分组与个别游戏相结合的方式外，还应尽量设法使每一个幼儿都有游戏材料，都有参加游戏进行锻炼的机会。教师要鼓励幼儿自动选择智力游戏玩，特别是那些能力较差的幼儿，教师更要启发他们开动脑筋，可先从简易的游戏玩起，逐渐再玩复杂的游戏；对能力强的幼儿可适当增加游戏难度，提高要求以满足他们智力发展的需要。

项目实施

任务一：发展观察力的智力游戏的设计与指导

（一）任务目标

1）掌握各种类型幼儿观察力游戏的玩法及基本任务。
2）掌握观察力游戏的主要设计思路，能根据幼儿特点设计发展观察力的智力游戏。
3）能够根据幼儿园智力游戏工作流程，开展智力游戏。
4）能够做好指导记录。
5）培养创造性设计水平和团结合作的能力。

（二）完成任务形式

小组合作完成。

（三）观察力游戏设计知识链接

观察力训练的主要途径是感官训练。准确而敏锐的感知能力是观察力的基础。感觉技能发展得越好，获得的信息就越多，感性经验也就越丰富，观察也就越精确和敏锐。因此，发展观察力的智力游戏是以幼儿的感知觉训练为基本内容的，包括听觉、视觉、嗅觉、味觉和触觉等多个感官的训练。

观察力游戏一般以"寻找""发现""比较"等为主要玩法，通过听听、看看、摸摸、尝尝等外感受器的反复活动，对事物典型的、细微的特征进行观察，从而帮助幼儿加强观察的目的性、计划性，扩大观察的范围、广度和深度。

（四）任务指导书

班级_____ 组号_____

组员姓名和学号_____

观察力游戏设计与训练要求表

项目		学前儿童体育基本动作
任务		观察力游戏设计与训练
任务内容	任务条件	任务要求
听觉游戏		① 知道分辨声音的特征和判定声源、声源的方向两类游戏的玩法、兴趣点和难点。 ② 掌握设计听觉游戏的基本技能和方法，能够设计多种听觉游戏
视觉游戏		① 知道分辨颜色、分辨图形、分辨空间三种游戏的玩法、兴趣点和难点。 ② 掌握设计视觉游戏的基本技能和方法，能够设计多种视觉游戏
触觉游戏		① 知道触摸辨物、触摸分类、触摸造型和触摸动作四种游戏的玩法、兴趣点和难点。 ② 掌握设计触觉游戏的基本技能和方法，能够设计多种触觉游戏
嗅味觉游戏		① 知道嗅味觉游戏的玩法、兴趣点和难点。 ② 掌握设计嗅味觉游戏的基本技能和方法，能够设计多种嗅味觉游戏

（五）任务评价

教师与学生共同商议项目任务"观察力游戏设计与训练"完成标准，评价体系由学生自我评价、小组评价、教师评价三部分构成，按学生自我评价30%、小组评价20%、教师评价50%的比例确定最终成绩。

任务评价表如下：

任务评价表

评价主体 评价内容	学生自评	小组评价	教师评价	评分理由	总分
活动目标					
活动内容					
游戏准备					
组织能力					
知识运用能力					
语言表达能力					
遵守纪律					
团队合作					
幼儿的积极性					
幼儿参与性					
幼儿趣味性					

任务三：发展想象力和创造力的智力游戏设计与指导

（一）任务目标

1）掌握各种类型幼儿想象力和创造力游戏的玩法及基本任务。

2）掌握想象力和创造力游戏的主要设计思路，能根据幼儿特点设计发展想象力和创造力的智力游戏。

3）能够根据幼儿园智力游戏的工作流程，开展智力游戏。

4）能够做好指导记录。

5）培养创造性设计水平和团结合作的能力。

（二）完成任务形式

小组合作完成。

（三）想象力和创造力游戏设计知识链接

想象再造游戏是以发展再造想象为主的游戏。再造想象是根据言语的描述或图样的示意，在人脑中形成相应的新形象的过程。再造想象也具有一定的创造性，只是再造的形象是否完整，有一定的检验标准。

（四）任务指导书

班级_____　　　　　　　　　　组号_____

组员姓名和学号_____

想象力和创造力游戏设计与训练要求表

项目		学前儿童体育基本动作
任务		想象力和创造力游戏设计与训练
任务内容	任务条件	任务要求
想象再造游戏		① 知道猜谜游戏、补缺游戏、拼图游戏、听觉描述做动作游戏、空间想象游戏的玩法、兴趣点和难点。 ② 掌握设计想象再造游戏的基本技能和方法，能够设计多种想象再造游戏
想象创造游戏		① 知道想象创造游戏的设计思路。 ② 掌握设计想象创造游戏的基本技能和方法，能够设计多种想象创造游戏

（五）任务评价

教师与学生共同商议项目任务"想象力和创造力游戏设计与训练"完成标准，评价体系由学生自我评价、小组评价、教师评价三部分构成，按学生自我评价 30%、小组评价 20%、教师评价 50% 的比例确定最终成绩。

任务评价表如下：

任务评价表

评价内容＼评价主体	学生自评	小组评价	教师评价	评分理由	总分
活动目标					
活动内容					
游戏准备					
组织能力					
知识运用能力					
语言表达能力					
遵守纪律					
团队合作					
幼儿的积极性					
幼儿参与性					
游戏趣味性					

任务四：发展思维能力和操作能力的智力游戏设计与指导

（一）任务目标

1）掌握各种类型幼儿思维能力和操作能力游戏的玩法及基本任务。
2）掌握思维能力和操作能力游戏的主要设计思路，能根据幼儿特点设计发展思维能力和操作能力的智力游戏。
3）能够根据幼儿园智力游戏工作流程，开展智力游戏。
4）能够做好指导记录。
5）培养创造性设计水平和团结合作的能力。

（二）完成任务形式

小组合作完成。

（三）思维能力和操作能力游戏设计知识链接

发展思维能力的游戏旨在培养幼儿的概念理解能力，发展幼儿分类、比较及序列化和一定的逻辑判断和推理能力，从而提高幼儿思维的独立性、敏捷性、广泛性、灵活性、逻辑性和创造性。

（四）任务指导书

班级_____ 组号_____

组员姓名和学号_____

思维能力和操作能力游戏设计与训练要求表

项目		学前儿童体育基本动作
任务		思维能力和操作能力游戏设计与训练
任务内容	任务条件	任务要求
发展思维能力的游戏		① 知道发展概念理解能力，发展分类、比较及序列化能力，发展逻辑判断和推理能力以及综合思维能力的游戏的玩法、兴趣点和难点。 ② 掌握设计发展思维能力的基本技能和方法，能够设计多种发展思维能力游戏
发展操作能力的游戏		① 知道火柴棒游戏、一笔画游戏、图形剪拼游戏和迷宫的设计思路。 ② 掌握设计发展操作能力游戏的基本技能和方法，能够设计多种发展操作能力的游戏

（五）任务评价

教师与学生共同商议项目任务"思维能力和操作能力游戏设计与训练"完成标准，评价体系由学生自我评价、小组评价、教师评价三部分构成，按学生自我评价 30%、小组评价 20%、教师评价 50%的比例确定最终成绩。

任务评价表如下：

项目四 幼儿规则性游戏活动设计与指导

姓名_____　　　班级_____　　　学号_____　　　组号_____

任务评价表

评价内容 \ 评价主体	学生自评	小组评价	教师评价	评分理由	总分
活动目标					
活动内容					
游戏准备					
组织能力					
知识运用能力					
语言表达能力					
遵守纪律					
团队合作					
幼儿的积极性					
幼儿参与性					
幼儿趣味性					

项目知识拓展

按照智力游戏活动形式和方法的不同，可以将益智类玩具分为种植养殖类材料、操作类玩具、规则类玩具、科学类玩具和阅读类玩具与材料等几个类别。科学类玩具覆盖的内容非常广泛，包括声、光、电、磁、热、力、空气、天文、化学等方面的游戏材料。生活中处处是科学，除了成品可购买的玩具之外，老师和家长应该尽量引导孩子运用简单的知识技能自制科学小玩具。因此，将智力游戏与益智区相结合十分必要。以下是山东青岛市一所幼儿园开展中班科学益智区活动材料投放的案例。

（一）中班科学益智区材料的投放

《幼儿园教育指导纲要（试行）》强调："提供丰富的可操作的材料，为每个幼儿都能运用感官、多种方式进行探索提供活动的条件。"因此，在幼儿园区域活动特别是科学益智区活动中，教师越来越重视科学、有效地投放操作材料，满足幼儿的好奇心和探索欲望。在中班科学益智区材料投放的过程中，针对孩子年龄特点、主题活动目标，结合幼儿实际生活经验，适时适宜地投放材料，收到了良好的活动效果。

（二）提供难易适宜的材料

科学益智区材料投放前，教师要充分了解和掌握本班幼儿年龄特点与已有生活经验、活动兴趣与能力，这是因为材料投放得好、投放得巧，才能激发幼儿的参与兴趣和探索欲望。材料投放不适宜，幼儿就会有"被游戏"的感觉，就会把活动区当作打发时间的地方，有时甚至成了发泄不良情绪和破坏玩具的地方。如果所提供材料的难易程度过低，幼儿摆弄几下就没了兴趣，根本谈不上探索；材料的难度过高，幼儿不会玩，就容易放弃或用与探索活动无关的手法敲打、破坏材料，发泄自己的着急情绪。只有投放难易程度适宜的材料，幼儿才能很快进入探索过程，在做做玩玩中学到一些粗浅的科学知识，懂得一些简单的科学道理，逐步养成探索的品质。

（三）提供与幼儿生活密切相关的材料

材料的提供最好与幼儿的生活密切相关，这样幼儿在玩的同时，不但开发了智力，还为自己的生活提供了便利。如园区幼儿大部分是幼儿园周边的孩子，为使幼儿尽快熟悉周边的路名和标志性建筑，我们就以幼儿园为中心，以路名和标志性建筑为点，设计了走迷宫的益智游戏。孩子们在玩的同时，记住了幼儿园的位置、周边的路名和标志性建筑，熟悉了周围环境以及从幼儿园到自己家的线路。这样，幼儿万一不慎走失，也能很快根据路名和标志性建筑，找到自己的家和幼儿园。再如"配对"游戏，我们将城市的名胜古迹和名牌产品的图片缩小到米粒大小，贴到纸板上，然后再提供大图片，让幼儿用放大镜进行细致观察后，进行大小图片配对。幼儿在仔细观察、配对操作的过程中，记住了城市的名胜古迹和名牌产品，为自己和家人的生活需要提供了便利。

（四）提供便于幼儿获得操作经验的材料

幼儿是在操作中感知、体验和发展的。科学益智区材料的投放应注重操作性是否强，是否便于幼儿开展自主性的探索活动，还要蕴含要求幼儿探索解决的问题。如我们投放的"看谁滑得快"操作材料，不但为幼儿提供了同一性质不同形状的材料，而且设计了操作记录表，要求幼儿必须多次操作各种材料，经过观察、比较后才能得出结论，并在表格对应材料的地方做出记录。再如"有趣的磁铁"操作材料，我们在薯片桶上面架一块有机玻璃，在有机玻璃上贴上大马路的实线、虚线、斑马线，幼儿自主探索，把装有磁铁或铁制品的小汽车放到玻璃上，拿一块磁铁在玻璃下面带动玻璃上面的小汽车一起移动，玩起了在马路上开汽车的游戏。随着游戏的深入，有的男孩子还开动脑筋，玩起了汽车转圈和汽车飘移的游戏。新奇的操作探索，让孩子们感受到了极大的刺激和满足感。从上述两种操作材料可以看出，幼儿的兴趣主要来自材料的操作性强，幼儿的发展更依赖于操作材料后所获得的有益经验。

（五）提供具有神秘感和趣味性的材料

中班孩子还是无意注意为主，以感性学习为主要学习方式。如果我们在活动中能多提供一些设计新颖有趣，特别是带点神秘感的材料，就容易引起幼儿的有意注意，使他们在兴奋愉悦的状态下进行操作探索活动，促进其观察力、记忆力和思维能力的发展。如"密电码"材料，就是一种利用油水分离原理，并与幼儿数学知识相结合，让幼儿感到有一种神秘感的科学益智材料。具体做法是：把幼儿近期学的数学题，用油画棒写在与油画棒同色的纸上，看上去上面什么也没有，但用同色的水粉一抹，数学题就显现了出来，幼儿就可以根据题目给出答案。因为有了油水分离这个环节，幼儿感到了一种破译密电码的神秘感，所以就特别感兴趣。又如"好玩的气球"，是在一个大纸箱上面挖一个大洞，洞口密封套一个大塑料袋，箱子侧面再挖一个洞，箱子里面放一个气球，用扇子在侧面的洞口扇，因为用力的大小不同，气球就会在塑料袋里忽高忽低地飞。因为活动充满了趣味性，幼儿都排队等候操作。

活动拓展

案例1：猜动物（小班）

一、活动目的

1. 认识不同的动物。
2. 发展幼儿的智力。

二、活动材料

一盒各种动物图案的蛋糕。

三、活动过程

1. 教师提供一盒各种动物图案的蛋糕，邀请幼儿轮流从盒子里取出蛋糕。
2. 拿到蛋糕的幼儿可以表演出小动物的声音或者动作。
3. 其他的幼儿要猜猜他们拿到的到底是什么动物。

案例2：听觉游戏（中班）

一、设计意图

1. 积极动手动脑，体验制造声音的乐趣。
2. 探索用各种物品制造声音的方法，了解声音是多种多样的，不同的物品、不同的方法能发出不同的声音。
3. 认真倾听，大胆表达自己，能合作制造出好听的声音。

二、活动准备

1. 装有各种豆子的塑料瓶、易拉罐、废旧筷子、不锈钢盘子等若干（保证每人都有一样物品）。
2. 记录表。

三、活动过程

1. 探索用身体发出的声音。

（1）"木头人"游戏引起幼儿兴趣。

教师：小朋友，我们来玩"木头人"的游戏。

（2）提问：听，这个时候周围怎么样？（安静）为什么没有声音？

（3）请你们尝试用身体的任意部位制造出声音，并听一听是怎样的声音。

（4）观察发现，孩子能用身体制造出很多不同的声音。

2. 探索用物品发出声音。

观察并认识桌上的物品，教师提出探索要求：

（1）用桌上的物品制造出声音，制造出的声音越多越好。

（2）尽量每种材料都试一下，并制造出不一样的声音。

（3）把自己发现的方法记住，与小伙伴分享。

3. 分享探索结果，鼓励幼儿大胆讲述自己的发现。

（1）提问：你用了什么材料，什么方法，制造出了什么声音？

（2）鼓励幼儿大胆表达自己的发现，老师在记录表上进行记录。

案例3：哪个杯子（大班）

一、活动目的

锻炼幼儿的推理能力。

二、活动材料

三个纸杯，两枚硬币。

三、活动过程

1. 把一枚硬币放在其中一个纸杯下面，然后请幼儿一次一个地翻开纸杯，直到他（她）找到硬币为止。

2. 然后藏好两枚硬币。告诉幼儿你已经藏好两枚硬币然后请他（她）一次一个地翻开纸杯，直到他（她）找到两枚硬币。

3. 然后藏好一枚硬币，但是这次问幼儿：你认为你需要几次才能找到硬币？（你可能需要两次，在你知道硬币在哪儿之前）如果有4个杯子又会发生什么？（可能会是3次）10个杯子呢？一直继续问下去。

知识与技能检测

（1）什么是智力游戏，它具有什么特征？
（2）幼儿智力游戏有什么教育作用？
（3）幼儿智力游戏有哪些种类？
（4）如何设计幼儿观察类智力游戏？
（5）如何设计与指导记忆类智力游戏？
（6）如何设计与指导创造性思维智力游戏？

模块三　幼儿园民间体育游戏设计与指导

一、民间体育游戏的相关概念

民间体育游戏是我国民间文化的重要组成部分，它简单易学、种类繁多、便于开展且具有极强的趣味性。然而，我国学术界目前尚未对其有统一的概念界定。因此，需在借鉴其上位概念"民间游戏"和"体育游戏"的基础上，才能对民间体育游戏进行较恰当的概念界定。

民间游戏，俗称"玩耍"，是在我国民间广泛流传的一种活动，它内容丰富、形式多样、取材方便、老少皆宜，有着很强的娱乐性和竞争性。乌丙安先生认为："民间游戏是指流传于广大人民生活中的嬉戏娱乐活动。它主要流行于少年儿童中间和节日里成年人娱乐节目之中。"这是我国民俗学界较为普遍接受的观点。

刘福林认为体育游戏是以身体练习为基本手段，以增强体质、娱乐身心、陶冶性情为目的的一种现代游戏方法。根据《体育大辞典》的定义，民间体育是指在人民群众中广泛流传，有鲜明民族风格和地方特色的传统性的体育活动，内容丰富，形式多样，自娱自乐，多数项目不受时间地点器材的限制，具有娱乐性、趣味性、民俗性、游戏性、表演性、节庆性的特点。

由此可见，在民间游戏的概念中，专家学者注重的是民间游戏的流传性和娱乐性；在体育游戏中，大家普遍强调身体锻炼和身心健康。而民间体育的定义则包含了四个方面的内容：民间的含义——人民群众中广泛流传；体育的所指——身体锻炼活动；民间体育的根本特征——鲜明的民族风格和地方特色的传统性，还有民间体育的特点——内容丰富，形式多样，自娱自乐，多数项目不受时间、地点、器材的限制，具有娱乐性、趣味性、民俗性、游戏性、表演性、节庆性。

近年来，也有些学者对幼儿园"民间体育游戏"进行研究，对民间体育游戏也有多种提法。

孙鹏认为民间体育游戏是民间游戏中运动类的游戏。它是指一定区域内流传于广大人民群众中、并且世代相传的，含有竞技特征但排除在正式比赛项目之外的能够带来充分娱乐效果的游艺活动。韦丽华和程志宏提出民间体育游戏是由民间自创、自编并逐步流传于民间的体育项目，它具有趣味性、简便性、随机性、广泛性等特点。李玉峰则认为民间体育游戏是由民间创编、并在民间代代相传的体育活动。

参考民间游戏及体育游戏的概念界定，综合专家学者对民间体育游戏的界定，我们认为幼儿园民间体育游戏指的是起源于民间，在民间广泛流传，适合于幼儿开展的具有游戏趣味，能增强幼儿体质，促进幼儿身心健康发展的体育活动。

二、幼儿园开展民间体育游戏的意义

民间体育游戏是由民间自创、自编并逐步流传于民间的体育项目，不仅是我国民间文化的重要组成部分，也是幼儿体育活动中重要的一部分。它集趣味性、简便性、随机性、广泛性于一体，开展方便，节约资源，有助于幼儿积极探索和参与，并具有健身、益智、怡情的功能"。如："跳绳""踢毽"等游戏有助于促进幼儿大肌肉动作的发展，而"老鹰捉小鸡"等游戏则有助于促进幼儿社会性的发展与良好社会规则的形成，同时民间体育游戏中朗朗上口的儿歌也可以促进幼儿语言的发展。幼儿在自由的环境中根据自己的需要任意选择、自主展开、自由交流、相互合作，在宽松的氛围中，活动兴趣自然而然地被充分调动起来，促进了幼儿各方面素质和个性的发展。

（一）民间体育游戏对幼儿体质健康发展的意义

民间体育游戏种类繁多，锻炼价值高，其中许多游戏能促进幼儿走、跑、跳、爬、平衡等基本动作的发展，为幼儿的运动能力奠定良好的基础。民间体育游戏中"跳房子""跳绳""踢毽子""跳皮筋"等活动运动量相对较大，在大龄幼儿中开展，能使幼儿的大肌肉动作得到一定的发展，不但可以提高下肢力量，使跳跃能力和平衡能力得到增强，而且对幼儿的协调性、灵敏性等都能起到较好的促进作用。"老鹰捉小鸡""丢手绢""风车转""打沙包"等游戏适合各年龄段的幼儿进行，除了让幼儿掌握各种走、跑、投等基本动作，培养幼儿的奔跑能力和投能力，发展幼儿的速度、力量、耐力、灵敏性和柔韧性。更重要的是通过贴近幼儿生活、符合幼儿需求、富有童趣、活泼、自主的民间体育游戏内容和形式，能有效地激发幼儿的运动兴趣，吸引幼儿主动参与，从小建立起锻炼健身的良好意识和习惯。

（二）民间体育游戏对幼儿心理健康发展的意义

3~6岁的幼儿处于一生中发展的关键期，利用寓教于乐、内涵丰富的民间体育游戏不仅有助于提高幼儿身体的机能，改善幼儿身体健康状况，更有助于幼儿的心理健康，培养幼儿树立乐观、自信、坚强的品格，引导幼儿正确处理人与人之间的关系，形成良好的社会交往能力，为幼儿未来的健康生活奠定坚实的基础。

首先，民间体育游戏对幼儿心理素质、行为规范的影响。

教育家陶行知先生指出：人生最重要的习惯、倾向、态度，多半可在6岁以前培养成功。可见幼儿期是人生良好行为习惯形成极为重要的阶段。主题活动初期，无论什么游戏幼儿都是兴致勃勃的，争先恐后乱作一团，任教师喊破嗓子，也很难维持好秩序。民间体育游戏的游戏规则的约束性，能够增强幼儿遵纪守规、自我管理的良好意识和能力，对幼儿诚实、守信、求真的品质和道德能起到积极影响。对提高幼儿的心理健康水平、发扬团队合作精神和规范行为习惯等都具有潜移默化的作用。我们选"炸碉堡""警察抓小偷"等民间体育游戏，通过规则教育幼儿要向解放军叔叔学习，只有严格的纪律、团结友爱、相互帮助、依靠集体的力量才能取得胜利。教师在民间体育游戏中树立游戏角色，如解放军叔叔、警察叔叔、勇敢的小山羊、诚实的幼儿等榜样的同时，要及时抓住幼儿的闪光点给予表扬和鼓励，如表扬帮助教师收拾玩具、谦让、有礼貌的幼儿，给幼儿以身边真实的学习榜样，从而带动大家养成良好的行为习惯。

民间体育游戏所需的材料简单，内容易学，可以把游戏延伸到家庭中。家长参与配合教育，与幼儿一起游戏，家庭、幼儿园教育一致，久而久之，幼儿的良好习惯也就养成了。

民间体育游戏的趣味性和娱乐性符合幼儿好奇、好动的特点，可以让幼儿在轻松愉快、无拘无束中体验成功的喜悦心情，获得运动的满足感。同时，民间体育游戏的竞争性也将使幼儿面临失败的考验。因此，通过体育游戏活动，不但能使幼儿正确认识和对待成功与失败，培养胜不骄、败不馁的良好心理品质，而且还锻炼了幼儿的心理承受能力和适应能力，提高了幼儿不怕吃苦、不怕挫折、顽强拼搏的意志品质。

其次，民间体育游戏对幼儿心理品质、健康人格的影响。

民间体育游戏不仅为幼儿提供了内容丰富、形式活泼的身体锻炼资源，还为幼儿搭建了彼此间相互交流和沟通的平台，为幼儿之间创造了增进友谊、愉悦心情、融洽关系、化解矛盾、消除隔阂的最佳环境和氛围，从而消除幼儿紧张、烦恼和抑郁等心理隐患，起到调节情绪、释放压力、改善心理状态、预防心理疾病的积极作用。民间体育游戏使幼儿得到丰富的情感体验，在享受成功与成就的过程中，获得自豪感和满足感，从而培养幼儿正确认识自我，主动发现自我价值，挖掘自我潜能，展现自我才能的意识和能力，逐步形成热爱生活、乐观开朗、勇敢顽强、积极向上的健康人格。

最后，民间体育游戏对幼儿内心情感的影响。

民间体育游戏有助于让幼儿感觉心情舒畅与快乐，体验身心健康新感受。幼儿园绿树成荫，花团锦簇，环境优美，在户外组织幼儿开展民间体育游戏活动，让幼儿投身于大自然的怀抱，沐浴阳光，陶冶情操，感悟自然界和谐的氛围，有助于消除各种因素带给幼儿的紧张、烦恼、压抑和忧郁，让幼儿感觉心情舒畅，从而变得高兴、快乐与幸福。

（三）民间体育游戏对培养幼儿社会交往能力的意义

首先，民间体育游戏随意性、趣味性、自主性和灵活性的特点与幼儿发展特点相适应，也为幼儿的社会交往创造了条件。民间体育游戏深得幼儿喜爱，他们对民间体育游戏的兴趣远远超过其他游戏和活动。幼儿共同参与完成游戏无形中培养了幼儿的合作交往能力，形成自然的游戏伙伴关系，这为当下独生子女提供了发展社会性的良好机会。

其次，民间体育游戏本身具有促进幼儿交往合作、勇于竞争的社会性的功能。开展民间体育游戏时，幼儿大多数情况下是三五成群、自由结伴地进行游戏，这既增强了与同伴之间的交往合作，也满足了幼儿合群的需要。在游戏中，我们有目的地通过多种方法进行，利用游戏规则和玩法引导幼儿的交往能力和参与行为。"翻花编""编花篮""击鼓传花"等多人游戏的开展，让幼儿知道只有友好交往、积极参与，才能赢得同伴和教师的欢迎。幼儿在集体中建立友谊，社会技能也自然而然得到了发展。

社会在进步，时代在发展，在当前国际化的大背景下，我国的传统文化也将进入世界文化的大众视野，成为促进人类文化进步与发展的新动力。民间体育游戏作为我国优秀民族文化的一个组成部分，我们应充分挖掘其独特的教育资源，以追求最大的教育利益，让民间体育游戏在幼儿的健康发展中发挥重要的作用，真正成为幼儿健康成长的良师益友。

三、幼儿园民间体育游戏的基本特征

根据对幼儿园民间体育游戏概念的理解，我们总结了幼儿园民间体育游戏的三个基本特征。

（一）传统性和民间性

传统性和民间性既有相通的地方又有区别之处。传统性指必须是世代相传、经历一定时间跨度的，并且得到某些地域或阶层群体的广泛认可、约定俗成的。民间性是在劳动人民中间、主要是下层民众之中广为流传的。传统性主要从时间上进行限定，民间性是从游戏的来源和流传群体进行限定。从这两个要素上看，诸如"打篮球""玩呼啦圈"之类的游戏虽是传统游戏却并不具有民间性，而"老猫睡觉醒不了"这个游戏，它是在人民生活中流传的，具有民间性，但是它不具有传统性。所以，严格意义上来说，它们都不是典型的民间体育游戏。因此，民间体育游戏必须同时具有民间性和传统性。民间性和传统性是幼儿园民间体育游戏的前提要素。

（二）体育性

体育性，也可以说是运动性，即以身体练习为基本手段，具有增强体质、娱乐身心的双重价值，这一点可以从游戏的功能和价值来体现。我国各个地域都有很多民间游戏，但是有些游戏具有明显的锻炼身体的价值，而有些游戏只是具有娱乐性，锻炼身体的功能并不明显，如顶锅盖、点豆豆等，这样的游戏显然也不能称之为民间体育游戏。体育性是幼儿园民间体育游戏的核心要素。

（三）游戏性

在考虑传统性、民间性、体育性的同时，我们还需考虑在幼儿园开展民间体育游戏的实际情况。根据幼儿的年龄特点，决定了幼儿园民间体育游戏还应具备游戏性这一特征。游戏

性主要从玩法上进行体现。游戏玩法应具有游戏情境，有角色分配，有一定的游戏规则，能够激发幼儿的兴趣。游戏性是幼儿园民间体育游戏的必备要素。

四、幼儿园民间体育游戏的目标与内容

（一）各年龄段幼儿民间体育游戏的目标与内容

总目标：激发幼儿参与民间体育游戏，体验活动的乐趣；发展幼儿的身体素质、增强体质；促进幼儿机体的协调发展，提高运动能力；培养幼儿自我保护意识和良好的运动习惯；提高幼儿的心理素质。

阶段目标：

小班阶段：引导幼儿参加民间体育游戏活动，从中获得愉快的体验；初步掌握部分简单的民间体育游戏玩法，提高身体素质；愿意与同伴一起玩游戏，并能遵守简单的游戏规则。

中班阶段：引导幼儿积极尝试民间体育游戏；学会部分民间体育游戏的玩法和规则，提高身体的灵活性、协调性等；有初步的规则意识、合作意识和一定的集体意识。

大班阶段：引导幼儿尝试创编民间体育游戏的新玩法，提高灵敏性、力量、平衡能力等身体素质；形成主动积极参与民间体育游戏的兴趣和习惯；尊重、关心同伴，能与同伴友好地合作游戏，有较强的集体观念；体验合作、竞争的愉悦。

（二）对各年龄段幼儿民间体育游戏内容的选择

根据幼儿的年龄特点和运动特点，结合民间体育游戏的特性，为不同年龄段选择不同的游戏内容。

小班游戏要求内容具有情境性，玩法简单，规则简单，涉及走、跑、跳、钻等简单的动作。针对这些特点我们选择了一网不捞鱼、猫捉老鼠、吹泡泡等游戏。

中班游戏要求有初步合作的意识，有较简单明确的玩法和规则，能够促进动作的灵敏、协调。抽陀螺、摔方宝、跳皮筋、老鹰捉小鸡、炒黄豆、砸沙包、踢毽子等比较适合中班幼儿。

大班游戏要有竞争性、合作性，能促进幼儿大胆、自信、勇敢等个性心理品质，游戏玩法、规则相对复杂，适宜改编或创编。跳竹竿、划龙舟、舞龙、跨步子、拍人等游戏更适合大班幼儿。

案例链接

小班无器械类民间体育游戏

一网不捞鱼

一、目标

1. 发展正面钻的动作，在钻的过程中能平稳自己的身体。
2. 培养幼儿参加体育活动的兴趣，感受运动游戏的愉快。

二、玩法

1. 教师和一名幼儿面对面站好，头戴水果样的头饰如：香蕉、苹果等。其他幼儿当"小鱼"，站成一纵队。
2. 大家一起说儿歌，扮演"小鱼"的幼儿一个跟着一个从"渔网"下钻过。当儿歌说

到最后一句,"渔网"落下捕获一条"小鱼"。"渔网"问被圈住的幼儿:"你喜欢吃什么?"幼儿从香蕉、苹果中任选一个作答,然后站到相应人的后面。游戏继续进行,直到捕完所有的"小鱼",游戏自然结束。

三、提示

1. 教师可根据幼儿参与状况调整提问的问题。
2. 待幼儿熟悉游戏后,可请两名幼儿当"渔网"。

四、附儿歌

一网不捞鱼,
二网不捞鱼,
三网捞了一条小尾巴鱼。

猫 捉 老 鼠

一、目标

1. 在走、跑、钻的活动中能平稳地控制身体。
2. 喜欢参与体育活动,感受运动游戏的乐趣。

二、玩法

1. 教师在场地四周放置若干弓形门做"老鼠"的家。
2. 请教师扮演"小猫",站在场地中间,幼儿扮演"老鼠",站在"老鼠"家中。
3. 游戏开始,"小猫"做睡觉状,"老鼠"边说儿歌边从家中走出在场地内走跑,当说到"小猫一醒它就逃"时,"小猫"捉"老鼠","老鼠"迅速跑回,钻到自己的家里。
4. 被抓到的"老鼠"和"小猫"互换角色,游戏继续。

三、提示

1. 指定幼儿在一定范围内走跑。
2. 待幼儿熟悉游戏后,可请1~2名幼儿扮演小猫角色。

四、附儿歌

小老鼠真机灵,
小猫睡觉它出洞。
左看看,右看看,
跑跑跑,跳跳跳,
小猫一醒它就逃。

吹 泡 泡

一、目标

1. 学习听指令做动作,在游戏中能平稳地控制自己的身体。
2. 体验集体游戏的乐趣。

二、玩法

幼儿手拉手围成一个圈,边念儿歌"吹呀吹呀吹泡泡"边逆时针走。当念到"吹成一个小泡泡"时,幼儿拉手向前走,使圆圈变小;当念到"我的泡泡变大"时,幼儿拉手向后走,使圆圈变大;当念到"泡泡吹得高"时,幼儿踮起脚;当念到"泡泡吹破了"时,幼儿松开双手,双脚跳起。

三、提示

教师可根据幼儿表现变换不同的游戏指令，如：吹得高、吹得低、泡泡跳一跳等。

四、附儿歌

吹呀吹呀吹泡泡，吹成一个小泡泡。
我的泡泡变大了，我的泡泡变小了，
我的泡泡吹得高，我的泡泡吹得低，
嘭——，泡泡吹破了。

中班无器械类民间体育游戏

挤 油 渣

一、目标

对幼儿进行力量训练，培养幼儿的协作精神。

二、玩法

1. 孩子们分成两队，选择一块向阳的墙，两队的人靠着墙，并排站成一条线。
2. 两队的人从两边往中间挤。被挤出来的人，跑到队尾，继续挤。

三、附儿歌

冰冻冰冻你上墙，
我吃冰冻你来抢，
挤油渣，挤油渣，
挤出油来炸粑粑。

荷花朵朵开

一、目标

1. 练习听指令做动作，发展幼儿的身体控制能力。
2. 培养幼儿集体游戏的兴趣。

二、玩法

1. 一半幼儿手拉手围成圆圈做"池塘"，另一半幼儿在圈中双手做花蕾状下蹲做"荷花"。
2. 做"池塘"幼儿向圆心走，边走边问"荷花荷花几月开？"扮"荷花"幼儿起身应答"一月一月就不开"，同时扮演"池塘"幼儿向后退，"荷花"随即蹲下。
3. 做"池塘"幼儿再次边向圆心走边问："一月不开几月开？""荷花"起身应答"二月二月也不开"同时"池塘"幼儿向后退，"荷花"随即蹲下。依次到"六月荷花朵朵开"时，扮演池塘幼儿停止前进并下蹲，"荷花"起身跨出"池塘"外。
4. 两组幼儿互换角色，游戏继续。

三、附儿歌

荷花荷花几月开？一月一月就不开。
一月不开几月开？二月二月也不开。
二月不开几月开？三月三月还不开。
三月不开几月开？四月四月快开了。
四月不开几月开？五月五月马上开。

五月不开几月开?六月荷花朵朵开!

翻 饼 烙 饼

一、目标

1. 增强幼儿腰背部的柔韧性,提高幼儿动作的协调性。
2. 体验与同伴配合、协同游戏的快乐。

二、玩法

1. 幼儿两人一组双手拉圈,幼儿边念儿歌,边左右摇晃胳膊。
2. 当念到"翻过来"的时候,将一侧的手臂高高上举,头钻过一侧手臂,同时上身翻转,站成背靠背的样子。
3. 当念到"翻过去"时,以同样的方法再翻回原位,游戏继续。

三、提示

1. 游戏前教师要带领幼儿充分活动身体的各部位。同时提醒每组幼儿之间要保持一定的距离。
2. 提醒幼儿动作要一致,翻转时手臂不能分开。
3. 可将儿歌"翻饼烙饼"变为"翻几下,翻2下、翻3下……",幼儿按照指令连续翻转。

四、附儿歌

翻饼烙饼,
油炸馅饼,
翻过来,
翻过去,
瞧瞧!

大班无器械民间体育游戏

编 花 篮

一、目标

1. 练习单脚站立和单脚跳,增强幼儿下肢肌肉力量,锻炼幼儿身体的平衡性、协调性。
2. 培养幼儿的坚持性和合作能力。

二、玩法

1. 四名幼儿为一组侧身站立,幼儿一手搭住前面幼儿的肩膀,然后将腿依次搭在后面幼儿的腿上。
2. 搭好腿的幼儿按顺时针或逆时针单脚跳,边单脚跳边说儿歌,根据儿歌内容做蹲下、起来的动作。谁跌倒了,谁就退出游戏,其余幼儿继续游戏。

三、提示

1. 至少三人一组进行游戏。
2. 游戏中所有幼儿用同一侧的腿。
3. 游戏中可交替用左右腿,避免单腿疲劳。

四、附儿歌

编，编，编花篮，
花篮里面有小孩，
小孩的名字叫花篮，
蹲下起不来，
坐下起不来，
我编的花篮真好玩。

地 雷 战

一、目标
1. 在躲闪跑的游戏中提高动作的协调性和灵敏性。
2. 培养同伴间协同游戏的能力。

二、玩法
1. 游戏前选择一名幼儿作为追逐者，其余幼儿为逃跑者。逃跑者可以四散跑，追逐者追到一名幼儿算胜利。
2. 逃跑者快被捉到时，可以立即原地蹲下说："地雷。"这时，追逐者就必须停止追他，去追别人。
3. "地雷"必须原地不动蹲着，等其他人来解救，拍一下说："爆炸"，才能继续做逃跑者。每个逃跑者只能喊三次"地雷"。
4. 被捉到的幼儿与追逐者互换角色，游戏继续。

三、提示
1. 在宽阔的场地进行游戏，提示幼儿注意躲闪时不能碰撞他人。
2. 提示幼儿遵守游戏规则。

切 西 瓜

一、目标
提高动作的灵敏性和奔跑的速度。

二、玩法
1. 幼儿手拉手围成圆圈站立，指定一名幼儿为切西瓜的人。
2. 切西瓜人走进圆圈内，边沿圆圈走，边用手模仿切西瓜的动作。
3. 幼儿齐说："切、切，切西瓜，不切一个就切俩，切好西瓜送大家。"每一拍切一下。当说到"家"时，被切的两个人要迅速放开手，各自沿圆圈向相反方向跑一周，并回到原位，先跑到的幼儿与切西瓜人交换角色。

三、提示
1. 被分开的两个小朋友，一定要往相反的方向跑。
2. 幼儿要边念儿歌边有规律地做切西瓜的动作。

四、附儿歌

切、切，切西瓜，
不切一个就切俩，
切好西瓜送大家。

小班器械类民间体育游戏

小刺猬背果子

一、目标
1. 在钻爬、滚动的游戏中,能平稳地控制自己的身体。
2. 体验滚动游戏的乐趣。

二、材料
沙包、绒布、铃铛、腈纶棉、海绵、粘扣等。

三、制作方法
1. 粘扣背心:用绒布做出背心,上面缝上肩带、带子。
2. 钻爬网:用布或其他材料制作钻爬网,并在网内缝制小铃铛。

四、玩法
1. 将沙包散放在场地中间,场地四周设置钻爬网和小刺猬的家等场景。
2. 扮演小刺猬的幼儿穿上粘扣背心在地上自由滚动粘住沙包。
3. 幼儿背着沙包穿越钻爬网,回到小刺猬家。

五、提示
1. 在穿越钻爬网时,教师要注意控制好幼儿人数,避免幼儿相互拥挤。
2. 教师要关注幼儿的钻爬姿势,提醒幼儿手膝着地向前爬行。
3. 待幼儿熟悉游戏后,教师可创设一定的游戏情节,提示幼儿在穿越钻爬网时躲避小铃铛。

打 老 鼠

一、目标
1. 发展追逐跑的能力。
2. 体验投掷游戏的乐趣。

二、材料
布、棉花、海绵等。

三、制作方法
老鼠包:缝制老鼠形状的大包,在老鼠的嘴上缝上一条长绳。

四、玩法
几名幼儿或老师拽着老鼠包跑,其他幼儿拿着沙包打"老鼠"。

五、提示
1. 在游戏过程中,不能用脚踩包。
2. 提醒幼儿按照同一个方向跑。

运 豆 子

一、目标
在走的游戏中发展幼儿的平衡能力和身体控制能力。

二、材料
布料、针线、豆子。

三、制作方法
1. 将布裁成相同大小的六块正方形。
2. 将五块布的各边进行缝合。
3. 倒入豆子将最后一块布进行缝合。

四、玩法
用沙包做"豆子",幼儿学试用手托包、肩托包、头顶包、下巴夹包、腋下夹包、腿夹包等不同方式运"豆子"。

五、提示
1. 运包过程中,提醒幼儿不能用手扶包。
2. 幼儿熟悉后,可变化走的路线开展游戏。

中班器械类民间体育游戏

竹 竿 舞

一、目标
1. 增强幼儿腿部肌肉力量,提高幼儿动作的灵敏性。
2. 体验合作游戏的快乐,初步培养幼儿的合作意识。

二、材料
竹竿8根,露露罐16个,红布、铃铛若干。

三、制作方法
用红布把竹竿和露露罐分别包好,再把包好的露露罐分别固定在竹竿的两端,最后在竹竿上均匀安装上8个小铃铛即可。

四、玩法
1. 两名幼儿一组,两组幼儿将竹竿交叉成十字,准备打竿。其余幼儿站在竹竿的旁边。
2. 打竿的幼儿按照×-×-××-(开合,开合,开开合)的节奏敲打竹竿,跳竹竿的幼儿随着竹竿的开合双脚交替跳竹竿。

五、提示
1. 跳竹竿时需在平稳、有弹性的场地上跳。
2. 打竿和跳竿的幼儿可以轮流进行游戏。

踢 毽 子

一、目标
锻炼幼儿的平衡能力,提高幼儿的眼脚协调能力及灵敏性。

二、材料
毽子、松紧带。

三、制作方法
将松紧带的一头与毽子固定。

四、玩法
1. 幼儿将拴好松紧带的毽子提在手中,双脚交替地踢毽子。

2. 幼儿将拴好松紧带的毽子提在手中，边走边踢毽子。

五、提示

拴松紧带时，需将松紧带拴在毽子的中间。

跳 皮 筋

一、目标

1. 引导幼儿平稳地跨跳、侧跳、向上跳、连续向前跳。
2. 增强幼儿的腿部肌肉力量，提高幼儿动作的灵敏性、协调性。

二、材料

皮筋。

三、玩法

1. 跨跳：将皮筋撑成双筋，高度调整到幼儿膝盖，大约为40厘米高，幼儿跨跳过双筋。
2. 侧跳：将皮筋撑成单筋，幼儿站在皮筋一侧（侧对皮筋），双腿跳过皮筋，到达皮筋的另一侧。
3. 双脚连续跳：将皮筋平行摆成多排，引导幼儿连续向前跳过皮筋。

四、提示

1. 幼儿跳皮筋时，可根据幼儿能力随时调整皮筋的高度与宽度。
2. 游戏一段时间后，撑皮筋的幼儿可以和跳皮筋的幼儿交换练习。
3. 教师需为幼儿提供平稳、有弹性的地面供其练习。

大班器械类民间体育游戏

巧 推 铁 环

一、目标

1. 提高身体的灵活性和协调性。
2. 发展上肢的控制能力。

二、材料

两根粗铁丝。

三、制作方法

用一根粗铁丝弯成一个直径约40厘米的圆圈，再用另一根铁丝弯一铁钩，铁钩的下端弯成U状。还可在铁环上套上数个小环，铁环滚起来时，小环会在铁环上滚动，发出悦耳的声音。

四、玩法

一手持铁环一手握钩子，用钩子钩住铁环并向前推，让铁环向前滚动。

五、提示

当幼儿尝试在各种场地下推铁环时，提醒幼儿注意安全。

抖 空 竹

一、目标

1. 提高幼儿动作的协调性，培养幼儿的节奏感。

2. 引导幼儿感受空竹游戏带来的快乐和美的感受。

二、玩法

1. 准备音乐《找朋友》。
2. 幼儿随音乐，持空竹跑入场地，将空竹放于线绳上，缓缓地提起，慢慢地抖动起空竹。
3. 随着音乐的变化，幼儿的队形出现以下变化：
（1）队列之间的高低错落的变化。
（2）方阵之间的高低错落的变化。
（3）个别幼儿可以停止抖空竹，做一些找朋友的舞蹈动作。
（4）被找到的"朋友"变换花样抖空竹。（如抛、接，抖动着空竹，将空竹悠起来，等等）。
4. 在音乐结束前的四个八拍幼儿以集体造型结束。

舞　　龙

一、目标

1. 练习持物协同走的动作，提高身体的协调能力。
2. 通过简单的队列队形变换和共同游戏，培养幼儿的团队合作意识。

二、材料

牛奶箱，报纸，食用油桶，红绸子，针线，红、黄即时贴，彩色纸，透明胶条，双面胶，胶棒等。

三、制作方法1

1. 将废旧牛奶箱两头掏空。
2. 用红色和金色的即时贴装饰牛奶箱。
3. 将剪裁好的红绸子缝制在牛奶箱中间。
4. 用彩色纸绘制的龙头、龙尾固定在装饰好的牛奶箱上。
5. 将制作好的报纸棒固定在龙身上。

四、制作方法2

1. 用剪刀将食用油桶的桶壁剪出两个相对的直径为5~7厘米的洞。
2. 再用报纸（挂历、广告画）卷出直径为5~7厘米的纸卷棍。
3. 把卷好的报纸棍穿入剪好的油桶洞中。
4. 用彩色的即时贴剪出各种图形，随意粘在油桶表面做龙身。
5. 用剩下的报纸团成一个纸球，用塑料袋裹好即成龙珠。

五、玩法

八个小朋友为一组，手持固定在龙身体上的报纸棒。随音乐节奏进行各种队形的变化，如变成圆形、变成S形等。

模块四　幼儿音乐游戏活动设计与指导

音乐游戏是学前儿童在音乐伴奏或歌曲伴唱下进行的游戏，它把音乐和动作有机结合在一起，在游戏中发展学前儿童的音乐感知能力和身体动作。这种游戏把学前儿童喜爱的音乐、动作和游戏相互结合，是学前儿童喜爱的游戏形式。

案例导入

这次的音乐内容是"自制响瓶"。幼儿每人选择一个瓶子，装一勺木珠放入瓶子里，然后拧好盖子，就做好一个响瓶乐器了。孩子们认真地往瓶子里装木珠。田田和乐乐在一边嘀嘀咕咕，不知道在商量什么。一会儿，乐乐来到老师身边，问："老师，我想往里面放别的东西，可以吗？"老师肯定地说："可以啊。"他们来到自然角，先往瓶子里装了黄豆，晃了晃，又倒了出来，又往里面装黄豆、绿豆、小米……他们一边听着不同的声音，一边开心地笑着。"放进小米摇晃一下，像海浪的声音。""把豆子放进去摇晃一下，像正在演奏一首曲子。""把木珠放进去，好像很多人在敲门。"孩子们高兴地说着。"多像打击乐器啊！"不知谁大声说，孩子们开心地玩起了打击乐器。

思考与讨论：

1. 当孩子有创新的欲望时，老师没有训斥和阻止，而是同意了孩子的想法，你对这位老师的做法认同吗？

2. 发现游戏中偶发事件隐含的教育价值，对孩子的发展有什么积极作用？

一、音乐游戏的分类

音乐游戏是幼儿园艺术教育中非常重要的教学形式。常见的游戏形式主要有唱歌游戏、节奏游戏和舞蹈游戏。

（一）唱歌游戏

寻找和发现音高，辨别乐器声音，以游戏的方式享受唱歌的乐趣。

案例链接

学前儿童站成里外两个圆圈，面对面站立，分别戴上太阳和月亮的胸饰，扮成"太阳"和"月亮"。当听到"sol"音时，"太阳"站起来把手向上升，"月亮"蹲下双手抱脚。当听到"mi"音时，则相反，"月亮"站起来把手向上升，"太阳"蹲下双手抱脚，一升一蹲好像玩跷跷板。

（二）节奏游戏

学前儿童节奏游戏就是幼儿通过拍打身体、敲击弹奏乐器或打击生活物品进行节奏练习的游戏，它是培养学前儿童节奏感、感受音乐美、调动学习节奏知识的兴趣（见图4-10）、练习节奏技能的有效途径。学前儿童对节奏的感知是遵循感知、体验节拍—感受音符时值的长短—发现、感知音符组合成的节奏—多声部节奏活动的规律进行的。依据节奏游戏作用的不同可以将学前儿童节奏游戏分为问候游戏、调节律动、配对游戏、结束游戏四种。

图 4-10 节奏游戏

案例链接 1

听声音画画。用不同线条表达听到音乐的感觉,小班可以选择直线、折线、弧线、点线等;中班可以用简单图线;大班可用近似节奏的走向完成音乐绘画。

案例链接 2

猜猜是什么在发出声音。场地中布置四个贴着单面鼓、三角铁、响板、沙锤图案的大圆圈,老师将乐器藏在身后,进行敲击,幼儿在听到乐器发出的声音后,迅速跳入相对应的圆圈里,不能迅速跳入相对应的圆圈的幼儿出局。

(三)舞蹈游戏

肢体游戏是以肢体动作为主要形式和内容的游戏,这种游戏使学前儿童在获得游戏快乐的同时,使肢体动作更加协调、优美、舒展。按照游戏的内容可将幼儿舞蹈游戏分为律动游戏、歌舞表演游戏、集体舞游戏和专门的舞蹈游戏(见图4-11)四种。

图 4-11 舞蹈游戏

二、音乐游戏活动设计

1. 唱歌游戏的设计

（1）唱歌游戏的歌曲选择应注意符合学前儿童的年龄特征。如节奏简单、篇幅短小，尤其是演唱音域要求，小班的歌曲必须在八度以内，中、大班的歌曲可在九度以上。

（2）唱歌游戏设计可以和其他艺术形式或其他领域的知识和技能相结合，以增强游戏的趣味性。

2. 节奏游戏的设计

（1）节奏游戏的设计应遵循个体掌握节奏的发展规律。

（2）节奏游戏的方式和材料应丰富多样。

3. 幼儿舞蹈游戏的设计

（1）舞蹈游戏中舞蹈动作的设计要符合学前儿童的年龄特征。

（2）舞蹈游戏的玩法设计要情节有趣、结构精巧，富于模仿性、情境性和创造性。

游戏设计范例

小班音乐游戏：《老鼠画猫》（歌唱活动）

【游戏活动目标】

（1）初步熟悉歌曲的旋律，理解歌词，学会演唱歌曲《老鼠画猫》。

（2）积极参与歌唱活动，尝试用说唱形式演唱歌曲，体验用滑音唱法表现歌曲诙谐、幽默的风格。

【游戏活动准备】

（1）画有轮廓的纸、粗水彩笔。

（2）音乐《老鼠画猫》。

【游戏活动过程】

1. 教师以小老鼠的角色导入，以谈话引题。

（1）教师扮演小老鼠，模仿老鼠的动作，发出"吱吱吱"惊慌失措的叫声。

教师："吱吱吱，啊，谁来了？快躲起来！小朋友们，你们知道我为什么害怕吗？"

（2）引导讨论，了解特征。

教师提问："你们知道我最怕谁吗？"（猫）

"你们知道我为什么最怕猫吗？我最怕猫身上的哪些地方（爪子、牙齿、眼睛等）呢？"

（3）启发想象，理解歌词。

1）教师鼓励幼儿大胆表达自己的想法，并用动作把猫的样子比画出来。

教师："有一天，我梦见自己有一支神奇的画笔，我要用这支神奇的画笔把猫画成不会抓老鼠的猫！小朋友们，快帮我想想，要把猫画成什么样子呢？"

2）教师边唱歌曲《老鼠画猫》，边在纸上画出歌词中唱到的猫的样子，帮助幼儿理解歌词。

教师："多谢小朋友们帮我出主意，我小老鼠现在就开始画猫了！"
2. 学唱歌曲。
（1）（现在，请小朋友们跟我一起边唱歌曲边画猫吧！）教师指着画面，引导幼儿跟随音乐学唱歌曲，着重练习"小老鼠"和"胡子翘"的滑音唱法。
（2）帮助幼儿理解歌曲中"哎呀"一句的含义。启发幼儿唱好歌里几句能表现小老鼠很得意的样子的歌词。
（3）引导幼儿尝试用说唱的形式演唱歌曲。
（4）动作表达。
教师："现在我用这支神奇的笔把你们都变成小老鼠，我们一起边唱边跳吧！"
（重点鼓励幼儿用动作表演来表现歌曲诙谐、有趣的风格，要把小老鼠得意、滑稽的样子唱出来、做出来。）
（5）尝试用词语"哈哈、嘻嘻、呵呵"等来表现歌曲诙谐、幽默的风格。
1）教师提问："我们画了一只这样的猫，你们的心情怎么样啊？你们得意的时候会怎么笑呢？"（哈哈、嘻嘻、呵呵）
（教师尝试将衬词带到歌曲中，带领幼儿完整演唱。
- 幼儿唱歌词，老师唱衬词。
- 幼儿分两组，一组唱歌词，一组唱衬词。
3. 以音乐游戏的形式结束活动。
教师："现在我们到外面去玩《猫和老鼠》的游戏吧！请一个小朋友扮演小花猫，我们一起扮演小老鼠，我们边走边唱歌曲，唱完后就赶紧站在原地保持一个姿势不要动，如果乱动被小花猫发现了就要被抓住了！好吗？现在我们就一起出去玩吧！"

附《老鼠画猫》歌词：
小老鼠来画猫
哎呀眼睛要画小
小老鼠来画猫
小爪一定要画少
小腿要画短
胡子要画翘
牙齿一个也不能要
我们可以睡大觉

资料来源：妈咪爱婴网 http://www.baby611.com/

中班音乐游戏：火车呜呜叫

【游戏活动目标】
（1）锻炼幼儿有节奏的律动表演，培养幼儿的节奏感受力。
（2）使幼儿感知速度变化与节奏长短的关系。
（3）让幼儿体验火车启动和行走时的不同节奏特点。

【游戏活动准备】
电子琴、录音机、磁带、光碟、节奏卡片。

【游戏方法】

参加游戏的幼儿按照火车启动和行走时的不同节奏,进行相应的律动表演,在游戏中让幼儿体验速度快慢与节奏长短的关系。

【游戏规则】

(1)幼儿必须有秩序,根据节奏进行表演。

(2)幼儿游戏时不能相互推挤。

(3)集体游戏。

【游戏活动过程】

1. 节奏练习。

(2/4)　×　　×　　×　　× | ×× 　×× 　×× 　×× |
　　　　×　　×　　×　　× | ×…

教师:"小小火车开动了!"

幼儿:"呜,呜,呜,呜,咔嚓,咔嚓,咔嚓,咔嚓,呜,呜,呜,呜……"

要求:

(1)教师讲解示范,让幼儿感知节奏的长短和速度的变化。

(2)教师出示节奏卡片,幼儿模仿打节奏。

(3)打节奏同时穿插儿歌,有节奏地朗诵。

2. 学习新课。

(1)教师导语引入:"小朋友们都坐过火车吗?火车发出的声音是怎样的?板书课题《火车呜呜叫》。

(2)引导幼儿看碟、听录音机,通过启发性提问让幼儿感知火车快慢的速度变化及声音特点。

1)幼儿讨论火车启动与行走时的速度变化及鸣笛时的声音。

2)教师小结。

火车启动时较慢:×　×　×　×,行走时较快:×× 　×× 　×× 　××,火车鸣笛声音慢又长:× － × －。

(3)教师弹唱《火车呜呜叫》,让幼儿根据歌曲的音乐特点,进行模仿声音和动作练习,更进一步感知、体验速度与节奏的关系。

1)教师弹唱歌曲,幼儿有节奏地打拍子。

2)幼儿模仿火车鸣笛:× － × － × ×,同时手做拉汽笛状。

3)幼儿模仿火车启动、行进。

上身动作:节奏× × × ×部分(旋律:1 5 5 5),左手搭在前面小朋友的肩上,右手每两拍在体侧屈肘环绕一圈;节奏×× 　×× 　××××部分(旋律:15 55 1555),每一拍屈肘环绕一圈。

下肢动作:节奏× × × ×时,每拍踏一次脚,左右交替。节奏×× ×× ×× ××时,按节奏做小碎步。

3. 音乐游戏表演:开火车。

(1)熟悉《火车呜呜叫》的音乐旋律。

(2)教师说明游戏规则,组织全体幼儿排成一纵队,按鸣笛、启动、上山、下山、转弯等指令，在《火车呜呜叫》的音乐伴随下做开火车的游戏。

（3）在游戏中让幼儿体验火车进行中的速度变化，培养幼儿的节奏感。

4. 活动延伸。

通过此次游戏，进一步启发幼儿对其他音乐方面的探知，例如，火车进站和出站时，声音和动作可以表现出音乐的渐强和渐弱。

资料来源：妈咪爱婴网 http://www.baby611.com

大班音乐游戏：请你和我跳个舞

【游戏活动设计意图】

舞蹈是学前儿童表达生活体验最主要的方式之一。邀请跳舞是一个有助于孩子在游戏中学会交往的方式。《请你和我跳个舞》是一首德国儿童歌曲，表现儿童在游戏中互教互学、携手共舞的友情和欢乐。本次活动的音乐节奏明快，便于小朋友表现和创作，非常适合大班学前儿童年龄特点。

【游戏活动目标】

（1）掌握邀请跳舞的基本礼仪和跳法，并分清左右。

（2）能合拍协调地完成动作，学会与同伴合作，体验与朋友一起唱歌跳舞的乐趣。

【游戏活动准备】

幼儿在课前能区分左右脚，会唱本首歌曲，花环每人一个。

【游戏活动过程】

1. 游戏导入。

（1）师：(老师简称"师")"小朋友，高兴的时候你们会做些什么事情呢？"（幼儿（以下简称"幼"）讲述）

师："想唱歌、大笑、跳舞……我们都想把自己的快乐心情与好朋友分享。那我们一起来唱首歌吧！"（教师弹曲子《认识你呀真高兴》）。

歌词：你呀我呀，我们是一对好朋友。拉拉手呀，亲一亲呀，转个圈儿笑哈哈。我们拍拍手，扭扭屁股踩踩脚，我们点点头，动动肩膀蹲下来，我们转转手，找个朋友抱一抱。

（2）师："我们都找到了好朋友，牵着你的好朋友围成圈站着。"

（3）师："你们手腕上的小花想和你的右脚做朋友。（快快快，花儿跑到小脚腕）跑到你的小脚腕上了吗？"（幼儿戴花做标记）

师问："戴花的是哪只脚？"（幼：右脚）"不戴花的是哪只脚？"（幼：左脚）

（4）师："好，我们一起来玩个游戏。"——（念白）

内容：右脚右脚踏踏，左脚左脚翘翘，右脚右脚踏踏，左脚左脚抱抱。右脚右脚踏踏，左脚左脚伸伸，伸右脚（踏踏），伸左脚（踏踏），踮起脚尖长高了。伸右脚（踏踏），伸左脚（踏踏），转个圈儿踏踏踏。

2. 学习基本动作。

师："小脚表演得真棒，又听指挥又有节奏。"

师："坐下来休息一下，听一段音乐。"（放音乐《请你和我跳舞》，幼儿边听边唱。）

（1）师："歌里说请你和我跳个舞，如果你去请好朋友做游戏跳舞，你会怎么请？谁来做个'请'的动作？"（个别幼儿学习动作。）

师:"我们来学学××的动作,伸出手说'请你跟我跳个舞'。被邀请的小朋友要怎么说?怎么做动作?"(我就跟你跳个舞。)

师:"那还有什么好看的邀请动作?"(幼:弯腰请、提裙子请、拉手请……)

(2)教师用游戏让幼儿体验并了解邀请舞的方法。

师:"刚才小朋友想出了好多邀请的动作,那邀请朋友应该有礼貌,眼睛要看着谁呀?"(好朋友)

1)老师先来做邀请者,找一个好朋友。

师:"(唱)请你和我跳个舞,(我就和你跳个舞)我们双手拉起来,伸右脚,伸左脚,转个圈儿站站好。"

2)师:"你们谁想和我一起去请好朋友?(个别幼儿邀请)你们看,现在邀请的人变成几个了?还有谁想来邀请?"(再玩一次)

教师小结:"邀请的人越来越多,朋友也就越来越多。这样的邀请舞,喜欢吗?"

3. 根据音乐创编动作。

(1)师:"那和老师一起听音乐一起跳舞吧!双手拉起来变成一个大圆圈。"(放音乐)师生一起表演,一边唱一边跳舞。

(2)师:"那请我们的男孩子不动,女孩子主动邀请男孩子来跳个邀请舞。"

师:"跳得开心吗?想再来一次吗?"

4. 邀请客人老师跳舞。

(1)师:"今天来的都是客人,我们是小主人,我们应主动邀请客人来跳舞,现在开始吧。"(完整地放音乐)

(2)教师小结:"今天我们学会跳简单的邀请舞,真棒!原来大家一起跳舞是件这么快乐的事情,让我们把快乐带给更多的人,好吗?"(幼儿自由结伴听着音乐跳舞。)

资料来源:小精灵儿童网 http://new.xjlet.com/

三、音乐游戏的基本特点与指导

(一)特点

在音乐游戏中,音乐和游戏是相互促进、相辅相成的。音乐对游戏起着指挥、促进和制约的作用,而游戏又能帮助幼儿更具体、更形象地感受和理解音乐,获得一定的情绪、情感体验。音乐游戏有音乐性、动作性、游戏性的特点,如"网小鱼"游戏,在"许多小鱼游过来了"的歌曲中,幼儿会自主表现小鱼不同的游动动作,会灵活地躲避渔网,在音乐的伴随过程中通过听一听、唱一唱、玩一玩的方式,在愉悦、自由、有趣的游戏活动中,感受音乐的美,体验游戏的快乐。音乐游戏要具有一定的情景性,它能很快调动幼儿的积极性,并吸引他们自主大胆地融入活动当中。音乐游戏虽然也有规则,但是也要给幼儿自由表现和创造的空间,让他们感受到音乐和游戏的自由之美。

(二)指导

教师在指导幼儿游戏时要针对各年龄段幼儿的具体特点,有侧重地进行指导。

小班:教师讲解时要注重语言讲解和示范动作相结合,语言要形象、生动、简洁,要在幼儿游戏过程中逐步提出游戏规则。

中班：教师进行语言讲解时仍须结合示范动作，在游戏实践中提醒幼儿注意遵守游戏规则，关注游戏结果，可根据实际情况适当开展游戏竞赛。

大班：随着幼儿语言的发展，教师可以多用语言讲解，尽可能减少对幼儿游戏的参与，要求幼儿独立游戏，严格遵守规则，争取最好的游戏结果；简单评价游戏的过程和结果，可开展稍复杂的游戏竞赛。

四、音乐游戏活动的组织与实施

1. 做好游戏前的准备工作

根据游戏的性质和内容，确定合适的游戏场地。音乐游戏一般需要相对宽敞的场地，以保证幼儿获得足够的活动空间，保证游戏取得预期的效果。此外，还要做好玩具的准备工作，为幼儿提供适宜的游戏材料，进而吸引幼儿自主参与游戏活动，促进游戏情节的发展。

2. 介绍游戏的名称及主要内容

介绍游戏的名称及玩法。教师讲解时，要尽可能运用形象、生动的语言，语言要简洁。

3. 幼儿熟悉游戏中的音乐

营造情境化的游戏氛围。通过预设情境化的游戏氛围，让幼儿感受音乐，轻松、自然地融入音乐作品的意境中。

4. 幼儿学习游戏中的歌曲或动作

游戏中应淡化专业要求。如唱歌游戏应淡化音高音准，节奏游戏应淡化术语语境，舞蹈游戏应淡化舞蹈动作，强调游戏的玩法及规则。重要的是能让幼儿获得游戏的快乐。

5. 带领学前儿童进行游戏

音乐游戏中，幼儿是游戏的主体，教师起主导作用，同时要把握好这个度，让孩子成为音乐游戏的主人。在游戏过程中，激发幼儿用自己的生活经验创编音乐的情节、角色、动作等。

6. 做好游戏的评价以及收拾整理场地工作

通过评价游戏，教师可以进一步了解幼儿的游戏情况，丰富游戏情节，提高孩子解决问题的能力。不过并不是每次游戏后都需要开展游戏评价，可以根据具体情况灵活处理。

游戏结束后，引导幼儿收拾玩具、整理场地，既是本次游戏的完整结束，又能为顺利开展下次游戏提供必要的基础和条件，同时还可以培养幼儿独立做事、善始善终的良好习惯。

游戏活动演练

游戏1：音乐游戏"猜歌名，叠报纸"

游戏目的：培养学生的快速反应能力。

游戏规则：找两张报纸粘在一起，两人一组，站在报纸上。教师放音乐的前奏部分，听出歌曲名字的就报出名字，没有报出名字或较慢报出名字的一组就把报纸对折，继续站在上面。每输一次就把报纸对折一次，直到不能继续站在报纸上的一方为输。不管采取何种方式，都要保证两人是站在报纸上的。

游戏 2：音乐游戏《可爱颂》

游戏目的：培养学生的创编能力。

游戏规则：

（1）播放音乐《可爱颂》；

（2）师生一起根据音乐歌词和节奏创编舞蹈动作；

（3）师生根据创编动作一起边唱边跳。

知识与技能检测

1. 简答题

（1）如何组织音乐游戏活动？

（2）幼儿园音乐游戏分为哪几类？

2. 案例讨论题

某老师："这个动作应该这样做，你的手要和老师的一致。""好好看老师怎么做，看谁学得最像，就评她为咱们班的小小舞蹈家。"

阅读以上案例，你觉得老师的做法合适吗？为什么？作为一名幼儿教师，我们应该怎么鼓励孩子的创新？

3. 实训项目

（1）为中班学前儿童设计《我有一头小毛驴》的唱歌游戏活动方案。

（2）全班中选出一份优秀方案，分组模拟上课。

项目五

幼儿亲子游戏设计与指导

【项目目标】

1. 理解幼儿亲子游戏的概念。
2. 理解亲子游戏的特征、分类和教育价值。
3. 掌握亲子游戏的设计原则与指导要点。
4. 能够根据幼儿亲子游戏的设计原则改编与创设亲子游戏。

【项目预备知识】

在游戏的发生发展过程中,亲子游戏的发生先于其他游戏,即孩子一生下来就与父母和看护者有了直接接触,从而发生了最早的亲子游戏。如,用手绢和孩子玩藏猫猫,用手指挠孩子的脚心逗他们笑,做各种夸张的动作或者鬼脸逗孩子开心等,就是最早的亲子游戏。著名儿童教育专家陈帼眉教授说过:家长对小孩子的教育,第一是培养良好的生活习惯,第二是跟孩子做亲子游戏。可见亲子游戏已成为国际早期教育的最新发展趋势。

一、幼儿园展开亲子游戏的意义

亲子游戏不仅有益于亲子之间的感情交流,有助于密切亲子关系、促进幼儿的健康发展,而且对于幼儿的实物游戏和伙伴游戏也具有重要的促进和影响作用。幼儿在亲子游戏中获得的对待物体的态度、方式方法以及人际交往的态度、方法会迁移到幼儿的实物游戏和伙伴游戏中去。反过来,幼儿在实物游戏和伙伴游戏中获得的经验又会进一步丰富亲子游戏的内容。幼儿园开展亲子游戏，让家长走近幼儿园，可以使他们了解幼儿园的教育理念，可以帮助他们了解孩子的情况。在幼儿园开展的亲子活动中，教师有针对性的指导可以缩短教师与家长的距离，同时经过观察教师的教育行为和孩子的表现，家长可以反思自己的家庭教育内容和方法，在活动中获得正确的育儿观念和育儿方法，并将观念和方法融入与孩子相处的每一刻，逐步了解培养、教育孩子的重要性，从而最终实现孩子的健康和谐发展。

亲子活动的好处

1）促进亲子情感交流，培养对学习的兴趣，训练反应的灵敏性。亲子游戏可以拉近幼儿和父母之间的距离，可以让父母更加了解孩子一些性格方面的特征，所以家长们应非常重视亲子游戏。在和幼儿游戏中，看着幼儿每一个积极的回应，你会感到莫大的欣慰和幸福。幼儿有生理需要，也有爱和交往的需要，需要父母的爱和关注，需要与父母交流，智力亲子小游戏可以加强亲子之间的情感联系，是亲子交往的最好方式。

2）促进认知能力的发展。研究表明，智力亲子小游戏具有许多特殊的意义，它比幼儿在伙伴游戏或单独游戏中学到的东西要多得多，有助于幼儿创造力的发展。在亲子游戏过程中，幼儿和父母有不少言语交往，可以促进幼儿的语言发展。

3）促进社交能力的发展。经常与幼儿一起游戏、生活，在促进幼儿的社会性发展方面将起着重要作用。亲子游戏有利于安全依恋的形成。安全依恋与游戏中获得的快乐体验，有助于培养幼儿人际交往兴趣，促进交往能力的发展，形成活泼开朗的性格。

4）能开发幼儿的右脑。科学发现，人的左脑主要从事逻辑性、条理性的思维；右脑主要从事形象性思维，是创造力的源泉，是艺术和经验学习的中枢，右脑的存储量是左脑的100万倍。可是现实生活中95%的人，仅仅只用了自己的左脑。科学家指出，终其一生，大多数人只运用了大脑的3%～4%，其余的97%都蕴藏在右脑的潜意识之中。右脑的潜能如不加以开发训练，会在成长过程中逐渐丧失。人脑在3岁以前完成60%的发育，6岁以前完成90%；右脑在3岁以前即发达，左脑则从4岁开始发达。但成年期的右脑的发达程度仅及3岁左右时的四分之一。

5）促进幼儿良好情绪的发展。情感发展游戏不仅让幼儿体会到创造和成功的快乐，也能体会到亲子交流的幸福。亲子游戏中，无论是语言表达还是非语言表达都处在一种愉快、欢笑的气氛中，可以促进幼儿良好情绪情感的发展。

二、幼儿园亲子游戏的分类

科技游戏

幼儿园五大类 34 个亲子游戏

3～6岁的幼儿好奇心都特别强，爸爸妈妈们不妨在这个阶段多跟幼儿玩些科技类的亲子小游戏，既满足了幼儿的好奇心，又可以刺激幼儿的求知探索的欲望。

游戏1：橡皮泥浮起来了

玩法：

1. 首先，将两盒橡皮泥准备好。

2. 接着，给盆里放水，让幼儿把自己平常洗澡喜欢放的东西放进去。

3. 接着，让幼儿开始制作橡皮泥，幼儿先做了一个自己喜欢的葡萄，然后又做了其他。

4. 把模型做完后，让幼儿放入水中，并引导幼儿观察，让幼儿发现橡皮泥和其他塑料玩具的区别：前者下沉，后者漂浮。

5. 家长可以引导幼儿想一下小船不会沉底，那么先用柚子皮试一下，观察会不会沉入水底。

6. 根据总结出的形状，让幼儿重新做橡皮泥，结果橡皮泥浮起来啦。

小提示：不要让幼儿一次等待的时间过长，当幼儿达到成人的要求时，应该及时表扬他，给他以强化。并且鼓励幼儿积极动脑筋想办法。

游戏2：纤维的秘密

玩法：

1. 家长教导幼儿做纸花，选一些中等厚度的各种颜色的纸裁成正方形，把纸剪成5小片（注意中间不能剪开），然后用筷子把各纸片从外往内用力卷起，快到中心时停止，左手固定纸卷，右手把筷子抽出，使纸片形成皱纹，这样就形成了美丽的纸花了。

2. 把花放入水盆中，可以发现花瓣慢慢地张开了。它会使幼儿感到惊奇，会让幼儿觉得就像是真的有生命的花在绽放一样。

3. 家长把一朵花从中间切开，一半插在红墨水中，一半插在清水中，将会发现，插在红墨水的花渐渐变红了，而另一半花颜色没有改变。

4. 家长给幼儿讲解纤维的秘密原理，家长可以给幼儿讲纸的主要成分是植物纤维，纤维就是极细小的毛细管，纸遇到水以后，水沿着纸中的毛细管上升，使纤维胀满，于是原来叠上的花瓣就张开了。

小提示：也可以让幼儿自己做一些其他的东西，例如小动物、小船等放到水里去，观察它们的变化。

游戏3：玉米糊玩偶

玩法：

1. 妈妈先将一块塑料餐巾布平铺在地上，然后和幼儿一起坐在餐巾布上进行游戏。
2. 妈妈将两份玉米粉和一份水相混合，让幼儿仔细观察它的变化。混合好玉米粉后，妈妈可以让幼儿玩玉米糊，妈妈让幼儿可以随意地挤压玉米糊，做一些他喜欢的形状。并且让幼儿观察玉米糊的形态。
3. 妈妈还可让幼儿观察当他不再挤压玉米糊时玉米糊的状态是怎样的。通过观察，幼儿会发现混合后的玉米糊经过挤压后，会成为硬硬的固体状态，但是如果只是不出力地拿着，玉米糊就又会软化成流体的状态。
4. 妈妈用一些简单的语言来向幼儿解析物态变化的原理。

小提示：在进行游戏的过程当中，幼儿出于强烈的好奇心，可能会提出很多的问题。对待这些问题，妈妈一定要用一些简单的原理向幼儿说清楚，不要含糊敷衍，或者讲得过于高深。

智力游戏

3~6岁正是幼儿大脑发育的黄金时期，在这个阶段大脑能否正常发育会对幼儿成年后的智力产生深远影响。所以爸爸妈妈们可以多跟幼儿玩些有利于大脑开发的智力亲子小游戏。

游戏1：为你做卡片

玩法：

1. 问幼儿是否愿意为某个他喜欢的人做一张卡片，让他选好要送卡片的人。
2. 你帮他粘好卡片，让他用彩纸、颜料和剪纸画装饰卡片。
3. 做完后，在卡片里写上祝福的话，画上她的小手，并手把手教她签名。
4. 将卡片装入信封，写上地址，让幼儿贴上邮票并亲自送到邮箱。

小提示：大人要尊重幼儿的意志，纵使幼儿和大人的意见相左，也不要否定幼儿的爱好，否则会伤害幼儿的积极性。

游戏2：摸摸小口袋

玩法：

1. 首先，妈妈将盒子、瓶子、袋子准备好。
2. 让幼儿先熟悉一下东西。
3. 接着，妈妈把东西放在盒里，调换一下顺序，让幼儿猜哪个袋子里有东西。
4. 幼儿一个一个猜，会很开心啊。

小提示：家长放东西的时候，不要放一些尖锐的东西，以免伤到幼儿。

游戏 3：幼儿分动物

玩法：

1. 大人先通过动物的图片让幼儿认识各种动物，在看图片的时候，可以顺便说出动物的特点，例如，兔子的耳朵长，大象的鼻子长等。

2. 当幼儿能简单地识别特征明显的动物时，逐渐增加难度，教幼儿区分比较相似的动物，例如，老虎的毛有条形的纹，而豹的毛有金钱样的斑点；鸭子的脚有蹼，会游水，而鸡的爪是相互分开的，不能游水。

3. 等幼儿对动物的特点有了初步的认识后，带幼儿去动物园验证一下。

4. 去动物园的时候，要鼓励幼儿提出一些问题，如什么动物爱吃什么食物，有什么本领。

小提示：大人带幼儿到动物园的时候，要有意识地向幼儿灌输园区规定，与动物保持距离，时刻注意幼儿的安全。

游戏 4：幼儿认识四季

玩法：

1. 准备一些描绘冬天情景的图片，比如，图片上飘着雪花，人们穿着毛茸茸的大衣，戴着帽子和手套。

2. 家长和幼儿一起看图片，同时耐心地给他描述冬天的情景："冬天很冷，外出一定要穿上厚的衣服，家中要生火或者会有暖气，外面很冷，会下雪，还会结冰，人们喜欢围着炉子吃涮羊肉。

3. 再拿一些描绘夏天的图片，比如，图片上树木叶子茂盛，人们穿着短裙子和短袖的薄衣服，家长边跟幼儿看图片，边描述夏天的情景："夏天很热，人们喜欢吃西瓜和冰棍，还经常去水中游泳，划船。"

4. 同样地也拿出春天和秋天的图片，陪孩子边看边描述。

小提示：幼儿只有先分清冬天和夏天，才会渐渐认识春天和秋天。

游戏 5：水果宝宝

玩法：

1. 妈妈先把画有水果的卡片给幼儿看，让幼儿说出各种水果的名称。

2. 当幼儿都知道卡片上都有哪些水果以后，把相应的水果的实物拿出来，让幼儿比较一下实物与图片的异同。

3. 让幼儿摸一摸各种水果，并闻闻各种水果的味道。让幼儿猜猜把水果切开一半以后是怎样的。

4. 分别把水果都切开，让幼儿观察各种水果切开以后的区别。最后，妈妈和幼儿一起品尝水果的味道。

小提示：幼儿如果一开始就想吃水果，妈妈一定要想办法转移幼儿的注意力，让幼儿提高对水果的外形、味道等的兴趣，而不光想着吃。

游戏 6：剪纸

玩法：给幼儿准备一些纸和一把安全剪子，让他随意地剪。开始时，先教幼儿拿剪子的正确方法。当幼儿剪出不同形状的时候,让他说一说,剪得像什么。

效果:剪纸不仅可以增强幼儿手部的力量,促进手眼协调能力的发展,而且,幼儿可以随着纸的形状的不断改变,想象出不同的事物来,所以对想象的发展也能起到很好的促进作用。

游戏 7:看画册

玩法:准备一些幼儿喜欢的画册,家长和幼儿一起看。在看的过程中,可以和幼儿讲一些相关的话题,或者讲那些能够联想到的事情。比如,看到画册中的老虎,可以让幼儿说一说,老虎怎么叫,那天去动物园是不是看到老虎了……

效果:爸爸妈妈经常和幼儿一起看画册,不仅可以提高幼儿的表达能力和想象力,增加词汇量,而且可以很好地促进亲子感情。

游戏 8:跳彩格

玩法:将颜色各异的小块彩色纸或彩色地垫,按照一定的间距铺在地上,然后让幼儿按照你的指令,在不同颜色的纸上或地垫上跳来跳去。比如,你说红色,幼儿就跳到红色的纸上;你说绿色,幼儿就跳到绿色的纸上。

效果:这不仅有利于提高幼儿对色彩的感知能力,还可以提高幼儿的注意力,锻炼平衡能力。

游戏 9:一起去购物

玩法:大人去超市购物的时候,可以带上幼儿。在购物过程中,可以和幼儿讲一些相关的话题。比如,你要买胡萝卜,可以这样对幼儿说:"胡萝卜是长长的吧,它会摆在哪里呢?"如果幼儿找到了,就好好地鼓励他一下。

游戏 10:给爸爸妈妈讲"故事"

玩法:可以让幼儿讲一讲,今天看到了什么,和谁玩了,和爸爸妈妈去了哪里,等等。哪怕只是一件很简单的事情,也可以鼓励幼儿从不同的方面来表达。

效果:为了将事情表达清楚,孩子需要在头脑里构想所要讲述的内容,想象事情发生的场面和情景。这不仅可以提高语言表达能力,同时也锻炼了孩子的思维能力。

体育游戏

爱运动是幼儿的天性,3~6 岁的幼儿可选择锻炼身体协调性、柔韧性的游戏,如各种曲线跑、各种躲闪游戏、跳皮筋、伸展性体操等;平衡性游戏,如单足站立、在低平衡木上走、学骑自行车等;弹跳性游戏,如跳起摸高、小脚猜拳、跳房子、跳绳等。

游戏 1:我们一起来做运动

玩法:

1. 妈妈先向幼儿说明游戏规则,说:"妈妈的哨子吹一下,宝宝就跳一下。"然后,妈妈可以先吹一下哨子,让幼儿感受一下,熟悉一下玩法。

2. 妈妈开始吹哨子,让幼儿听声音来做动作,并让幼儿配合节奏数 3 或 4。

3. 刚开始先用均匀的拍子,等幼儿熟悉以后,就可以调整吹哨子的速度。

4. 不仅让幼儿往上跳，也可以边跳边朝前后左右移动。

小提示：在天气比较热的时候进行这个游戏，一定要注意幼儿的休息，并且，游戏过后，要给幼儿补充水分。

游戏 2：运西瓜

玩法：

1. 幼儿与家长配合游戏，家长先将"西瓜"（皮球）从篮子里拣出来，递到幼儿手中。
2. 幼儿接过来后，要快速地将"西瓜"运到指定的地方。
3. 任务重复进行，往返数次直至完成任务。
4. 家长可以在幼儿运"西瓜"的过程中边念儿歌，边让幼儿完成任务。

小提示：为了提高幼儿的自我期望，可边说儿歌边与幼儿传递运送"西瓜"，鼓励幼儿尽可能平稳、快速地把"西瓜"送到约定的篮子里。

游戏 3：追滚球

玩法：

1. 家长先在空旷的场地上画出游戏的范围，画一条起跑线和一条终点线。
2. 另外，在起跑线的前方2～3米处画一道标志线，跑到终点处插上小红旗。
3. 在起跑线上放一个皮球、一根木棍，家长负责拨球，等球滚过标志线后，就让幼儿快速地追球，并且要绕过小红旗，然后跑回来，将球放在原来的位置上。
4. 家长可找几个和幼儿年龄相仿的孩子一起来玩游戏，可让幼儿们来比赛，家长当裁判并准备一些小奖品，奖励比赛赢了的幼儿。

小提示：家长拨球的力度应该配合幼儿的能力，幼儿必须要绕过小红旗才能往回跑，家长要先给幼儿讲清楚游戏规则。

游戏 4：气球网球赛

玩法：

1. 妈妈先和幼儿一起动手制作网球拍，即将塑料盘粘贴在调漆棒上，粘贴牢固就可以了。
2. 用打气筒吹一些气球，然后绑好。
3. 爸爸妈妈就可和幼儿一起来玩气球网球赛了，首先，爸爸妈妈可以和幼儿比赛在一分钟内，在没有让气球掉到地上的情况下，看谁拍得多。
4. 爸爸还可以在较为空旷的地方拉上一条线作为网，和幼儿进行气球网球比赛。

小提示：气球打气不要打得太足，以免发生爆炸，对幼儿的安全造成威胁。

游戏 5：我是小陀螺

玩法：

1. 首先找到一块比较安全的空地，让孩子站好，可以把手臂伸直，也可以把手放在腿两边，原地旋转。
2. 孩子在转的时候妈妈可以说："宝宝像个小陀螺，转转转……好，停下来，看看宝宝能不能站好不倒下。"
3. 让幼儿静静地站立一会，直到他感觉不晕了。
4. 用这种方法，连续做5次，并且每天坚持如此。

小提示：为了引起孩子的兴趣，爸爸妈妈可以和孩子轮流做，看谁能坚持下来不倒下。

游戏 6：捉尾巴

玩法：准备一条手帕或者丝巾。把手帕或丝巾的一部分塞在幼儿的裤腰里，露出三分之二当作"尾巴"。幼儿在前面跑，父母在后面追，当把手帕或者丝巾抽掉时，父母就算胜利了。还可以让幼儿追，抽父母身后的手帕或者丝巾。

游戏 7：赶小猪

玩法：准备一个小羽毛球拍，一个小球。先在地上画好一个圆圈。把小球放在圆圈的不远处，让幼儿拿着羽毛球拍边走边向前推球，直到把球推进圆圈内为止。这就算是把"小猪"赶到"猪圈"里了。这个游戏还可以由父母和幼儿进行比赛，将更富有趣味性。

游戏 8：摇小船

玩法：幼儿坐在床上，两腿弯曲，两臂抱住弯曲的双腿，用力使身体向前后移动，像只小船在摇。刚开始的时候，父母可以给幼儿一些帮助。

游戏 9：两人三只脚

玩法：准备一条布带子。父母先向幼儿示范怎么做，父母两个人先站在一起，将两人互靠的两条腿用布带子绑在一起，这样就成了三只脚，然后再协同一致地向前走。父母再和幼儿站在一起，用布带子将两条腿绑在一起。可以三个人绑在一起，也可以两个人绑在一起。

注意，在绑的时候，布带子要绑在小腿以下部位，不能绑在大腿处。

游戏 10：拍手接球

玩法：孩子双脚分开站立，双手捧球从胸腹前向上抛球，球抛出后，马上拍一下手，再接住球。熟练以后，逐渐增加抛球的高度和拍手的次数。球抛得越高，拍手的次数越多越好。

刚开始的时候幼儿可能会顾不过来，父母要多鼓励他。父母还可以与幼儿一起玩这个游戏，相信一定是乐趣无穷的。

游戏 11：小兔子上山

玩法：幼儿面对楼梯，两手支撑在楼梯的第二级台阶上，双脚借双臂支撑的力量向上跳一级台阶，然后，两手再向上移一级台阶，双脚再向上跳一级台阶。这样一级连着一级向上跳，模仿小兔子跳上山。

在幼儿跳楼梯的时候，注意幼儿的安全问题。

身体活动游戏中的注意事项：

1. 在老师或父母的指导下进行。
2. 游戏前做一些适应性的准备活动。
3. 掌握并及时调节活动量，避免过度疲劳。
4. 注意安全，选择平整松软的场地进行。

角色游戏

3~6 岁的幼儿已经具备一定的模仿能力了，这个阶段，适时地跟幼儿玩些角色类亲子小游戏，除了能增进亲子情感外，还能发展幼儿的模仿能力以及良好的责任心。

游戏 1：筷子比赛

玩法：

1. 妈妈示范筷子的拿法给幼儿看，接着让幼儿试着用筷子去夹东西，和爸爸比赛。
2. 在两个碗里放进些小零食，让幼儿和爸爸各拿着一个碗，再给他们另一个空碗。
3. 当妈妈说开始时，幼儿和爸爸就得用手上的筷子把碗内的东西夹进空碗里。第一个完成的为胜者。等全部结束后，可以让赢的人吃掉这些零食。

小提示：爸爸碗里的东西应该比幼儿多一些，可以是幼儿的三四倍。

游戏 2：小小侦察兵

玩法：

1. 爸爸先和幼儿一起，用8张椅子拉好4根离地60厘米的绳子，并且在绳子上系上小铃铛。告诉幼儿他要充当侦察兵，幼儿要钻过"矮树丛"去侦察，要求幼儿不可以发出声音，也不能弄响铃铛。
2. 爸爸先把小布偶分别放在绳子前面的某些地方，要求幼儿要穿过"矮树丛"，去寻找"人质"小布偶。爸爸充当看守"人质"的士兵，幼儿要想办法安静地穿过"矮树丛"，并且要趁爸爸不注意的时候，把"人质"解救回去。
3. 爸爸假装睡觉，让幼儿带着"人质"穿过"矮树丛"，回到安全的地方。
4. 游戏反复进行，直到幼儿把所有的小布偶都解救回去为止。

小提示：幼儿由于年纪小，在穿过"矮树丛"时要求他不碰到铃铛可能会有一定的困难，因此，在游戏正式开始以前，可以先让幼儿练习爬行几次，等幼儿能够较好地完成这一动作后再正式开始游戏。

游戏 3：模仿动物走

玩法：

1. 首先家长先确定要模仿的动物，选择小鸡、小鸭、小猫、兔子、大象都是幼儿所熟悉的小动物。
2. 在活动开始之前，家长要先确认幼儿的确知道这些动物的走路姿势。小鸡：小鸡的嘴是尖尖的，模仿小鸡走路时两只手放在胸前，双手五指合在一起做尖嘴状，大拇指在上，小拇指朝下，一边走路，一边做小鸡啄米的样子。小鸭：小鸭的嘴是扁扁的，模仿小鸭走路时两只手在胸前合拢，一只手的手背在上，另一只手的手背在下，做鸭嘴状，走路时左右摇摆。小猫：学小猫走路步子要轻，两手在嘴边向外比画，好比小猫的胡须。兔子：学兔子走路时，两只手放在头上，竖起食指和中指做兔子耳朵，蹦跳着走。大象：学大象走路时，一只手臂举到鼻子前，甩动着手臂模仿大象鼻子，慢慢悠悠地走。
3. 如果幼儿不知道，家长可以带幼儿到动物园去玩，观察这些动物的样子。
4. 家长带幼儿到平坦开阔的场地，家长可以先给幼儿做示范，然后让幼儿来模仿。

小提示：随着幼儿年龄的增长，可以让幼儿模仿更多的动物，如大猩猩、蛇、袋鼠、乌龟等。如果能有节奏明快的音乐伴奏，就更加有趣。家长还可以跟幼儿玩你做我猜的游戏，一人用动作表现一种动物，另一人来猜。

游戏 4：小小邮递员

玩法：

1. 妈妈先和幼儿一起把准备好的信封放到幼儿的小书包里面装好，再跟幼儿说明游戏的规则。由幼儿来扮演邮递员，妈妈扮演收信的人。

2. 妈妈先坐在沙发上，幼儿骑着小自行车去送信，先在房间转一圈之后来到妈妈面前假装敲门。

3. 妈妈假装开门，并问："你是谁啊？"幼儿回答说："我是邮递员，这有你家的信。"妈妈接着问："这是哪里来的信啊？"幼儿回答："北京。"然后幼儿拿出一个信封交给妈妈。妈妈接过信并说："谢谢你，邮递员。"幼儿回答："不客气。"然后幼儿继续骑车在房间里转，再重新开始游戏。需要注意的是，每一次邮递员回答"信是从哪里来的"都不能重复之前说过的地方。

4. 妈妈和幼儿也可以互换角色进行游戏。

小提示：妈妈在游戏之前可以先跟幼儿说说各个城市的名称，如果幼儿在游戏的时候说不出来，妈妈可以给予适当的提示。

游戏 5：我当小厨师

玩法：

1. 让幼儿和爸爸妈妈一起制作小点心。可以先让爸爸妈妈示范一下应该怎样制作点心，然后再让幼儿一起操作。

2. 家长在制作的过程中可将不同颜色的蔬菜汁分别加入糯米粉或面粉中，丰富的色彩更能激发幼儿的兴趣。

3. 让幼儿按已有的生活经验和喜好随意操作，家长给予适当的指导。

4. 妈妈观看幼儿亲手制作点心，幼儿和爸爸妈妈一起品尝。

小提示：制作点心前，应该让幼儿把手洗干净，保持良好的卫生习惯。

户外游戏

带幼儿到户外玩耍，做些跟实物密切相关的亲子游戏，不仅仅有益于亲子之间的感情交流，密切亲子关系，还能让幼儿感受大自然的奥妙神奇。

游戏 1：捉影子

场地：操场、公园、路边、草坪

说明：此游戏以先踩到他人的影子为胜。首先，让您的孩子找到自己的影子，再让他转身，向四周走动或跑动，看看影子发生了什么变化。让孩子追影子——再摆脱影子。玩"捉影子"游戏时，捉影子的人必须想办法踩到另一个人的影子。这样，被踩到影子的人就又成了捉影子的人。

游戏 2：捉虫子旅行

材料：带盖的干净小罐、镊子、手套

说明：领幼儿去公园或树林里，带上小罐子、镊子等工具，一边走一边找虫子（尤其是在石头底下，如蚂蚁、蜘蛛、蚯蚓、蜗牛等）。发现虫子后用镊子或用手指及手套轻轻夹起，放入带盖的罐中。教幼儿认识那些能叮咬或蜇人的昆虫，并帮助幼儿识别无害的昆虫。

知识与技能检测

（1）什么是亲子游戏？
（2）亲子游戏有哪些基本特征？
（3）亲子游戏有哪些种类？
（4）亲子游戏具有什么教育作用？
（5）设计幼儿亲子游戏应该遵循什么原则？
（6）如何开展一对一式的亲子游戏活动？

项目六

幼儿园五大领域游戏活动设计

【项目目标】

1. 了解各领域游戏的分类及划分依据。
2. 理解各领域游戏的目的与玩法。
3. 掌握各领域游戏的设计与组织方法。
4. 能够根据所学知识设计并组织出具有科学性、目的性、趣味性的领域游戏。

【项目预备知识】

领域游戏主要是针对幼儿园教学的五大领域开展的游戏。有的幼儿园教师认为好的领域游戏应该是由教师设计的,有目的、有规则的教学游戏;也有的幼儿园教师认为好的领域游戏应该是幼儿的自主游戏,因为游戏本身就是幼儿的行为,何必限制强加那么多,让一个快乐、单纯的游戏承载那么多的功能;还有的幼儿园教师认为,无论是幼儿的自主游戏,还是教师设计并组织的游戏,只要这种游戏是安全的、健康的,是对幼儿在健康、语言、社会、科学和艺术等方面发展有益的游戏,那就是好的领域游戏。同学们,你们怎么看待这个问题呢?学了这一章,你们会有什么新的认识呢?

模块一 健康领域游戏活动设计

按照游戏的内容将健康领域游戏分为身体健康游戏、心理健康游戏和体育游戏三种。以《幼儿园教育指导纲要(试行)》为依据,结合幼儿的生活常规、卫生习惯、情绪状态、动作发展等方面生成游戏，通过游戏达到健康的要求。

案例导入

磊磊是中班的男孩，可每天上幼儿园还是哭哭啼啼的："爸爸，你早一点来接我！""爸爸，你今天要比××早一点来！""爸爸，你今天要第一个来接我！"磊磊爸爸都点头答应："好儿子，你先上学，爸爸来接你！"不仅如此，磊磊爸爸还要每天抱着磊磊上下楼，一直送到教室门口才放下孩子，而且不忘嘱咐老师："老师，多关注一下我们家磊磊，别让他接触习惯不好的孩子，上体育课的时候别磕着、碰着他。"结果，弄得磊磊文静娇弱，跑跳能力特差，也不敢尝试其他男孩玩的冒险游戏，在班级里显得那么孤独、不合群，盼着爸爸早点来接他是他每天最关注的事情。

思考与讨论：
1. 磊磊爸爸的育儿方式有什么问题？对磊磊的身体、心理健康发展会产生什么影响？
2. 如果你作为磊磊的主班老师，将如何与磊磊爸爸沟通交流，以促进磊磊健康地成长？

一、健康领域要求

《3～6岁儿童学习与发展指南》中指出幼儿的健康领域包含了三大方面，见图6-1。

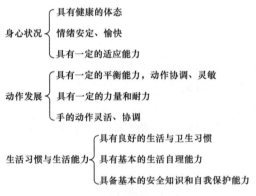

图6-1　健康领域的三大方面

二、健康领域游戏的作用

1. 通过游戏帮助幼儿纠正不良的饮食习惯

案例链接

教师将场地分成两块区域，一块用图样卡片布置成分别种着胡萝卜、大白菜、西红柿、紫甘蓝的4块"菜地"，另一块画一条线。让全班小朋友站在线后面齐声朗诵儿歌："蔬菜是个宝，吃它身体好，出发！"然后小朋友们就从线后起步向前走到胡萝卜那块"地"面前停下，边说儿歌边做吃的动作："胡萝卜，有营养，啊呜啊呜全吃光。"当拿到胡萝卜后，对着它说:"胡萝卜,谢谢你,让我变得更强壮、更强壮。"然后把它放进篮子里,送到"厨房"进行"烹制",再去取其他的蔬菜。初次游戏时,人数与蔬菜数量相等,玩熟后,可以人多蔬菜少,小朋友需要快走或快跑才能拿到蔬菜,以增强游戏的竞争性和趣味性。

2. 通过游戏使幼儿学会自我保护

案例链接

教师在班级中布置好马路上十字路口的环境,让全体小朋友站在斑马线后,教师站在马路对面的斑马线后,引导幼儿齐诵儿歌:"红灯停,绿灯行,黄灯请你等一等,绿灯亮了小心行。"教师出示硬纸板做的"红灯",小朋友原地踩脚不动。出示"绿灯",小朋友向前迈步走过斑马线到马路对面停下,再向后转。教师走至马路对面出示"黄灯",小朋友双手放于体侧立正等待。待玩熟后,可变换角色让幼儿手持"红绿灯"来考验其他小朋友对交通信号灯记忆的准确度和反应的灵敏度。

游戏规则:信号灯出现时,小朋友需要和信号灯要求的行为一致,如不一致,则停玩一轮。

3. 通过游戏促进幼儿身体的灵活协调和基本动作的发展

如图 6-2 所示的踩高跷游戏有助于锻炼幼儿的手脚灵活性和协调性。

图 6-2 踩高跷

案例链接

大班正在进行"玩具总动员"的主题活动。老师组织了一个活动:拆装玩具。老师提供了小型的工具:小镊子、小螺丝刀、小榔头等。一个孩子拿着螺丝刀,说:"我看见爸爸用过这个东西,但是好像比这个大。"老师告诉他们这是螺丝刀,并问他们怎么使用它。轩轩忙说:"我知道这是拧螺丝的。"毛毛拿起榔头,说:"这个榔头是用来敲钉子的,比我们家的小、轻,这个我拿得动。老师要我们用它来敲什么呢?"当老师让孩子们动手拆玩具时,有的孩子马上就拿起工具这边拧拧那边敲敲,有的孩子却没有动手,而是看着已经开始尝试的小伙伴。爱爱走到老师身边,轻声地说:"老师,这玩具要是被我弄坏了,怎么办?"老师说:"你用工具小心地拆,如果到时装不起来,我们再一起想办法。"听了老师的话,爱爱拿起工具小心地行动起来。乐乐拿着螺丝刀拧了好一会儿,螺帽还是没有拧下来,就想换一件玩具来拆,老师引导他观察螺丝帽和螺丝刀口的区别:"乐乐,你看这个螺丝钉戴着一顶鸭舌帽,看看你用的螺丝刀戴着什么形状的帽子呀?"乐乐马上发现了它们的不同,换了一把一字口的螺丝刀,终于成功地把螺丝钉拆了下来。他拿着拆下的玩具兴奋地说:"我把玩具拆开了。"老师向他竖起大拇指,说:"乐乐真棒,你一定也能把玩具再装好!"乐乐自信满满地说:"当然行。"于是埋头装起了玩具。

资料来源:苏州新区实验幼儿园何山分园严羚老师组织的主题活动

4. 通过游戏培养幼儿积极健康的心理

如图 6-3 所示的翻滚游戏让幼儿把自己包裹在袋子里,在看不见周围环境的情况下做翻滚运动,培养幼儿敢于尝试的积极心理。

图 6-3 翻滚游戏

案例链接

在"我是一个笑娃娃"的游戏中,全体小朋友围坐成一个圆圈,边做动作边朗诵儿歌"我是一个笑娃娃,弯弯的眉毛像月牙,明亮的眼睛眨呀眨,小小的鼻子中间摆,可爱的耳朵两边挂,快乐的嘴巴笑哈哈,都夸我是好娃娃。"当玩熟后,游戏升级,两两相对坐着,中间保持一米左右的距离,其中一个先对着另一个说并做动作,把儿歌中所有的"我"改成"你"。还可以用手心手背的方式选出一位小朋友,请他站在中间,再把儿歌中所有的"我"改成"他",全体小朋友对着他朗诵儿歌并做相应的动作。这个游戏有助于让幼儿悦纳自我,形成积极健康的心理。

资料来源:姜晓燕. 学前语言教育能力训练教程[M]. 哈尔滨:黑龙江科学技术出版社,2009.

三、健康领域游戏活动设计

通过解析游戏活动设计方案,掌握组织健康领域游戏设计的步骤。一般从游戏目的确定、游戏结构安排、游戏情境创设、游戏兴趣保持这几个方面来进行。能独立设计游戏方案,使教学活动更符合"最近发展区"原则,更具针对性和实用性。

游戏设计范例

小班健康游戏:宝贝在哪里

【游戏活动目标】
(1)认识面部器官,能准确指出五官的位置。
(2)初步了解五官的用处。
(3)教育幼儿学会保护好自己的五官。

【游戏活动准备】
(1)小镜子每人一面。
(2)五官可以活动的脸谱一幅。
(3)《小手拍拍》歌曲磁带。

【游戏活动重点】
(1)准确指出五官。
(2)学会保护自己的五官。

【游戏活动过程】
1. 照一照,讲一讲"宝贝"的名称。
(1)教师启发提问:"这是什么?(镜子)请小朋友每人拿一面小镜子,仔仔细细地照一照自己的脸,看一看你的脸上有哪些'宝贝',然后告诉老师,好吗?"(好)
(2)请幼儿告诉老师:"我的脸上有眼睛、鼻子、嘴巴、耳朵。"
2. 请幼儿指一指"宝贝"的位置。
(1)师:"哪个小朋友本领大,边用手指边说一说你的鼻子、眼睛、嘴巴、耳朵都长在什么地方?"(鼻子在脸的中央,眼睛在鼻子上边,嘴巴在鼻子下面,耳朵在脸的两旁。)
(2)教师念儿歌,请幼儿指出五官。

      小小鼻子本领大,长在脸的最中央。
      两只眼睛明明亮,长在鼻子的上方。
      鼻子下面是嘴巴,笑一笑呀像月亮。
      耳朵耳朵最听话,长在我的嘴两旁。

(3)做一做。出示贴错的五官脸谱,请幼儿找错并贴正确。
师:"小朋友,我带来了一张五官脸谱,你看贴得对吗?(不对)请小朋友把它贴正确吧!"
3. 说一说"宝贝"的用处,以及应怎样保护它们。
(1)"小朋友,你知道我们的'宝贝'各有什么用处吗?"(知道)
(2)启发幼儿说出后,教师小结:"鼻子能闻气味,眼睛能看东西,耳朵能听声音,嘴巴能吃饭和说话，它们一样都不能少。"

（3）"既然我们的'宝贝'对我们来说这么重要，一样都不能少，那么我们应该怎样保护它们呢？"教师先引导学前儿童回答，然后教师小结："不能用手抠鼻子，不能用脏手揉眼睛，不能对着耳朵大声喊叫，不能把手放进嘴巴里，它们都是我们的好朋友，我们要好好地保护它们。"

4. 师幼用问答对唱的形式，边回答边指出五官。

师："好儿童，我问你，你的鼻子在哪里？"幼："吴老师，告诉你，我的鼻子在这里。"依次回答并指出其他五官。

5. 随音乐《小手拍拍》边表演边指出五官，结束活动。

活动反思：由于小班的孩子正处于自我认知、自我意识初步形成的时期，他们对自己的身体、自己的事和物越来越感兴趣。但是，孩子在玩耍活动中，因缺乏生活经验，经常使自己的五官受到伤害，因此，安排这一活动，旨在通过活动的开展，进一步加深孩子对自我的认识，掌握一些基本的自我保护方法，培养孩子从小形成自我保护的意识。

资料来源：寿光市营里镇朝阳幼儿园吴洪华老师组织的健康游戏

中班健康游戏：放飞心情

【游戏活动简介】

本次活动老师一共安排了三大活动环节，简单朴素，源于生活。活动开始，以老师自身的不开心导入，引起幼儿的共鸣。确实老师最近牙齿疼了好久，牙龈也肿了一个多星期，平时孩子们觉察到老师的"难言之隐"，都会主动来关心，于是老师就自然而然地把这件事带入活动中。接着由老师转到幼儿这一主体，抓住孩子们在日常生活中的个别活动侧影，让他们看看自己遇到不开心的事的情景，使幼儿有一种切身感受。在此基础上，让孩子与同伴共同商量解决他们遇到的不开心或伤心的事情，学习调节情绪，寻找快乐。最后，分组自由游戏，让孩子们通过多种渠道发泄不愉快的情绪，把活动推向高潮。活动在孩子与孩子、孩子与教师之间传递快乐、享受快乐、放飞快乐中自然结束。

【游戏活动过程】

1. 情境导入，引起学前儿童的情绪共鸣。

（1）教师捂着脸，表情痛苦，引起幼儿的好奇。

（2）师："老师最近牙齿好痛，今天脸都肿起来了，怎么办呀？"

幼儿都知道牙痛应该去看医生，因此孩子们都建议老师去看医生。

（3）师："现在老师牙齿好痛，很不开心，你们快来帮老师想想办法吧！"

（大部分幼儿选择让老师看医生，个别幼儿还亲手帮老师揉揉。）

2. 排解不开心情绪，寻找快乐

（1）由老师的不开心引出幼儿遇到过的不开心的事情。

师："老师遇到了不开心的事，小朋友会遇到哪些不开心的事情呢？"

（2）（播放班级活动的幻灯片）让幼儿看看谁遇到了不开心的事，为什么不开心。

幼儿的注意力都转移到屏幕上，他们看到自己和同伴在活动中的情景时，都显得很激动，情绪一下子就被调动起来了。

（3）老师让幻灯片里遇到不开心事情的孩子讲讲当时的情况和心情，请小朋友想办法让他变得开心起来。

（4）幼儿自由讨论，请个别幼儿说一说自己的好办法。

（5）师："我们还会遇到哪些不开心的事？你是怎样使自己变得开心起来的？"

（6）教师引导幼儿把生活中的不开心变成开心。（此时正好有一个小朋友不开心，这一环节事先没有预设，想到这次活动的重点是引导幼儿将不开心转化为开心，于是马上接住了这个孩子抛来的"球"。这个孩子的脾气很倔，动不动就板脸发脾气，于是借此机会，让孩子们来解决这个难题。孩子们有的要送她玩具，她摇头；有的要和她一起玩，她摇头；有的要给她一个拥抱，她还是摇头……大家想了好多办法，效果都不明显。这时有个孩子想到了要给她贴纸，平时她很喜欢贴纸。这下投其所好，总算让她点头了。）

（7）老师小结："当我们遇到不开心的事情时，可以告诉老师、小朋友，让大家一起帮助你，把你的不开心变成开心。其实，帮助别人也是一件很开心的事情！"

3. 多渠道发泄情绪，放飞心情。

（1）师："我们小朋友很能干，自己就能把不开心赶跑，你有哪些赶走不开心的好方法呢？"

（2）向孩子们介绍并尝试几种赶走不开心的好方法：深呼吸、大喊一声、传染快乐等。

（3）一起来试试。

教师介绍的方法令学幼儿很感兴趣，他们积极投入活动中。

（4）分组发泄情绪。

1）民间游戏区：和好朋友一起做游戏。

2）小舞台：跟着音乐唱歌、跳舞。

3）心情话吧：打电话聊天。

4）美工区：让孩子们把不开心的事画在纸上，折成飞机，让不开心飞出去。

5）深呼吸等（可根据幼儿的回答适当增加项目）。幼儿自由选择喜欢的方式发泄不开心的情绪，在操作活动中体验快乐的情绪。

（5）幼儿自由选择区域，放飞快乐。

资料来源：一起来学网 http://www.170xue.com/

大班健康游戏：保护牙齿

【游戏活动设计意图】

在日常活动中，教师发现幼儿对牙齿的了解并不深入，坚持早晚刷牙的幼儿不多，蛀牙问题在幼儿中严重存在。根据本班幼儿的认知特点和兴趣，教师设想通过具体的牙齿模型，结合幼儿日常的生活经验，使幼儿在活动中提升对牙齿的认识，并寻找保护牙齿的方法。

【游戏活动目标】

（1）了解牙齿的重要性。

（2）通过活动使幼儿了解蛀牙形成的原因。

（3）了解换牙的常识，学会保护恒牙，养成坚持每天刷牙的习惯。

【游戏活动准备】

（1）牙模、牙刷。

（2）蛀牙形成的图片3张。

（3）事先浸泡在醋里的蛋壳和浸泡在水里的蛋壳。

【游戏活动重点】

了解牙齿的重要性，学会正确的刷牙方法。

【游戏活动难点】

蛀牙形成的原因。

【游戏活动过程】

1. 以猜谜语的形式引出主题。

（1）师："今天老师请小朋友猜一个谜语，请猜到的小朋友上来轻轻地告诉老师答案。健康卫士穿白衣，上下两排真整齐，口中饭菜它磨碎，早晚用刷把澡洗。"（牙齿）

（2）出示牙模，请幼儿讨论牙齿的作用。

师："小朋友们真棒呀，一下子就猜到答案了。看，这个就是我们牙齿的模型。哪位小朋友能告诉我牙齿有什么作用呢？"（引导幼儿发散思维，对积极回答问题的幼儿给予肯定和表扬）

2. 寻找蛀牙的原因及蛀牙的危害。

（1）师："我们牙齿的本领还真是大，可以磨碎食物。今天老师还带来一张图片，我请小朋友们当小医生，看看牙宝宝怎么了。"（出示图片1，幼儿回答。）

（2）师："原来可恶的细菌正在伤害牙宝宝呢！我们再来看看受伤的牙宝宝变成什么样子了。"（出示图片2及图片3，幼儿回答。）

（3）师："原来我们健康的牙宝宝受到了细菌的伤害后，变得黑黑的，而且黄黄的，很快受到伤害的牙宝宝就变成蛀牙了。"

（4）观看实验，做出比较。

师："老师桌上有两杯液体。请你们辨别一下，桌子上哪一杯是水，哪一杯是醋呢？"（学前儿童上台辨认。）

师："小朋友们真棒，一下子就找出来了。你是怎么来辨认的呢？"（醋的味道是酸酸的。）

师："说得真好，老师前几天不小心把一个蛋壳掉到了酸酸的醋里面。小朋友们看看，这个蛋壳变成什么颜色了？"（黑色）

师："我这里呀，还有一个蛋壳放在水里。我请一个小朋友上来用手指轻轻地敲敲，感觉怎么样？"（醋里的蛋壳软软的，水里的蛋壳硬硬的。）

师："你们想想看为什么蛋壳会变得又黑又软呢？"（醋是酸的，细菌让蛋壳变黑变软了。）

师："原来酸酸的醋会让硬硬的蛋壳变软变黑。我们嘴巴里的牙齿就像蛋壳一样，本来是硬硬的。但是吃完东西后会有食物的残渣留在我们的口腔中，这些残渣时间久了就会变成一种酸性的细菌。这些细菌就会像醋把蛋壳变黑一样，把我们牙齿上的保护膜钙质也变黑。这样我们原来的小白牙就会变黑了，慢慢地变黑的牙齿就会成为蛀牙，还会有蛀牙洞呢。"

师："你们想想，要是我们的小白牙变成了蛀牙，会有什么样的危害呢？"（牙齿掉了、不能吃东西、咬不动东西了、牙齿疼。）

3. 师生共同寻找保护牙齿的方法

（1）幼儿相互观察牙齿。

师："我们现在请小朋友相互帮忙检查一下，看看你有没有小黑牙和小蛀牙。"

师："原来很多小朋友都有小黑牙和小蛀牙了，怎么样才能不让我们的牙宝宝变成大蛀牙呢？"（睡觉前不吃东西，早晚都要刷牙，少吃甜食，少吃酸的。）

（2）了解乳牙和恒牙。

师："小朋友们说得都很好。老师发现很多小朋友开始换牙了。你们知道吗？掉了的牙齿我们叫它乳牙，新长出来的牙齿我们叫它恒牙。现在小朋友的乳牙如果已经是蛀牙就要千万小心，不能再让新长出来的恒牙受到细菌的伤害。因为恒牙要是变成了蛀牙，就不会再有牙齿长出来了。"

4. 听歌曲录音，知道正确的刷牙方法

（1）师："刚才我们有小朋友说了早晚都刷牙可以不让我们的牙宝宝变成大蛀牙，你们能坚持做到早晚都刷牙吗？"

（2）请幼儿演示刷牙动作。

师："我请小朋友做做看，刷牙的动作是怎么样的？"（幼儿上前在牙模上演示。）

师："小朋友们的刷牙动作都不大一样，现在跟着老师一边听音乐，一边做刷牙操吧！"

【游戏活动反思】

本活动抓住了幼儿日常生活中的健康问题，用课件小故事讲解的方法充分调动了幼儿的积极性。通过课前的知识准备让幼儿学会儿歌，运用儿歌内容创编成歌曲，让幼儿能较快地学唱歌曲。通过课件介绍了牙齿的基本结构，让幼儿能初步了解乳牙和恒牙的不同，并运用教具增强了幼儿的自主性和操作性，使幼儿很快学会了儿歌，在卫生习惯上有一个健康的认识。教育的延续性是本节教育活动的真正价值所在。让孩子健康生活是每位家长的良好愿望。通过本次活动让幼儿了解蛀牙的危害，以及几种预防蛀牙的方法，知道要养成早晚刷牙的好习惯。由于许多幼儿都有保护牙齿的常识，所以本次活动进行得比较顺利，纪律也很好，较好地完成了活动目标。

资料来源：山东省寿光市文家街道西城幼儿园庞兴荣老师组织的健康游戏

四、健康领域游戏活动组织

1. 身体健康游戏的组织

教师在组织游戏时，可以结合幼儿现实生活中的表现，在游戏情境中以游戏的角色巧妙地提醒幼儿关注自己身体保健方面的做法恰当与否。例如，不喜欢吃蔬菜的小朋友可让其参加"蔬菜是个宝"的游戏，不爱讲卫生的小朋友多让其参加"卫生监督员"的游戏。

2. 心理健康游戏的组织

在组织心理健康游戏时，要注意以下三个方面：

（1）鼓励全体幼儿参与游戏，使其更自信、更乐观。

（2）游戏应注意与音乐、舞蹈、绘画、手工等艺术形式相结合，多种艺术形式交融能使幼儿更加愉悦和满足，心理更舒畅。

（3）在组织游戏时，提醒幼儿树立遵守规则意识的同时，还可以引导幼儿用合理的方式、友好的态度对规则进行修正，使幼儿既遵守了规则，又巩固了与他人的友好沟通和积极合作。

3. 体育游戏的组织

按照幼儿体育的组织形式，一般可以分为自主体育游戏（徒手游戏、轻器械游戏、户外大型玩具游戏）和体育教学游戏两种。

（1）自主体育游戏的组织原则

1）安全第一原则。教师应提前检查场地，保证场地平整，防止幼儿跌倒。对于大型玩具设备，应及时检查，有问题的及时维修、报损和增添，排除安全隐患。教师要密切观察幼儿游戏活动，对于可能出现的安全问题要及时发现并加以制止。

2）卫生清洁原则。要定期做好游戏材料的测试、清洗、翻晒等除湿、除霉、除尘、除菌等工作。

3）尊重幼儿原则。教师在不影响安全卫生和健康的前提下，对于幼儿玩什么、和谁玩、在哪玩、怎么玩都不应横加干涉，妄加指责，特别要注意幼儿自主体育游戏的介入与指导的时机和方式。

4）遵守规则原则。教师要引导幼儿建立游戏日常规则，遵守游戏规则。如先到先玩、遵守秩序等。

5）材料充足与密度适应的原则。教师投放的游戏材料要充足，幼儿密度与游戏区域的场地大小比例要适当，防止踩踏事故的发生。

（2）体育教学游戏的组织

体育教学游戏的组织主要包括集合、创设游戏情境、交代游戏名称、讲解与示范游戏玩法和规则、游戏活动展开与游戏结束六个环节。其中第二个、第三个环节常常可以整合为一个环节。

1）合理的组织安排（集合）。根据游戏的内容和活动量，以及幼儿的实际情况，组织安排参加游戏的人数和先后次序。可以组织全体幼儿同时进行，也可以分成小组同时或轮流进行。

2）讲解游戏动作和规则。在教新游戏时，要先向幼儿介绍游戏名称和玩法，使幼儿对游戏有一个全面的印象，然后重点讲解游戏动作和规则。

3）游戏活动展开。按照游戏内容，有时要将全班幼儿进行分队（组）。分队（组）时，要注意幼儿能力和男女的搭配，使各队（组）力量基本相近。

4）教师对游戏的指导。教师应密切观察幼儿游戏，及时地给予指导。游戏进行时，幼儿往往沉浸于情景之中，而忽略动作的姿势和游戏的规则，教师要及时强调；还要仔细观察幼儿身体情况的变化，如出汗、脸红（白）、喘气、动作不正常等，应及时地调整活动量。

5）游戏的结束。教师要善于发现有利时机，使幼儿在愉快的气氛中结束游戏。一般在全班情绪良好，还未感到累的时候结束游戏最为合适。教师要做简单的小结，小结形式可公布游戏结果，也可表扬某队（组）或哪个孩子某些动作做得好或遵守规则、乐于助人等，同时也应指出个别幼儿违反规则或不友好的行为。

游戏活动演练

游戏 1：小熊小熊没椅子

游戏目的：让幼儿学会遵守游戏规则。

游戏准备：小椅子 5 张。

游戏规则：游戏前，先学会念儿歌。5人一组进行游戏，5张椅子背靠背围一圈摆好。游戏者站在椅子旁。游戏开始，游戏者边念儿歌边绕椅子走，当说到"他"时，赶紧找椅子坐下，没有抢到椅子的就是小熊。

附儿歌："一个娃娃一个家，小熊小熊没有家，小熊小熊是谁呀？小熊小熊就是他。"

游戏2：小鸡出壳

游戏目的：锻炼孩子的身体协调能力。

游戏材料：大张的废报纸若干，每张画一个大鸡蛋，分散放在地上。

游戏规则：分成两队进行比赛，老师发令说："预备——起！"孩子们赶快拿起报纸，小心机灵地从蛋中间撕破一个洞，然后将头、肩、躯干和脚从报纸中钻过，再跨出报纸。发出"叽、叽"声，一只小鸡孵成了。接着下一个孩子再撕再钻，要是将报纸撕破了，就算失误。最后孵出小鸡最多的一队为优胜。

知识与技能检测

1. 简答题

（1）健康领域游戏包括哪几个方面的游戏？

（2）在设计和组织幼儿心理健康游戏时应注意哪些事项？

2. 案例讨论题

睿睿上大班了，体重达到了30公斤，平日正常的跑跳等体育活动已让他感到吃力。睿睿的饮食习惯是不喜欢吃蔬菜，喜欢吃肉，而且食量很大。有一次奶奶把睿睿送到幼儿园门口，临走嘱咐了一句："一定要吃饱啊，饭不够的话跟老师再要。"可能这样的嘱咐已成常规。

阅读以上案例，你认为睿睿的发展状态正常吗？如果你是睿睿的主班老师，运用本模块所学理论与睿睿家长沟通交流，提出合理化建议。

3. 实训项目

请从健康领域中任选一种游戏形式进行设计并准备游戏材料，在本班进行模拟教学后，根据师评、互评和自评写出教学反思。

模块二　语言领域游戏活动设计

按照游戏目的，可以把语言领域游戏分为练习听的游戏、练习说的游戏和早期阅读游戏三种，其中练习说的游戏是幼儿园最常用的游戏，可以分为发音游戏、语汇游戏、句型游戏、描述游戏四种。

案例导入

"妈妈，今天我们在幼儿园学了一个新故事，我讲给你听听吧？""宝贝，妈妈明天要交营销计划书，去讲给爸爸听吧，好吗？""爸爸，我今天学了一个新故事，讲给你听听吧？""宝贝，爸爸明天要开会，今晚得准备材料，你自己玩，好吧？"孩子无奈地拿起了玩具，玩了一会儿，又无聊地问："妈妈，和我玩一会儿吧？"无人回答，孩子只好打开电视，不一会儿就沉浸在动画片中……

思考与讨论：

1. 案例中父母的教育方式有没有问题？对处于语言发展关键期，想说想表达的幼儿来说父母应该怎么办？
2. 家庭对孩子的教育应注重什么？

一、语言领域要求

《3～6岁儿童学习与发展指南》中指出语言领域包含了两大方面，如图6-4所示。

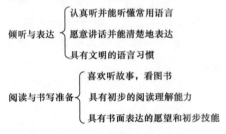

图6-4 语言领域的组成

二、语言领域游戏的作用

1. 通过游戏培养幼儿的倾听能力

案例链接

小朋友头戴小猫头饰围坐成一个圆圈，拍手唱《生日快乐》歌。"叮咚"门铃声响后，圈外背对小朋友站着的戴小狗头饰的小朋友开始说："动物园里欢乐多，又跳舞又唱歌，小猫今天过生日，我也要去送礼物。"围圈的小朋友齐声问："你是谁呀？"戴小狗头饰的小朋友说："我的鼻子特别灵，会看家，对主人忠实，很多人都喜欢把我当宠物。"如果幼儿猜出是"小狗"，核对头饰后，可以入座共同唱歌；如果猜不出，可以降低难度学小动物的叫声。猜出后，可以和大家一起唱歌。如果仍猜不出，可回转头请任意一个小朋友表演节目。

游戏规则：小朋友只有一次提出降低难度的机会，如果降低难度还猜不出，则可以要求任意一位小朋友表演节目。

2. 通过游戏培养幼儿语言表达的能力

案例链接

全班小朋友坐在桌前，齐声朗诵儿歌："小动物，本领大，我们大家都爱它。"老师用击鼓传花的方式点出一名小朋友，请他到桌前拿一个喜欢的动物头饰戴上，并面对全体小朋友说："我是……。"如拿到小猫头饰戴上就说："我是小猫。"当学前儿童玩熟后，游戏升级，让小朋友说完"我是××"，再说出它的叫声，如拿到小猫头饰戴上说："我是小猫，我会喵喵叫。"当学前儿童熟悉这种玩法后，游戏继续升级，还要说出这种动物有什么本领，如拿到小猫头饰戴上说:"我是小猫,我会喵喵叫,我会捉老鼠。"当小朋友都会玩这个游戏后,可以再升级为由幼儿自身说出自己的本领,不必戴头饰,齐诵儿歌变成:"小朋友,本领大,我们大家都爱他。"随后说:"我是毕田田,我会画画。"

游戏规则:当小朋友不能按要求的句型说出句子时,就表演一个节目。

3. 通过游戏巩固幼儿阅读和书写技能(见图6-5)

图6-5 幼儿在阅读

案例链接

全班小朋友在起跑线后站好,距起跑线3米处放置一个图板,上面蒙着布,布下面是常用的图标和字标。当老师说"生病了",小朋友要迅速跑至图板前拿下"120"的字标或红十字的图标。当老师说"上厕所",小朋友要迅速跑至图板前拿下"厕所"的字标或相应性别的图标。当老师说"有坏蛋",小朋友要迅速跑向写着"110"或"派出所""公安局"的字标。取得又对又多的小朋友可以获得生活王国国王的奖励——一把打开生活王国城门的金钥匙;取得少的,可获得客人邀请函一封。

游戏规则:凡是取得不对或是抓破了图标或字标的,将被安排休息一轮,下一轮方可参加。

资料来源:姜晓燕. 学前儿童游戏教程[M]. 北京:教育科学出版社,2012.

三、语言领域游戏活动设计

讲故事是幼儿最喜欢的游戏方式之一,讲故事也是幼儿园语言教育的一种方式。如何组织好一节语言课可是一门大学问,从活动目标、活动准备、活动过程、活动评价等几方面设计幼儿园语言领域的游戏,达到语言教育目标。

游戏设计范例

小班语言游戏:打电话

【游戏活动设计意图】

小班幼儿年龄小,语言发展水平参差不齐:有的胆小,不敢讲;有的喜欢讲方言,不习惯讲普通话；有的发音不准确。通过这个活动，让孩子正确发音，并养成良好的礼貌语言习惯。

【游戏活动目标】

（1）善于倾听同伴和成人讲话，愿意和别人交往，愿意用口语表达自己的请求和愿望。

（2）学习正确、规范、清晰地发音。

（3）养成尊敬长辈、对人有礼貌的良好行为习惯，会使用"您、你、请、谢谢、再见"等礼貌用语。

【游戏活动准备】

两部玩具电话或两个玩具手机、生日蛋糕、蜡烛等。

【游戏活动过程】

1. 出示实物，设置情境。

教师出示生日蛋糕，对小朋友说："今天是红红的生日，她很想邀请几个小朋友到她家去玩，和她一起分享生日的快乐。她会用什么方式邀请小朋友呢？今天老师要和大家一起玩'打电话'的游戏。"

2. 介绍游戏规则和玩法。

打电话要有甲、乙两方对话。打电话时，先拿起电话听筒，听到一长声"嘟——"后，才能拨号，拨号接通后才能讲话，讲话完毕要将电话挂好。讲话时要分清不同的角色和关系，表达要清晰、简洁、完整，说话要自然，正确使用礼貌用语。

3. 教师参与游戏，帮助幼儿理解和掌握游戏规则。

（1）教师示范。教师先给方方小朋友打电话。拿起听筒："喂，你好！方方吗？我是红红，今天是我的生日，请你到我家来参加生日晚会吧。晚上七点开始，一定要来啊，再见！"提醒幼儿注意分清对象，认真倾听对方说话，学会比较清楚、有条理地表达自己的愿望和要求。

（2）教师引导幼儿游戏，特别是与个别幼儿游戏。

向幼儿询问一些在园里和家里的情况，互相对话，也可以让小朋友给自己的父母打电话，把一件事情简明、扼要地说清楚："喂，您好！是妈妈吗？我告诉您一个好消息。六一儿童节要到了，我们班要表演一个舞蹈节目，我被选上当跳舞的小演员了，还要上台表演节目呢，我真高兴。"教师鼓励幼儿用丰富的语言表达自己与人交谈的愿望，及时纠正幼儿错误的表达方式。

4. 幼儿自主游戏

（1）请两名能力较强的幼儿扮演不同角色打电话，内容可以是教师规定的，也可以由幼儿自定或即兴发挥。

（2）幼儿两个一组开展游戏，教师巡回观察、指导。

5. 游戏延伸

打电话的内容广泛、多样，幼儿可以多样选择。打电话的地点可远可近，电话可以是本地区的，也可以是通往全国其他城市，甚至是国际长途。在游戏中，还可以对幼儿进行自我保护的教育，让幼儿记住自己家的电话号码和一些重要的电话号码，如"110""119"等。

资料来源：幼儿教育网 http://www.hlzzw.com/

中班语言游戏：美丽的家园

【游戏活动设计意图】

环保是我们一贯坚持的学前教育主题之一，在生态环境严重受到威胁的今天，教育幼儿从小做起、从我做起、爱护环境、保护我们的家园更是迫在眉睫。本次活动的主要内容正是将环保这一综合性的主题融入其中，儿歌本身的韵律简单、易记、朗朗上口，并且浅显易懂。因此，在设计教案时，以儿歌为切入点，根据幼儿的年龄特点，设计适合中班幼儿学习的活动。让幼儿在轻松、愉快的气氛中学会儿歌，同时产生爱护环境、爱护家园的愿望。

【游戏活动目标】

（1）理解儿歌的内容，学念儿歌，感受儿歌的韵律美。

（2）感受大自然的美，对人类恶劣的破坏行为造成的后果感到难过。

（3）愿意加入环保的行列中来，体验与同伴合作的快乐。

【游戏活动准备】

（1）教学课件一个：① 呈现一幅大自然未被破坏的场景；② 呈现一些不文明的行为，如污染大自然的工厂等；③ 再呈现另一幅被破坏的、难看的大自然景象。

（2）已打乱的拼图（大幅），关于大自然又恢复美丽的景象。

（3）纸、笔、水彩笔每人1份。

【游戏活动过程】

1. 幼儿通过观看多媒体课件，自己去发现大自然前后的变化。

（1）引导幼儿感受美丽的大自然，说说看到的美丽的大自然中都有什么漂亮的景色？（大地是绿的，天空是蓝的，江河很清……）

（2）引导幼儿发现大自然的变化（又脏又丑），提问："这种变化是怎么产生的？为什么？"（引导幼儿说出人类某些不好的行为造成了破坏环境的后果。）

2. 幼儿互相之间讨论，教师提出问题

（1）师："对被破坏的大自然，你们喜欢吗？你们想让大地怎么样？"（要让大地绿起来）"想让天空变得更加怎么样？"（要让天空蓝起来）……引导幼儿依次说出儿歌的原句，请幼儿说说自己要怎么做。

（2）教师小结："对啊，我们要让我们居住的家园变得更美丽，所以要从自己做起"，"要想环境好起来，人人从我做起"。

（3）引导幼儿将儿歌连起来朗诵。

3. 幼儿操作，拼出未来的大自然。

（1）教师出示大自然的拼图，讲解拼图的方法，同时告诉幼儿拼图完成后就是一幅大自然的美景图。

（2）幼儿操作，分4组，集体操作。

4. 集体声明，画环保宣传画报。

师："小朋友们，我们刚才看到了美丽的大自然，真是漂亮，要想有这么美丽的环境。一定要请所有的小朋友和爸爸妈妈一起保护环境，那么现在让我们一起设计环境保护的宣传画，告诉所有的人'环境保护靠大家'吧。"

资料来源：第一范文网 http://www.diyifanwen.com/

大班早期阅读游戏：爱心接力

【游戏活动目标】

刚进入大班的小朋友多数知道怎么握笔写字，但是部分小朋友握笔的姿势很不规范。这个游戏的目的是巩固大班小朋友对大拇指肚和食指肚夹笔、中指抵笔的三指握笔法的掌握，锻炼手眼协调性。

【游戏活动准备】

（1）物质准备：小号爱心捐物箱2个，写有1个空心字"爱"的硬纸板2张，彩色铅笔2支，桌椅各2套，天使头饰1个，翅膀1对。

（2）知识准备：认识"爱"字，了解"爱"的含义，让小朋友懂得要做有爱心的人，爱会通过献爱心传递下去。

（3）技能准备：练习三指握笔写单个汉字的方法。

【游戏活动过程】

全班小朋友平均分成两队，每人手里拿着要捐出去的小件玩具或学习用品分成两竖排，面对两张课桌和椅子站好，桌上放着摆好的硬纸板和铅笔。硬纸板上分别写着一个大大的空心"爱"字，要求空心字单个笔画最窄处不少于1厘米。

当听到老师宣布游戏开始时，站在排头的小朋友迅速跑到桌前，将手中所捐物品两只手放进捐物箱，然后坐在课桌前，开始在规定的空心"爱"字上写一笔，并且只能写在空心笔画内。其余小朋友齐声念儿歌："小小铅笔手中拿，拇指食指中指抓，左手扶纸身坐正，爱心接力（也可以根据需要在练习爱心笔画时把'爱心接力'四个字换成'写横写竖''写撇写捺'或'写点写折'）全靠它。"只要这一笔写得不出格即可起立和下一位小朋友单手击掌后站到排尾，由下一位小朋友继续捐物献爱心并在后面的空心位置写笔画。直到全队捐完物品并将空心"爱"字笔画全部填完。最先捐完物品并填完的一组获得"爱心天使"的拥抱，后填完的一组，由前后两人进行"爱的拥抱"。

游戏规则：捐物时必须两只手放进捐物箱，不能随便一扔。写字时只能写一笔，不能多写，如果握笔姿势不是规定的三指握笔或写出格了，再参加下一轮献爱心活动。

通过这次活动，小朋友们传递了爱心，还巩固了三指握笔法。当小朋友们熟练后，要求他们写笔画时要从上往下或从左往右地写。

资料来源：青岛经济技术开发区海贝尔幼儿园的语言领域游戏

四、语言领域游戏活动组织

1. 练习听的游戏的设计与组织

（1）练习听的游戏设计

游戏设计时应注意不同年龄设计不同的目标，如小班是集中注意力地倾听，中班是理解性地倾听，大班则是判断推理性地倾听。

（2）练习听的游戏组织

进行练习听的游戏活动时，应注意选择安静的时段和安静的场所。练习听的游戏，如果由于外因导致听的效果打折扣，会减少幼儿对听的游戏的兴趣。

练习听的游戏虽然主要是锻炼听的能力，但与幼儿的发音紧密相连，所以，应提前对小朋友进行发音情况摸底，对于重要的语音还需要专门进行强化训练后，再开展游戏，否则由于发音不准确而导致听音的不准确，会挫伤幼儿听音的积极性，影响游戏效果。

2. 练习说的游戏的设计与组织

（1）游戏设计应注意以下三方面

第一，目标"小步子"，即每节课一个重点，或发音，或词汇，或句子，或描述，定期进行综合训练，而不是眉毛胡子一把抓。

第二，说得要有趣。由于说的游戏常常是在重复，尤其是发音游戏，因此，教师应注意玩法设计要有趣，具有可玩性。游戏形式要丰富多样，多与艺术形式相结合，避免重复枯燥。

第三，听说要结合。因为听是说的前提，如果听不清，说肯定也会受影响。

（2）游戏组织应注意以下三方面

第一，游戏组织时应注意着重点。3～6岁幼儿正处于由发音不清晰、不准确到逐步准确的飞速发展期，所以对于小班幼儿不必过分强调说的准确度和清晰度，而应把重点放在说的态度上，如想说、敢说、喜欢说；对于中班的幼儿则需要在组织和指导时给予更多的耐心；对于大班幼儿在组织和指导时应强调说的清晰度、准确度，对于流畅度可提要求但不要过分强求，否则，就可能使幼儿失去游戏的乐趣。

第二，游戏时音量适中。游戏中，如果不是因为幼儿胆小、害羞就不要刻意鼓励学前儿童大声说，尤其是不能大声地喊着说，要让幼儿懂得用中等音量说话，一方面是文明、有教养的表现，另一方面也可以保护嗓子。

第三，游戏时间不宜过长。组织练习说的游戏，一般小班不宜超过5分钟，大班不宜超过10分钟。

3. 早期阅读游戏的设计与组织

（1）早期阅读游戏的设计

早期阅读主要是培养幼儿阅读的兴趣和习惯，早期阅读游戏也是巩固相应的技能。

不要把早期阅读当成是单纯的识字的游戏，曲解游戏的目标，在游戏设计中应注意不要走入早期阅读游戏的误区。

（2）早期阅读游戏的组织

早期阅读游戏应根据年龄不同的幼儿的特点设计，对于托、小班的幼儿，只要在愉快、宽松的氛围里，对阅读感兴趣，了解早期阅读的活动特点即可，不必过多强调规则。对于中、大班幼儿则要求组织游戏时更强调规则和效果。

游戏活动演练

游戏1：我是谁？

游戏目的：训练幼儿听声音辨人的能力。

游戏准备：布条若干，10人一组。

游戏规则：寻找者不能发出声音，听声音辨别发声的是谁。每组出一个幼儿当寻找者，其他幼儿手拉手围成圆圈，寻找者用布条蒙上眼睛站在圈内，其他幼儿手拉手边唱歌边绕着寻找者转，唱完歌曲立定，然后一个幼儿大声喊："我是你的朋友，你能猜出我是谁？"能连续把9个幼儿都猜出者胜,如有其中一个幼儿未猜出,寻找者就表演节目,然后换另一人当寻找者,游戏继续进行。

游戏2:开火车

游戏:训练幼儿的反应能力。

游戏准备:10人一组,每人定一个地点。

游戏玩法:在开始之前,每个幼儿说出一个地名,代表自己。但是地点不能重复。游戏开始后,假设你来自北京,而另一个幼儿来自上海,你就要说:"开呀开呀开火车,北京的火车就要开。"大家一起问:"往哪开?"你说:"往上海开。"那代表上海的那个幼儿就要马上反应接着说:"上海的火车就要开。"然后大家一起问:"往哪开?"再由这个幼儿选择另外的游戏对象,说:"往××开。"如果对方稍有迟疑,没有及时反应过来就输了。

知识与技能检测

1. 简答题

(1)在设计和组织幼儿练习说的游戏时应注意的事项有哪些?

(2)简述早期阅读游戏设计与组织的方法。

2. 案例讨论题

"佳佳,阿姨来了,快问阿姨好。你看这个孩子真没礼貌,快叫阿姨!"妈妈说。佳佳张了张口,听到妈妈的"快叫!"又闭上了嘴,怎么也不叫。"佳佳,阿姨好长时间没见你了,现在上中班了吧?""可不是,上中班以后啊,越来越不听话了,你看,你来了也不叫,在幼儿园还不知道怎么样呢。""佳佳,来,给阿姨背首古诗吧,阿姨就是教小学语文的,让阿姨听听,你背得好不好……"从客人一进门,这位妈妈就指挥佳佳干这干那,替佳佳回答客人的问题,佳佳完全插不上话,干脆闭嘴不说,更不用说给客人背古诗了。

阅读以上现象,你认为这位家长的做法可取吗?如果长期这样下去,会导致孩子出现什么问题?请你根据本模块所学知识,对佳佳妈妈提出促进佳佳语言发展的合理化建议。

3. 实训项目

设计小班及中班语言领域的游戏,在本班进行模拟教学,并在见习幼儿园进行游戏教学实践。

模块三 社会领域游戏活动设计

按照培养目标可将社会领域游戏分为自信积极游戏、社会交往游戏、行为规则游戏、勇于进取游戏以及爱的教育游戏五种。

案例导入

陈陈今年转学来读中班,是一个内向的男孩子,他平时很少举手回答问题,也不主动参与各类活动,经常独自玩,或者看别人玩,平时听他说的最多的话就是:"我不会。"老师与家长交流时,他妈妈说这个孩子的个性就是这样,比人家的孩子少会很多东西。

老师开始关注陈陈。很多时候陈陈即使想参与其他小朋友的游戏,也只有在别人的邀请下才会参与,而且游戏过程中他表现得很紧张,怕别人讨厌他笨。某个家长开放日,在一次数学活动中陈陈的操作比别人慢了一步,他妈妈怪陈陈:"你真笨!这么简单,怎么不会排呢?"陈陈低下头,一句话也不说。

思考与讨论:

1. 陈陈自信吗?幼儿的自信对其成长有什么影响?
2. 陈陈妈妈的教育方式有没有问题?你觉得应该给予陈陈妈妈什么样的教育建议?

一、社会领域要求

《3~6岁儿童学习与发展指南》中指出社会领域包含了两大方面,如图6-6所示。

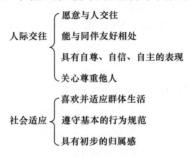

图6-6 社会领域的两大方面

二、社会领域游戏的分类

1. 自信积极的游戏

(1)正确的自我评价游戏

正确的自我评价游戏可以培养幼儿自信、积极的生活态度和愉快的情绪体验。例如,语言领域中的句型游戏"我的本领大",在练习"我是……"和"我会……"句型的同时,能够使幼儿更加全面地认识自我,评价自我,提高自信心。

(2)保持乐观情绪的游戏

保持乐观情绪的游戏有助于幼儿形成乐观的生活态度,勇于尝试,不怕失败。如中班的"我是一个笑娃娃"游戏使幼儿认识自我、悦纳自我、保持乐观;小班的表演游戏"明天的太阳红又大",使幼儿学会适应变化,对即将到来的生活充满期待和希望。

案例链接

全班小朋友围坐成一个圆圈,中间摆一个小圆桌,上面摆一座小"山","山"上放一摆硬纸板做的红太阳(纸板的正反面都画有放着金色光芒的红太阳)。老师说:"准备,呜——"同时播放刮风下雨的视频,全体小朋友一边朗诵儿歌一边做动作:"刮风啦,下雨啦,撑起小伞我不怕。"老师又说:"准备,天黑啦——"(老师可将灯光调得暗些,但光线对比不要太明显,防止再开灯时太刺眼,幼儿适应困难)。小朋友立即闭上眼睛一边朗诵儿歌一边做动作:"关灯啦,睡觉啦,明天的太阳红又大。"当"大"字朗诵结束,可以有10秒的安静时间，小朋友在心里默数10个数。10秒钟的时间一到，教师应及时把灯打开，小朋友就可以睁开眼睛跑向中间的小"山"上拿下一个"红太阳"，将太阳举过头顶后，大声说："太阳红，太阳红，明天的太阳大又红！"

游戏规则：要按照儿歌的节拍来朗诵，同时按照儿歌内容做动作，在取下太阳后应举过头顶再说："明天的太阳大又红。"

资料来源：姜晓燕. 学前儿童游戏教程［M］. 北京：教育科学出版社，2012.

2. 社会交往的游戏

人际交往是幼儿社会化的重要途径，游戏能帮助幼儿掌握正确交往的方式，如友爱、互助、礼貌、合作、沟通等。语言领域中礼貌用语游戏"找朋友"、体育游戏"大家一起玩"都会帮助幼儿掌握正确的交往用语，更好地与他人合作和分享，巩固正确交往的方式。

案例链接

全班小朋友平均分成两排面对面坐好，老师坐在两排排头的中间位置，旁边放一个置物桌，在老师对面两排排尾的位置摆着两把"思考的椅子"。每个小朋友在本组的"神奇的口袋"里随机抽出一样物品卡片拿在手中，但是这种物品一般不能独自使用。例如，"笔"能写字，却没有纸；碗能装米饭，却没有盛米饭的饭铲；有扫帚却没有簸箕。与其搭配使用的另一个物品则在另一个"神奇的口袋"里被另一组小朋友抽到。这时，通过猜拳的方式决定哪组先开始借东西，另一组小朋友就要将手中的物品卡片正放在胸前。借物组的第一个小朋友走到被借组小朋友前面，找到那个与其工具相搭配的小朋友，说唱儿歌："小朋友，打扰你，你的饭铲借我用，可以吗？"如果对方回答："可以可以，借给你。"同时双手递过卡片，小朋友马上接过物品卡片说："小朋友。谢谢你，用完马上还给你。"如果对方回答："对不起，我要用，暂时不能借给你。"小朋友则须马上说："小朋友，没关系，我到别处试一试。"然后走向该组有饭铲卡片的下一个小朋友。如果连续三个都没有借到，则需要停玩一轮，坐在"思考的椅子"上看别人怎么借东西。如果第一次就借到了，则需要把这两样物品的卡片合到一起双手放到老师旁边的置物桌上，面对小朋友做出相应的使用工具的动作，如先洗碗，再用饭铲盛饭。当这个小朋友原地立正面向小朋友站好后，表示所借物品使用完毕了，其余小朋友齐声说："使用完，快点还，好借要好还，再借不困难。"小朋友则需要将借来的物品卡片双手还给那个小朋友说："小朋友，还给你，及时相助多谢你。"

游戏规则：向别人借东西和还东西时，态度要有礼貌，身体前倾，面带微笑。当别人不借时，不能到别人手里去抢。还给别人时，要双手递上卡片而不是随便一扔。将物品借给别的小朋友也要用双手将东西交到别人手中。若将借出物品或所还物品卡片随便扔在地上，则要坐在"思考的椅子"上，停玩一轮。

资料来源：姜晓燕. 学前儿童游戏教程［M］. 北京：教育科学出版社，2012.

3. 行为规则游戏

幼儿是在社会生活中通过成人的教育和行为的强化来获得对规则本身及其执行意义的认知的，如诚实、尊重、独立等。遵守行为规范的游戏"不是我的我不拿""自己的事情自己做""勇于承认错误"都能够很好地帮助幼儿适应环境,掌握社会行为规范。

案例链接

琛琛指责小奕朝他吐口水,但是小奕坚持说自己没有吐。在老师问了很多遍的情况下,小奕由一开始不承认吐口水到承认吐了口水在地上,但是依旧不承认吐在琛琛脸上,回家后对奶奶和爸爸妈妈也是这样说的,甚至委屈得哭了。奶奶专门告诉老师这件事,觉得孙子从来不说谎。但是,老师发现,当询问小奕具体情况时,他始终在躲避老师的目光。

吐口水到别人脸上当然是不对的,小奕很清楚,并坚决表示自己不赞同这种行为。到底谁说谎了?不好下结论。为了更好地解决问题,又不伤害小朋友,老师摆出一切尽在掌握的自信姿态,表示想给没有说实话的孩子一个机会,只要说实话老师保证不生气,并用坚定的语气重复:"请告诉我实话!"

最后小奕承认了自己的错误行为,得到了老师和大家的原谅。

4. 勇于进取游戏

由于现在多数家庭都是独生子女,过多的保护使幼儿面对问题时容易表现出退缩和胆怯,通过勇敢游戏的练习能使幼儿懂得要努力做好力所能及的事,不怕困难,有初步的责任感。

5. 爱的教育游戏

幼儿爱的教育主题有热爱家庭、热爱老师和小伙伴、热爱家乡、热爱祖国。其中热爱家乡和热爱祖国需要从具体的风光、物产、民俗等入手。中班幼儿可以进行主动关心妈妈的游戏,如"我帮妈妈端洗脚水",大班幼儿爱家乡可以结合家乡的特产、幼儿知道的景点等入手。

案例链接

午饭后,孩子们在走廊里休息。萍萍和几个小伙伴一起挥着手中的图片对隔壁班的几个孩子说:"看,我们在'珠山秀谷'(家乡的某景点)拍的照片!"照片上是手绘的几个扎小辫女孩,她们站在山脚下,七歪八扭的。她又得意地说:"你也想拍一张这样漂亮的照片吗?那就来我们'珠山秀谷'吧。"看着邻班那几个孩子被吸引的眼神,萍萍和身边的几个小伙伴又争先恐后地说道:"我们'珠山秀谷'有美丽的山水,有很多漂亮的花,还有好玩的器材……"笑容挂在他们的脸上,幸福荡漾在他们的心头。几个小伙伴还得意地为同伴介绍起"珠山秀谷"上其他好玩的地方来。

三、社会领域游戏活动设计

社会领域的教育活动是引导幼儿更好社会化,促进其社会性发展的游戏,这些内容是与幼儿的社会生活密不可分的,所以应将社会领域游戏充分与各个领域的游戏活动相结合,相互渗透。例如,与语言领域相结合的"找朋友"游戏,与艺术领域相结合的"我爱我的家"

游戏,与健康领域相结合的"我是一个笑娃娃""叠被子高手"游戏,与科学领域相结合的"送动物回家"游戏。

游戏设计范例

小班社会游戏：好玩的玩具宝贝

【游戏活动目标】

(1) 让幼儿知道玩玩具时不能乱扔玩具,要爱护玩具,玩完以后要将玩具放回原处。

(2) 让幼儿学会给玩具分类,并体验大家一起玩玩具的快乐。

【游戏活动准备】

玩具若干,宝贝魔术箱一个。

【游戏活动过程】

1. 谈话引导幼儿进入主题。

(1) 教师出示玩具宝贝魔术箱,给幼儿变魔术,变出几个具有代表性的玩具,并为幼儿演示玩法(例如,玩具车、蔬菜玩具、水果玩具、动物玩具等)。

师:"这些玩具好玩吗?"

(2) 教师引导幼儿讨论玩具的各种玩法,并让幼儿自由发言,和大家一起分享。

2. 引导幼儿自己玩玩具,和好朋友交换着玩玩具。

(1) 幼儿拿着自己的玩具自由自在地玩,教师注意关注幼儿的玩法。

(2) 教师引导幼儿交换着玩玩具,体验大家一起玩玩具的快乐,也可以两个人一起玩。

(3) 教师演示摔疼了玩具,让幼儿体会一下玩具摔疼了也会"哭"。

教师小结:边说儿歌边玩玩具(玩具玩具真有趣,天天和我做游戏,轻轻拿、轻轻放,不扔不摔要爱惜)。

3. 请幼儿将玩具宝贝送回家。

(1) 教师通过打电话的方式,玩具妈妈要请玩具宝宝回家了,请幼儿帮忙把玩具宝宝送回家。

(2) 教师分别介绍玩具妈妈家的名称,然后启发幼儿将玩具按类别送玩具宝宝回家。

(3) 教师和幼儿一起检查确认玩具宝宝是否回到了自己的家,并分别把送错的玩具宝宝正确地送回家。

4. 活动结束

师:"带着好玩的玩具给其他班级的小朋友也玩一玩,大家一起分享。"(因为玩具上有很多细菌,教师注意提醒幼儿玩玩具时不能放进嘴里,玩完玩具要把手洗干净。)

【游戏活动反思】

这节活动课孩子们非常感兴趣,因为他们不但可以玩自己的玩具,还可以和其他学前幼儿交换着玩,所以他们很开心。现在的孩子都是独生子女,家庭条件也比较好,玩具很多,因此比较霸道,缺乏与别人分享的意识。

在活动中,教师通过引导孩子们有礼貌地与人交流(例如,"我可以和你交换着玩玩具,好吗?"等),让孩子们在玩的过程中学会了与人分享,又使用了礼貌用语,而且在玩完玩具后对玩具进行了分类,并放回到相应的区域中。通过这次活动,教师认识到,要放手让孩子玩,而不是怕这怕那、畏首畏尾,让老师成为活动的正确引导者,让孩子们真正成为活动的主人。

资料来源:寿光市文家街道西城幼儿园刘芳老师组织的社会游戏

中班社会游戏:生活小能手

【游戏活动目标】

目前,幼儿园的小朋友主要是独生子女,虽然幼儿园和家庭总是教育孩子"自己的事情自己做",但实际上真正能做到的却不多。通过这个游戏检验并巩固幼儿"自己的事情自己做"的教育实效。

【游戏活动准备】

(1)物质准备:小被子1条,小玩具5个,外套衣服1件,帽子1顶,毛巾1条,牙具1套,画有生活自理项目的转动表盘1个,地垫若干,仙女魔法棒一根,金色锡箔纸质奖章若干。

(2)知识准备:学会朗诵《自己的事情自己做》儿歌。

【游戏活动过程】

(1)老师问:"小朋友们,你们谁是生活的小能手呀?"小朋友纷纷高举小手回答:"我是!我是!"

(2)老师又问:"你们会不会'自己的事情自己做'?"小朋友又高兴地回答:"会!会!我会!"

老师说:"那我们就比一比,看谁做得好,赛一赛,看谁做得快。"然后,全班小朋友屈腿右侧卧于地垫做睡觉状(如无地垫也可坐在桌前两臂伏案低头做睡觉状),随着儿歌《自己的事情自己做》的节拍边朗诵边做动作:"自己来,自己来,自己起床坐起来,自己的衣服自己穿,自己的帽子自己戴,自己的被子自己叠,自己的玩具自己摆,自己刷得牙儿净,自己洗得脸儿白,自己的事情自己做,都夸勤快的好乖乖。"

老师手执魔法棒说:"魔法棒,点点头,谁的表现最耀眼。"点到谁就请谁到前面来,老师在分别画有洗脸、穿衣、戴帽、叠被、摆玩具等事情的指针转盘上请小朋友转动指针,停在哪里,就做哪项事情。做得好的就奖励一个"生活小能手"的奖章,做得不好的就得不到。

【游戏活动规则】

小朋友做事情时态度要认真,如叠被子要尽量叠得方正,穿衣服要穿得整齐,带子、扣子要系好,洗脸后记得擦拭干净,等等。如果做得不好,则不能获得"生活小能手"的奖章。

资料来源:黑龙江农垦职业学院2008级学前教育二班韩婷婷设计的社会游戏

大班社会游戏:送祝福

【游戏活动目标】

(1)让幼儿学会倾听,知道向不同的人送不同的祝福,懂得关心周围的人。

(2)让幼儿感受中国人过新年的方式,体验即将长大一岁的快乐。

【游戏活动准备】

心愿箱，大、小贺卡，锣鼓，红信封，Flash 课件。

【游戏活动过程】

1. 活动导入。

观看关于中国人过新年的动画视频。

师："我们马上要过自己的新年了，谁知道中国人是怎么过新年的？"

（舞狮、贴对联、贴"福"字、放鞭炮、放烟花、礼花、办年货、张灯结彩、把家里布置得喜气洋洋、穿得漂漂亮亮、说祝福的话……）

师："刚才啊，邱老师听到有的孩子说还要说祝福的话。对啊，过新年不仅要做一些喜庆的事，还要说一些喜庆的话。你们会说些什么祝福的话呢？"

2. 出示大贺卡，老师送祝福。

新年到了，老师也有一些祝福想要送出去。

（1）送给小朋友的贺卡。

师："这是一张送给小朋友的祝福卡。"

"谁的眼睛亮，能猜出老师的祝福？"

"你们觉得这个祝福送给谁最合适呢？"

（祝福小朋友们天天健康快乐地成长，和爸爸妈妈幸福美满地生活！）

（2）送给老年人的贺卡。

师："这张贺卡你们猜猜老师想送给谁？为什么？"

（祝福老年人身体健康，平平安安，长命百岁，精神百倍，笑口常开！）

（3）送给幼儿园的贺卡。

师："谁知道这张贺卡老师想送给谁？谁的眼睛亮能猜出这张贺卡的祝福？"

（祝福我们的幼儿园越来越美丽，永远是孩子们的乐园，人人都爱它！）

师："原来祝福除了可以送给人，还可以送给幼儿园，送给我们的城市、祖国和全世界所有的事物！"

师："祝福有许许多多，但是不同的祝福可以送给不同的人。拜年的时候啊，遇见不同的人，我们会说不同的祝福。老师把祝福送给小朋友、送给老年人、送给幼儿园，小朋友们心里是否也有很多祝福想要送呢？"

3. 摸祝福，送祝福

师："瞧！老师把你们的祝福都装进了心愿箱，我们一起来玩摸祝福的游戏吧。"

游戏规则：当鼓声响起，开始传贺卡，鼓声停止，贺卡在谁的手中谁就可以从心愿箱里摸一张祝福卡，然后说说自己的祝愿，自己想把祝福送给谁。

【游戏活动延伸】

师："心愿箱里的祝福卡送完了，你们还有许多祝福要送，是吗？我们的手工角里有许多贺卡等着小朋友们去做呢，把它装在红信封里，把我们的祝福寄出去吧。"

资料来源：宝宝龙幼教网 http://baobaolong.com

四、社会领域游戏活动组织

教师组织与指导幼儿社会领域游戏的方式应与幼儿社会教育的目标协调一致,与要求幼儿遵守的行为规范、人际交往的正确方式、勇敢进取的态度、善良友爱的态度协调一致,避免出现对幼儿教育要求与实际行为相脱节的情况,教师更不要出现"严于律幼、宽以待己"的现象。例如,教师要求幼儿与他人交往时要有礼貌,教师在组织和指导幼儿时也应注意态度和礼貌用语的使用。

1. 设计活动目标

要综合考虑所教班级幼儿的以下方面:
1)社会认知。
2)社会情感。
3)社会行为技能。

2. 活动准备

活动准备包括物质材料的准备和知识经验的准备。直观、形象、生动的形式易于幼儿理解和学习,因此,活动的准备在整个活动设计中是实现社会教育活动目标的有力保证。活动准备中的有些材料是现成的,有些则需要教师进行制作,还有的情景表演准备需要教师事先安排好,保证能为活动所用。

3. 活动过程的设计

1)开始部分。这是引导幼儿活动的第一个步骤,起到初步引起幼儿参与活动的兴趣及调动幼儿学习主动性的作用。教师组织活动的方式,一般有讲故事、引导幼儿看图片、欣赏录像资料、情景表演等。如果是外出参观活动,则在参观之前就告诉幼儿参观何处,提出参观的要求等。

2)基本部分。这是完成活动的主要部分,主要是由教师引导幼儿进行感知学习和练习。活动的大部分时间应放在这里。

3)结束部分。教师可改变原先的活动方式,引导幼儿通过参与其他活动(如音乐、美术、身体动作等),在轻松、愉快的情绪中自然而然地结束游戏活动。教师如果要在结束部分对活动进行小结或评价,应做到简洁、精练,对幼儿在活动中的表现要以宽容、积极的态度进行评价,对问题本身应留有一些思考的余地,使得活动能够有效地延伸,使幼儿能够保留对活动的兴趣,体验到活动带来的快乐,让他们以企盼的心情和态度等待下次活动的到来。

游戏活动演练

游戏1:拼五环

游戏目的:
(1)练习迅速套圈。
(2)培养幼儿合作与竞争意识。
游戏材料:不同颜色的呼啦圈。

游戏规则：5个幼儿一组，每组5个不同颜色的呼啦圈，分别放在每个组的第一位幼儿旁边，听到口令后，第一位幼儿手拿起一个圈，从头套下，跳出后，第二个马上接上，最后一个幼儿放到指定位子，依次进行，最后拼成五环，速度快者为胜！

游戏2：坐气球

游戏目的：培养幼儿的合作能力。

游戏材料：主持人准备每组各6张签，上面写着：嘴巴（一张纸）；手（两张纸）；屁股（一张纸）；脚（两张纸）；气球若干。

游戏规则：分组，每组6个幼儿，主持人请每组每个幼儿抽签。首先，抽到嘴巴的幼儿必须借着抽到手的两个幼儿帮助来把气球给吹起（抽到嘴巴的幼儿不能用手自己吹起气球）。然后两个抽到脚的幼儿抬起抽到屁股的幼儿去把气球给坐破。

知识与技能检测

1. 简答题

（1）简述社会游戏设计与组织的方法。

（2）社会领域游戏从培养目标上看可分为哪些方面的游戏？

2. 案例讨论题

某些家长的话："亮亮比你懂事。""文文会讲很多故事，你怎么一个都不会？""我们家孩子不行，他一个人不敢去的。"

有些家长总是习惯性地拿孩子的短处与别的孩子的长处进行比较，不信任孩子，常常数落孩子的不是。这种盯着孩子"短板"的教育方式很容易让孩子没有自信。

针对以上现象，请你给你班的家长指点一下迷津并提出相应的教育建议。

3. 实训项目

小组内自定内容，设计一个社会游戏并写出详细教案，小组内相互点评，然后集体备课，各小组出一份优秀教案并相互学习。

模块四 科学领域游戏活动设计

按照科学领域游戏的内容主要可以分为科学游戏和数学游戏两大类。

案例导入

早晨锻炼时，豆豆在操场上发现了一只蜗牛。这只蜗牛的出现吸引了所有孩子的目光，一大群孩子争先恐后地围过来看。豆豆首先说："你们不要过来，它会害怕的，它可能找不到家了。"另一位小朋友说："不对不对，它可能是饿了，所以出来找吃的。"文文紧接着说："不是的，不是的，它是出来散步的。"站在一旁的小宇大声说……

思考与讨论：

1. 从孩子们的对话中，你能找到探索蜗牛秘密的教育契机吗？
2. 若你是主班老师，会采取什么样的方式鼓励孩子们继续探索？

一、科学领域要求

《3～6岁儿童学习与发展指南》中指出科学领域包含了两大方面,如图6-7所示。

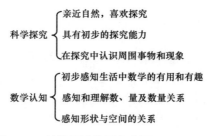

图6-7 科学领域的两大方面

二、科学领域游戏的分类

1. 科学游戏

(1) 自主科学游戏

按照游戏的内容可将自主科学游戏分为观察性游戏、操作性游戏、实验性游戏和运动性游戏等,各种游戏之间常常是相互渗透和整合的,很难有单纯的某一种游戏,如吹泡泡、纸风车、放风筝、玩沙、玩水、打手影等就是多种游戏类别相结合的游戏。

在组织与指导幼儿自主科学游戏时,首先,要做好必要的安全教育,如不要对着别人扬沙子,不能用带沙子的手揉眼睛等;其次,要注意游戏的环境、材料和幼儿个人卫生,如玩水要干净,游戏后要洗手,玩吹泡泡时的水不能去尝等;再次,游戏材料要充足;最后,教育幼儿要有规则意识,如想用别人的工具,要征得别人同意,游戏结束后游戏工具要放回原来的位置。

(2) 科学教学游戏

科学教学游戏有常识性科学教学游戏(这类游戏主要是通过儿歌、律动、抢答等方式巩固小朋友对科学常识的掌握情况,如"这是谁的尾巴"就是在儿歌的伴随下把老虎、松鼠、兔子等的尾巴安到对应的动物身上)、观察性科学教学游戏(让幼儿运用感觉器官辨别自然物体的属性和功能)、操作性科学教学游戏(让幼儿在自由的操作过程中获得有关科学经验的游戏)、实验性科学教学游戏(让幼儿通过自己动手实验去探索生活中的奥秘,了解身边的科学,如"磁铁找朋友""纸浆制作"等)、运动性科学教学游戏(在运动中使幼儿亲身感受事物的特性,如捉影子、纸风车、堆雪人等)这五种。

教师在组织科学教学游戏时,首先,要把安全放在第一位;其次,需要让幼儿触摸、品尝的物品必须清洁、无任何毒副作用。

2. 数学游戏

数学游戏是根据幼儿活泼好动的天性和具体形象思维的特点,将抽象的数学知识寓于幼儿感兴趣的游戏中。它是幼儿数学学习中一种十分重要的途径和方法,它具有趣味性、情景性、操作性和整合性的特点。幼儿数学游戏属于规则游戏中的智力游戏。

按照数学教育内容可以将游戏分为感知集合的游戏、掌握10以内数的概念游戏、学习

10以内数的加减运算的游戏、量的比较和自然测量的游戏、认识几何形体的游戏、感知空间的游戏、感知时间的游戏等。

（1）感知集合的游戏

案例链接

全体小朋友每人3张水果挂饰（黄的梨、红的苹果、绿的西瓜），面向三种不同颜色的画纸坐好，齐声朗诵："晚饭吃饱啦，该吃水果啦，爱心宝宝来帮忙，快把水果送回家。"小朋友们纷纷将手中的水果挂饰放至与水果同颜色的画纸上。

游戏规则：全部放对的小朋友可以得到一个爱心贴，放错的小朋友需要重新放置，直到放对为止。

（2）量的比较的游戏

案例链接

教师提前找来一个长、宽、高各约为30 cm、20 cm、50 cm的大纸盒，将纸盒的上盖去掉，分割成9个格，每格分别放入1元、2元、5元的自制"纸币"若干张。全班小朋友分成3组，每组分到面值为1元、2元、5元的人民币纸币代金券和一个"自动提款机"，每人一个空的八宝粥罐。每组小朋友分别借助"自动提款机"进行操作，提出7元钱。要求每名幼儿先想好取钱方法，然后模仿按键动作，接触需要面额的"纸币"，接着取出相应的自制"纸币"，装入空八宝粥罐内。例如，幼儿可按2、5，也可按2、2、1的方式取"纸币"。组内幼儿互相猜测取钱的方式，然后打开罐盒交流经验，并请同伴判断自己的取钱方法是否正确。为了让幼儿想出更多的取钱方法，教师在提供"纸币"时可以少提供5元"纸币"；幼儿取钱时可加上"嘀嘀嘀"的声音，以表示在"自动取款机"上按键操作，增强游戏的趣味性。取对一次得金币一枚，得金币最多的一组为胜。

游戏规则：如果取错则需要停取一轮，下一轮重新玩。

资料来源：姜晓燕. 学前儿童游戏教程［M］. 北京：教育科学出版社，2012.

（3）感知时间的游戏

案例链接

结合日常生活，加深幼儿对昨天、今天、明天含义的认识。

播放儿歌："两个小娃娃呀，正在打电话，喂喂喂，你在哪里呀？喂喂喂，我在幼儿园。"老师继续说："喂喂喂，今天你在做什么？"小朋友回答："喂喂喂，今天我在玩游戏。"老师继续说："喂喂喂，昨天你做过什么？"小朋友答："喂喂喂，昨天我去过姥姥家。"老师继续说："喂喂喂，明天你要做什么？"小朋友回答："喂喂喂，明天我要学舞蹈。"

游戏规则：小朋友在回答今天做什么时，要用"在"字；在回答昨天做什么时，要用"过"字；在回答明天做什么时，要用"要"字。如果说错，则需要停打一轮电话。

三、科学领域游戏活动设计

针对各类游戏的特点，结合幼儿的年龄阶段，设计活动方案，让幼儿具有好奇心和求知欲，能够动手动脑，探究问题，体验科学的重要和有趣。

游戏设计范例

小班科学游戏：了不起的轮子

【游戏活动设计思路】

这个游戏是小班教育主题中的一个科学活动。生活中，轮子到处可见，马路上穿梭的车辆，不管是汽车、摩托车还是自行车都有轮子，轮子存在于我们生活中的每一个角落。因此让幼儿进一步认识轮子，知道轮子给我们的生活带来的方便，体验轮子带来的乐趣，因此教师设计了这节活动。

【游戏活动目标】

（1）了解轮子是圆的，会滚动，能给人们生活带来方便。

（2）体验与同伴合作玩玩具的乐趣。

（3）了解轮子在社会生活中的应用。

【游戏的重点、难点】

（1）此游戏的重点是让幼儿了解轮子是圆的、会滚动的特性。

（2）如何引导幼儿发现并感受轮子带给我们生活的便利是这次活动的难点。

【游戏活动准备】

（1）圆柱体、正方体、三角体的积木若干。

（2）课前幼儿收集的玩具汽车。

（3）各种有轮子的物体的图片。

【游戏活动过程】

1. 游戏导入，激发兴趣

（1）教师出示装有圆柱体、三角体、正方体积木的"百宝箱"。引导幼儿在"百宝箱"中摸一摸，感知物品的形状，然后选择自己喜欢的积木，在地上玩一玩，滚一滚。

（2）教师提出游戏小任务：看看哪个会滚，哪个不会滚。看看谁最先发现它们的小秘密？接着教师提出问题："想一想，哪块积木滚得快，滚得时间长，为什么？"组织幼儿进行讨论。

（3）教师适当小结。在这一环节中，幼儿通过玩游戏发现了圆柱体积木会滚，滚得快，滚得时间长，因为它没有棱角是圆柱状的，从而了解圆柱体会滚动的特性，为后面认识轮子和它的作用做好铺垫。

2. 探索发现，认识轮子

（1）教师引导幼儿观察自己带来的玩具小汽车，启发幼儿："请小朋友们找一找小汽车上哪些东西是圆的？"幼儿自由观察讨论，通过观察认识到轮子是圆的这一特征。

（2）接着幼儿自由玩一玩自己带来的汽车玩具。教师提出问题："你是怎样玩玩具的？玩具汽车是怎样前进的？"幼儿回答后，教师小结："轮子是圆圆的，可以向各个方向滚动，并请幼儿演示轮子的滚动。"

3. 拓展思维，启发联想

教师与幼儿进行谈话："你还见过哪些东西上有轮子呢？为什么要安装轮子？"教师可以引导幼儿发散思维，想一想除了车以外还有哪些东西上有轮子，并结合自己生活中的经验，谈一谈轮子的作用，感受轮子给我们生活带来的方便，使幼儿认识到轮子可以帮我们"走"得更快，还能省力。

4. 轮子自述，拓宽视野

（1）教师进行小结："这些轮子真了不起，帮我们做了很多事情，让我们一起来看一看还有哪些东西上有了不起的轮子吧。"

（2）教师以轮子的身份进行自述："我是了不起的轮子，你瞧，溜冰鞋上有圆圆的轮子，自行车上有圆圆的轮子，摩托车上有圆圆的轮子，汽车上有圆圆的轮子，火车上也有圆圆的轮子，它们都因为有了我而跑得很快很快，把大家带到想去的地方。"

5. 创设情景，感受体验

（1）创设情景：请幼儿分组感受搬动滑板车和拉动滑板车有什么不同，并请幼儿说出答案（利用轮子拉动更省力气，更快）。

（2）教师小结："有了轮子，我们在做事情的时候会更省时、省力，更方便！"

【游戏活动反思】

通过这个活动，孩子们了解了轮子的特性，知道了轮子在生活中给人们带来的方便，体验到了游戏的乐趣，懂得了简单的科学道理。

资料来源：广饶县李鹊镇小张幼儿园田晓玲组织的科学游戏

中班数学游戏：红枣馒头

【游戏活动目标】

（1）让幼儿知道7添上1是8，并能认读数字8。

（2）让幼儿理解8的实际意义，知道数量是8的事物能用数字8来表示。

（3）发展幼儿的动手操作能力。

【游戏活动准备】

（1）自制挂图1（7个大灯笼和7个小灯笼，对应摆放）；挂图2（7个大馒头）。

（2）卡纸做的大馒头、小馒头、大红枣、小红枣若干，数字卡片7、数字卡片8。

【游戏活动过程】

1. 创设情境，引出课题，点数7。

教师可以用故事的形式引出课题。例如："过年的时候，我们挂上红红的灯笼来庆祝新年。"

出示挂图1：我们一起来数数，有多少个灯笼呢？（先引导幼儿点数并说出总数，再比较出大灯笼和小灯笼一样多，数量都是7个。用数字7来表示，出示数字卡片7。）

2. 学习8的形成，认读数字"8"。

过年的时候，我们挂上红红的灯笼，还要做上香香的馒头。

（1）出示挂图2，让幼儿数数有几个大馒头。（7个）老师又拿来了一个，问幼儿现在一共有多少个。（8个）引导幼儿说出7个大馒头添上1个大馒头是8个大馒头。8个大馒头用数字"8"来表示,并出示数字 8。

(2)老师又拿来了 7 个小馒头,在 8 个大馒头下面对应出示 7 个小馒头,引导幼儿比比大馒头和小馒头谁多谁少,怎样使它们变成一样多。启发幼儿用添上 1 或去掉 1 的方法把它们变成一样多,从而知道 7 添上 1 是 8,8 去掉 1 是 7。

(3)教师总结:7 添上 1 是 8。

3. 幼儿动手操作。

(1)师:"小朋友们,你们吃过红枣馒头吗?今天老师准备了好多红枣,请你们把这些馒头变成红枣馒头吧。"

(2)幼儿分组操作,给"馒头"贴"红枣"。每人领到一张卡纸做的 8 个大馒头和一张卡纸做的 8 个小馒头,要求幼儿分别给每个大馒头贴上 8 个大红枣,给每个小馒头贴上 8 个小红枣。

(3)交流验证操作结果。

请幼儿相互点数,看看是不是放了 8 个红枣,多了就拿掉,少了就添上。

4. 游戏巩固数字"8"的认识

(1)出示数字卡片"8",请幼儿认读、观察数字 8 的形状像什么?(像麻花、像葫芦等。)

(2)游戏:看谁最快找到活动室里数量是 8 的物体。如,8 个水杯、8 块积木、8 本书等。

【游戏活动延伸】

利用户外活动做游戏"老鹰捉小鸡",进一步巩固 7 添上 1 是 8,8 去掉 1 是 7。(游戏玩法:老师当"鸡妈妈",有 8 只"小鸡","老鹰"吃掉一只还剩 7 只"小鸡",救回一只是 8 只"小鸡"。)

【游戏小结及反思】

本节活动教师利用故事首先复习巩固了 7 的点数,再衔接到 8 的形成及 8 的点数,让学前儿童动手操作进一步认识 8,利用游戏巩固认识。每个环节使幼儿顺其自然地导入,让幼儿在动手操作中领悟知识,在游戏中学会知识的运用,使得学习效果突出地表现出来。

资料来源:中国学前教育网 http://web.preschool.net.cn/

大班科学游戏:猜左手,猜右手

【游戏活动设计意图】

区分左右是大班幼儿学习的一个内容,幼儿以自身为中心来辨别左右关系是以客体为中心辨别左右关系的前提。《幼儿园教育指导纲要(试行)》指出:"幼儿园应以游戏为主要向导,让孩子在游戏中得以不同的发展和提高。"于是教师在活动中通过左右手这个载体,设计了几个与左右手有关的小游戏,希望能在游戏中提高孩子细致观察和辨别的能力,并能够正确区分左右手及相应的左右关系。

【游戏活动目标】

让幼儿能正确区分左手和右手,在游戏中提高幼儿细致观察和辨别能力,体验与同伴玩的乐趣。

【游戏活动准备】

PPT 课件,大纸盒,若干红、蓝圈。

【游戏活动过程】

1. 找找自己身上的左右。

（1）师："今天我们要玩一个游戏，来找找自己身体上的左和右，你们知道身上有哪些部位是分左和右的？你们都能分清楚吗？"

（2）热身游戏"我说你做"。

2. 游戏：看手势图，猜左右手。

（1）出示PPT课件。

师："今天我们要玩一个看图猜左右手的游戏，怎么玩呢？"

（2）介绍游戏规则。

规则1：当老师点出一张图时，请你们快速仔细地看看，这个手势用的是左手还是右手，如果你觉得是左手，就请跑到你左边的线后；如果你觉得是右手，就请你跑到你右边的线后，并做出与图片一样的手势。

规则2：当老师说"开始"，你们就跑。老师数5、4、3、2、1，数到1的时候，你必须站到线后，并且不能再改动，否则就算输，需回到自己的座位上。

规则3：如果猜对的是右手做出的手势，在你的右手上戴一个红圈，如果猜对的是左手做出的手势，在你的左手上戴一个蓝圈。

（3）交代规则后请幼儿童复述规则。

（4）幼儿游戏。

（5）比比谁获得的圈多。

3. "猜左手、猜右手"游戏。

（1）游戏：猜左手、猜右手。

游戏玩法：两个幼儿分别站在盒子的两边，面向有洞的一面，两个幼儿轮流游戏。

先玩者从盒子顶部的篮子里取出一张卡片，看好卡片上的字是左还是右，如果是左，就用自己的左手做个手势，让对方猜；如果是右，就用自己的右手做个手势，让对方猜。如果猜对了，就把卡片放回顶部的篮子中，然后交换，最后比比谁获得的卡片多。

（2）幼儿两两合作玩游戏，教师巡视，个别指导。

资料来源：上海学前教育网 http://www.age06.com/

四、科学领域游戏活动组织

1. 营造游戏氛围

教师为幼儿提供一个轻松、自由又井然有序的环境，鼓励幼儿消除顾虑，大胆尝试。还要为幼儿提供良好的物质基础，让幼儿自由地、独立地、反复地与游戏材料接触，让他们在接触中增强好奇心，发现问题，从而积极地探索各事物间的联系与变化。

2. 理解游戏规则

教师应该将教导幼儿遵守规则与鼓励他们探索相结合。在讲解规则的同时，还要使他们理解游戏规则。玩的过程中幼儿容易忘记规则。对于没有安全问题的违规，教师不必立即制止，可在游戏结束总结时提醒幼儿遵守规则的意义，并在平时注意遵守规则意识的教育。

3. 组织游戏活动

幼儿玩中学、学中玩的特点显著,幼儿科学玩游戏的过程是幼儿自娱自乐探索学习的过程,而非纯粹是教师教的过程。游戏中教师应给予恰当的点拨与引导,绝不能主宰、导演或干扰幼儿的游戏。活动中要尊重幼儿、依靠幼儿,充分发挥他们自主自治的作用,保证幼儿成为游戏的主人。比如,游戏的场地、环境的布置、材料的准备应由师生共同创设与使用;游戏的常规与要求不应该是教师对幼儿的单向制约,而是出自幼儿意愿的行为规则;同伴的交往、游戏的进展、过程的评价应该是教师与幼儿共同参与的平等行为;游戏中教师应该是幼儿的游戏伙伴、学习密友,应鼓励孩子去探索、去发现,从而使幼儿获得积极、主动的发展。

4. 参与游戏过程

教师要学会做一个静静的观察者,在幼儿需要时积极参与游戏,与幼儿进行语言的、心灵的交流,不要轻易打断幼儿的游戏,应以协商的方式支持幼儿的需要和发展,在游戏中起引领作用。

5. 评价游戏活动

教师评价游戏的形式要灵活多样:一是通过幼儿自我肯定;二是通过同伴赞许;三是通过教师对幼儿的赏识。

游戏活动演练

游戏 1:拍七

游戏目的:训练学生的反应能力。

游戏规则:幼儿按横排从右到左的顺序,从"1"开始数数,数数的同时双手击桌子,遇到数字 7 或 7 的倍数(如 7、14、21、28 等)就只做击桌子的动作不数数,做错者罚表演节目。

游戏 2:找不同之处

游戏目的:训练幼儿的观察力。

游戏规则:从以下两张图中找出六处不同之处。

找不同

知识与技能检测

1. 简答题

（1）科学领域游戏可分为哪几类？

（2）简述结合幼儿生活常识设计科学游戏的方法。

2. 案例讨论题

某些教师的话："不要再看蜘蛛网了，今天的课堂内容是观察春天的花儿。""听老师讲课，不要乱插嘴。"为了便于管理，便于知识灌输，教师常常急于将幼儿引到预先设计好的内容上来。

很多教师不顾幼儿尝试和探究的权利，缺少游戏精神，培养出来的是顺从、死记硬背的孩子，而不是会思考、会创造的孩子。

针对以上现象，请你结合本节所学内容，提出教育建议。

3. 实训项目

小组内自定内容，设计一例数学游戏并写出详细教案，小组内相互点评，然后集体备课，各小组出一份优秀教案并相互学习。

模块五 艺术领域游戏活动设计

案例导入

小班幼儿拿着粗细不同的黑线笔，在纸上画画，当他们无意中画出长线、短线、细线、弯线时，老师带着赞赏的口吻说："哦！这是长长的线，这是雨点的线，这线跑得真快呀……你真行，能画出这么多种线来。"并用鼓励的口吻说："你能画排得很整齐的线吗？""可以。"孩子们的回答充满兴奋和信心，他们在"乱画"中思维更活跃，手更灵活。

思考与讨论：

1. 你赞同老师对孩子的鼓励吗？为什么？

2. 在以上案例中，还可以有什么样的方式鼓励孩子？

一、艺术领域要求

《3～6岁儿童学习与发展指南》中指出艺术领域包含了两大方面，如图6-8所示。

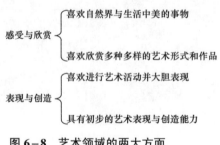

图6-8 艺术领域的两大方面

二、艺术领域游戏活动分类

按照游戏内容可将艺术领域游戏分为音乐游戏和美术游戏两大类。

1. 音乐游戏

音乐游戏有唱歌游戏、节奏游戏、舞蹈游戏（见图6-9）。

图6-9

2. 美术游戏

美术游戏有涂鸦游戏（见图6-10）、绘画游戏、手工游戏（见图6-11）。

图6-10

图6-11

三、艺术领域游戏活动设计

艺术领域的幼儿游戏设计的步骤，一般从感知与体验、探索与发现、创作与表现、欣赏与评议几方面来进行。学习者应该能独立设计游戏方案，使教学活动设计更具针对性和实用性。

游戏设计范例

小班音乐游戏：小兔乖乖

【游戏活动目标】

1. 感受两段不同风格的音乐。
2. 尝试运用乐器来表现和表达对音乐的感受。

3. 体验自由表现的愉悦感,增强参与活动的自信心。

【游戏活动准备】

经验准备:幼儿已经熟悉歌曲《小兔乖乖》,熟悉故事《小兔乖乖》。

教具准备:课件,大灰狼、小兔和兔妈妈的头饰,小兔的家、大树、打击乐器。

【游戏活动过程】

1. 播放课件。

师:"请小朋友看看这是谁和谁?(课件一:兔妈妈和小兔)它们在干什么?"(课件二:一起做游戏)"小兔和妈妈在一起的时候感觉怎么样?"(开心、快乐,很幸福。)

师:"看看这是谁?"(课件三:趴在大树后的大灰狼。)

师:"小兔能给大灰狼开门吗?"

师小结:"对,妈妈不在家的时候,谁来也不开。"

师:"看,谁回来了?"(课件四:兔妈妈拎着篮子回来了。)

2. 引导幼儿演唱歌曲《小兔乖乖》。

师:"兔妈妈给小兔子唱歌了,怎么唱的?"(师带幼儿一起演唱。)"妈妈的声音听起来是什么样的感觉?"(温柔的、好听的、优美的)"小兔听到妈妈的声音,心情怎么样?"(高兴、快乐、喜悦)"小兔会用什么样的声音来唱歌?"(师带幼儿一起演唱。)"大灰狼唱歌时的声音是什么样的?"(粗粗的、沙哑的、很难听)(带幼儿一起学学大灰狼演唱。)"小兔听到是大灰狼,心情会怎么样?"(难受、不高兴、讨厌。)

"小兔会用什么样的声音演唱?"师带幼儿演唱。

3. 请幼儿辨别兔妈妈回来的音乐和大灰狼来的音乐。

曲一:"大灰狼"来时的音乐。

曲二:"兔妈妈"回家时的音乐。

师:"请你们来听听这是兔妈妈回来了还是大灰狼来了?"

师:"兔妈妈回来了,兔妈妈怎唱……;大灰狼来了,怎唱……"

4. 幼儿带头饰分角色来进行演唱。

教师将小兔、兔妈妈、大灰狼的头饰散放在活动室四周,便于幼儿随意取戴。

教师布置好情景:小兔的家,大树,请幼儿自由来扮演小兔、兔妈妈和大灰狼,并戴上头饰,找到相应的位置,听音乐进行游戏活动。

师:弹奏背景音乐,请幼儿仔细听,是谁出场的音乐,谁就出来唱歌。

(在幼儿熟悉游戏过程之后,引导幼儿加上一些简单的动作进行表演。)

(幼儿自由找其他的伙伴来交换头饰互换角色表演。)

5. 引导幼儿进行配乐

(1)准备摇铃和圆舞板、手鼓,幼儿听辨。

师:"老师给小朋友准备了能发出声音的小乐器,请小朋友去找一找,玩一玩。"(将摇铃、圆舞板和手鼓散放在四周,幼儿自由拿取。)

教师出示乐器的标记,幼儿认记。

教师引导幼儿找乐器标记来站队。

(2)引导幼儿用乐器来表现小兔、兔妈妈和大灰狼。

师:"小朋友说说小兔会喜欢哪种乐器?小兔妈妈会喜欢哪种乐器?大灰狼呢?"按照

幼儿的意见组织幼儿练习并为角色伴奏。

6. 幼儿进行分组角色扮演，师指挥。

一组：大灰狼（师弹背景音乐，大灰狼出场。大灰狼边敲打乐器边唱歌。）

二组：兔妈妈（师弹背景音乐，兔妈妈出场。兔妈妈边敲打乐器边唱歌。）

三组：小兔边敲打乐器边唱歌。

幼儿活动一次后，引导幼儿自己去找同伴互换乐器继续进行伴奏活动。

【活动结束】听音乐，送乐器。

听到小兔妈妈的音乐，扮演兔妈妈的幼儿送乐器；听到大灰狼的音乐，扮演大灰狼的幼儿送乐器；最后扮演小兔的幼儿来送乐器。

结束活动。

资料来源：中国幼儿教师网 http://www.yejs.com/

中班舞蹈游戏：三只小熊

【游戏活动目标】

（1）感受音乐，激发幼儿对舞蹈的兴趣，培养幼儿活泼、开朗的性格。

（2）引导幼儿按舞蹈的节拍做动作，培养幼儿的节奏感。

（3）进一步巩固侧垫步步伐，新教脚尖前后点地动作。

【游戏活动准备】

多媒体课件。

【游戏活动过程】

1. 老师出示课件，引起幼儿兴趣。

（1）师："小朋友们，今天小熊一家请我们到他们家做客，你们想不想去呀？"（播放《郊游》背景音乐，带着小朋友走着欢快的垫步步伐手拉手侧步进场）

（2）师："噢！小朋友，你们看这是到哪儿啦？噢！这是大森林，小熊的家就住在大森林里，你们看，这儿有什么？噢！有房子，看样子这是谁的家呀？你们猜一猜，我们一起来看看这究竟是谁的家？（出现"小熊的家"字样）噢！原来真是小熊的家，那你再猜一猜，小熊的家里会有谁呢？"

幼儿自由发言。

（3）教师依次出示小熊图片，让幼儿认识小熊一家人，并用动作模仿出来。

1）老师边看课件边提问："这是谁呀？熊爸爸是什么样子的呢？"

2）师："哪位小朋友用动作来做给我们大家看一看呢？"

3）师："这又是谁呢？熊妈妈长什么样子啊？"

4）师："把熊妈妈的样子用动作表现出来，谁来？"

5）师："最后一位是谁？熊宝宝真可爱，谁来做一做熊宝宝可爱的样子呢？"

6）师："真棒！我们一起来模仿这些动作好不好？"

教师小结："小朋友们编的动作可真漂亮！原来小熊一家有三口人，小朋友跟我一起说说有谁呀，有熊爸爸、熊妈妈还有小熊。"

2. 幼儿欣赏音乐、理解音乐。

（1）师："小熊一家见到我们小朋友，可高兴了，还给我们准备了一首好听的音乐，你们想不想听?"

（2）幼儿欣赏音乐

老师提问："有没有小朋友听懂里面唱了什么呀？这是一首韩国歌曲，它讲了三只小熊住在一间房子里，有熊爸爸、熊妈妈和小熊，熊爸爸胖胖的，熊妈妈很苗条，小熊很可爱，小熊一天一天在长大。"

师："噢！原来这么好听的音乐里，还有一个好听的故事，我们小朋友一边讲故事一边再听一遍音乐好不好？"

师："哎呀！这个音乐可真好听，小朋友们听了这个音乐，你们想干什么呢？"（跳舞）

（3）幼儿听音乐随意舞蹈，老师说中文歌词。

（4）老师小结："小朋友们刚才跳得真棒！老师听了这么好听的音乐也想跳舞，你们想看我跳舞吗？"（引出舞蹈《三只小熊》）

3. 幼儿欣赏并模仿舞蹈动作。

（1）播放音乐，教师跳舞，幼儿欣赏；提醒幼儿要仔细看，看看自己觉得老师的哪些动作做得好。

（2）幼儿欣赏后，教师提问。

师："刚才老师跳的舞中你觉得哪些动作做得好呀？展示给我们看一下。"（请几名幼儿模仿）

教师小结："刚才几位小朋友跳得真好，那你们是不是都觉得老师跳的舞蹈不错呀？想不想学一学？"

4. 引导幼儿学习舞蹈。

（1）老师边说歌词边分解动作，幼儿一齐练习动作。

（2）重点指导幼儿练习脚尖前后点地的动作。

（3）全体幼儿随音乐完整地表演舞蹈。

（4）预设情境让幼儿分组表演舞蹈。

5. 幼儿随音乐出教室。

师："刚才小熊一家欣赏了我们跳的舞，夸我们都是能干、聪明的好孩子，小朋友们开心吗？（开心）那我们跟小熊再见，我们回家喽！小熊再见！"（随《郊游》音乐出教室）

资料来源：妈咪爱婴网 http://www.baby611.com/

大班绘画活动：秋天的树

【游戏活动目标】

（1）感知秋天艳丽的色彩和果园丰收的景象。

（2）探索学习用多种方法表现树冠，尝试用红黄和黄绿色系表现秋天的树的色彩。

（3）学会与同伴合作画画，感知集体作画的乐趣。

【游戏活动准备】

（1）与秋天景色相关的图片。

（2）油画棒每组若干盒。

（3）每组一张大的长方形白纸。

【游戏活动过程】

（1）音乐活动：小树叶。

教师带领幼儿有表情地随着音乐演唱歌曲《小树叶》，感知秋天的氛围。

（2）欣赏《秋天的树》，感知秋天的色彩。

1）引导幼儿观察用实物展示仪放大的示范图或阅读幼儿用书《秋天的树》的画面。

2）师："你知道这是什么季节吗？你是怎么看出来的？"

3）师："画面上有什么？树是什么颜色的？"

（3）重点引导幼儿观察感知树木的形象和结构。

1）师："树是什么样子的？它由哪几部分组成？你看到的树冠是什么样子的？"

2）教师在黑板上画出树干，请个别幼儿上来画出不同的树冠。（圆圆的、高高的、三角状、花瓣形的、多个三角形状的）

3）启发幼儿想一想：还可以怎样画树冠？

（4）探索用红黄色系和黄绿色系表现秋天的色彩。

1）师："你看见的秋天的树是什么颜色？"

2）教师在黑板上用黄、橙、红三种颜色给大树涂色。

涂色方法：先用笔画出一个涂色的区域，然后，一笔接一笔来回涂色，帮助幼儿把握均匀涂色的要领。

（5）引导幼儿以小组为单位，商量在纸上画出大地和树。

（6）作品展示：活动前收集各种关于秋天的树的图片资料，让幼儿观察并感知，在此基础上，学习描绘秋天的树。

【游戏活动总结】

教师总结幼儿今天的表现，表扬和鼓励在活动中表现积极的幼儿，让幼儿在绘画的同时，感受美术活动的快乐。同时，教师要照顾那些在活动中比较安静的幼儿，使他们也能在活动结束的时候获得快乐，培养他们对美术活动的兴趣。

【游戏活动反思】

此次绘画活动幼儿都很认真，因有以前的各种关于秋天的活动，幼儿对秋天已有了较深的印象，所以画的树的形象都比较好，用的颜色也比较逼真。

【游戏活动延伸】

教师把幼儿的作品收集好，选一些比较好的作品，在幼儿园门口进行展示，让幼儿感受成功感。

资料来源：寿光市台头镇东庄幼儿园王晓老师组织的艺术领域游戏

四、艺术领域游戏活动组织

1. 感知与体验

这是老师引导幼儿感受、欣赏自然和社会生活中美的事物和艺术作品，获得内在体验，吸收和拓展相关经验，积累素材的过程。在这一环节中，老师要重点指导幼儿仔细观察，使他们对即将表现出来的事物有更深的体会和更多的经验。

2. 探索与发现环节

这一环节一般应以幼儿自主探究基础上的自我发现为主，教师可以给予一定的提示，最后做必要的总结、提升和推动。在音乐活动的组织上，适宜给幼儿一定的示范、讲解或演示；在美术活动的组织上，应先给幼儿一个自主探究的时间和空间，以保护幼儿探索与发现的积极性。

3. 创作与表现环节

幼儿创作和表现的内容可以是生活中的事物、经验或情景，也可以是自己想象和幻想的显现，可以是情绪的表达，也可以是改编或创编的故事。在这一环节中，教师应为幼儿创设一个宽松、自由的创作氛围，鼓励幼儿大胆想象和采用不同的表现方式，在积极的情绪状态中运用自己喜欢的方式进行个性化表达。

4. 欣赏与评议环节

这是教师引导幼儿对自己的艺术表现开展欣赏和评价的过程。教师应为幼儿创设展示艺术的条件，引导幼儿大胆表达自己的想法，相互交流、欣赏，共同提高。在这一环节中，教师可采取多种方式相结合，培养幼儿初步的反思能力。同伴分享可以让幼儿学会关注别人、尊重别人、欣赏别人。教师引导时，应关注幼儿在经验、能力、兴趣等方面的个体差异，以鼓励幼儿的独特性和发现幼儿的进步为主。

在实际的艺术教育活动中，以上四个环节有时环环相扣，有时互相交叉、渗透，这四个环节只是一个完整的艺术教育的比较典型的组织实施过程，在具体的应用中，可根据具体的活动内容和本班幼儿已有的基础和特点进行灵活多样的活动组织实施。

游戏活动演练

游戏1：节奏练习

游戏目的：训练学生的节奏感。

游戏玩法：运用节奏动作示意来表演儿歌。○：拍手；□：跺脚；～：拍腿；▼：打响指

小 ○	白 □	兔 ～	，	白 ▼	又 ▼	白 ○
两 ～	只 ～	耳 ○	朵 ～	竖 ▼	起 ▼	来 □
爱 ○	吃 □	萝 ～	卜 ～	和 ▼	青 ▼	菜 ○
蹦 ～	蹦 ～	跳 ○	跳 □	真 ▼	可 ▼	爱 □

儿歌：小白兔，白又白，两只耳朵竖起来，爱吃萝卜和青菜，蹦蹦跳跳真可爱。

游戏2：画五官

游戏目的：训练幼儿的观察力。

游戏准备：黑板一块，上面画有娃娃头两个；粉笔；眼罩两个。

游戏玩法：幼儿戴上眼罩，由教师引领到黑板前，在黑板上的娃娃头中填画娃娃的五官。画得好的幼儿被嘉奖小贴画一枚或在其手臂上盖一个小印章。

游戏规则：幼儿要将眼睛蒙好不能偷看，教师只能用语言指挥。

知识与技能检测

1. 简答题

（1）简述艺术领域游戏活动设计与组织的方法。

（2）简述幼儿园音乐游戏的种类。

2. 案例讨论题

家长之间的对话："我们家的孩子上了6个兴趣班，你们家上了几个？""我们家的孩子喜欢画画，我要让他多上几个画画班，将来当画家。""我们家孩子现在开始学英语了，我挣的钱都花在他身上了，可要让他将来有出息，别像我一样。"

以上对话你熟悉吗？小时候你的爸爸、妈妈是不是也有这样的想法与行动？作为一名专业学前教育工作者，请你运用所学知识向这些父母提出教育建议。

3. 实训项目

请从艺术领域游戏中任选一种进行设计并准备游戏材料，在本班进行模拟教学后，根据师评、互评和自评写出教学反思。在将游戏设计和材料准备进一步完善后，在见习幼儿园进行游戏教学实践，回到学校后与同学们分享设计与组织领域游戏的体会。

项目七

其他游戏活动设计与指导

【项目目标】

1. 了解集体娱乐游戏的含义。
2. 认识集体游戏的组织。
3. 掌握集体娱乐游戏的主持技巧。
4. 了解婴幼儿游戏的类型。
5. 掌握婴幼儿游戏的指导要点。

【项目预备知识】

模块一　集体娱乐游戏

集体娱乐游戏特指那些中、大型的游戏或游乐活动。其主要特征是参加游戏的人数较多，并且以娱乐为主要目的，常见于幼儿园或其他教育机构的班集体或集会活动。与儿童自发的多人游戏所不同的是，集体娱乐游戏往往需要调用较多的资源，有一定的组织工作。因此，掌握一定的组织与主持大型游戏的技巧是非常必要的。

一、集体娱乐游戏的组织

1. 明确活动目标

组织开展集体娱乐游戏首先需要明确活动的总目标，即该项活动预定达到的目的是什么？是以活动身体为主，还是以人际交往为主？是为了增进友谊，还是为了活跃气氛等。活动目标确定以后，才可以考虑选择具体的游戏。成功的游戏组织者应该能借助不同的游戏达到预定的目的。例如，在一些集会中，可以利用传花、接话、抢位子等游戏营造轻松热闹的气氛，促进交往与了解。

2. 选与幼儿身心能力相符的游戏

组织幼儿开展集体娱乐游戏，必须对幼儿的身心特点和游戏经验有充分的了解。根据参加者不同的年龄、特点、兴趣、体力等因素选择合适的游戏是制订游戏计划的重要一环。幼儿比较好动、活跃、精力旺盛，十分喜爱集体游戏，但他们的耐性不长，注意力不能维持较长时间。因此，组织幼儿的集体娱乐游戏，宜选择一些规则较简单的游戏，使他们易于投入。同时，幼儿喜欢较长时间反复进行同一娱乐游戏，从中享受游戏带来的欢乐，因此，游戏的更换不能过于频繁。另外，在游戏开始前可以就一些游戏的情节先引入故事，引发幼儿的想象力和创造力，以使他们更好地进入游戏境界。

3. 合理安排游戏时间

一个成功的游戏，特别是集体游戏，一定要有充分的时间，才能达到预期的效果。我们在制订游戏活动计划时，要对讲解、示范和游戏的组织时间以及调动所有游戏者进入游戏状态所需要的时间有充分的估计，既要合理地安排游戏的时间，还要注意在同时间内不要安排太多的游戏。

4. 选择合适的场地

在制订游戏活动计划时应根据游戏的特点和场地的性质来安排游戏场地。有些游戏要在安静的地方进行，才能获得预期的效果。如在"下大雨"游戏中用掌声和脚步声制造出下雨的情景、用弹手指的声音表示大雨停止时的滴水声。若是在嘈杂的环境中进行这个游戏，效果就很难达到了。此外，当幼儿投入游戏的欢乐气氛中时，会发出叫喊声，而影响周围其他人的活动。因此在制订游戏活动计划时，要事先估计这些游戏是否会对他人造成影响。

一般而言，奔跑和跳跃的游戏，适宜在室外草地、篮球场以及足球场等空旷的场地上进行，可以充分利用场地上原有的各种界线、如边线、圆圈等。在草地上如需画可用绳子围成一个合适的界线。室内游戏场不受气候和光线的影响，只要不对幼儿的游戏活动进行限制，对于很多游戏活动都是理想的场地。

5. 准备所需器具

集体娱乐游戏一般着重于幼儿的投入、彼此的沟通和特定的竞赛，但有时也需要用些器具加以配合。集体娱乐游戏所使用的辅助器具一般很普通，有气球、白纸、笔、手绢、胶带等。在游戏前应把它们都准备妥当。适宜的音乐和音响效果对营造游戏气氛会有很大帮助，因此，如果时间、人手充足，条件许可，在制订游戏计划时可设计布置一些和游戏有关的音乐或音响效果，增加游戏的娱乐性。

此外，应向幼儿强调游戏中的竞争只是出于游戏娱乐的需要，而不是突出游戏的胜利者。所以游戏的奖品应少用或不用，即使是使用了奖品，也应说明游戏的成功并不在于奖品的多少，而在于每一位参加者的认真参与以及从中所获得的乐趣。

6. 游戏变通的策划

无论是传统游戏，还是现代游戏，都可以更改、变化和创新。一个玩得乏味的游戏，只要将参加者的人数和规则稍加改变，游戏用具稍为变换，立即就可以成为一个新奇有趣的游戏。例如在传统的"丢手绢"游戏中，将追逐方式加一条规则，即在前面的人奔跑时做出一些动作，在后面追赶的人必须跟着做出同样的动作。这不但能加强游戏欢乐的气氛，也能为参加游戏的幼儿提供一些自我表现的机会。因此，教师要做的，有时倒不是搜寻新游戏，而是提高自己变通游戏的能力。

二、集体娱乐游戏的主持技巧

1. 使用适宜的游戏主持方式

对不同的游戏，主持游戏的方式是不一样的。主持幼儿集体娱乐游戏，主要采用带领式。如果是玩新游戏，游戏前需要较详细地进行讲解、示范和练习。讲解时要用最简单清楚的语言，生动而又形象地解释游戏的方法和规则。介绍完以后，可反问孩子有没有问题，是否都清楚了。对于动作较多的游戏，教师要先把动作教给幼儿。如果是做过的游戏，教师只需用语言将游戏方法和规则稍加提示即可。教师也可采用参加游戏的方式，担任游戏中的某一角色来主持游戏，这样会使幼儿感到更加亲切。

2. 把握游戏主持的节奏感

主持集体娱乐游戏要掌握一定的节奏。一般在开始时宜安排一些规则简单、只需短时间即可完成的小游戏，一是让幼儿的身体适当活动开，二是活跃情绪。然后，再安排那些较激烈和时间较长的游戏，以达到良好的游戏效果。在自由活动时间里主持集体娱乐游戏时，不要勉强所有的幼儿都参加游戏。可以先请几个幼儿玩些熟悉的游戏，在旁观看的幼儿就会渐渐被游戏气氛所吸引，情不自禁地为他们的困难着急，或与他们一同欢笑。这样，当游戏告一段落或变换游戏花样时，就会有更多的幼儿积极参加进来，主持游戏的目的也就自然而然地达到了。

3. 形成适当的游戏主持风格

主持风格是主持人在带领游戏时所表现出的独特方式，包括个性、态度、喜好和价值观等。主持幼儿集体娱乐游戏，教师应表现出亲切、温和、真诚、自然的主持风格，使幼儿充分感受到游戏带领人的可亲可信，感到游戏气氛的轻松愉快。同时，教师也应努力形成自己的风格，如热情生动，富有感染力，或风趣幽默，使人乐于接近。

4. 让幼儿充分活动

主持游戏的最终目的是通过游戏，让幼儿感受到集体游戏的快乐，并发挥游戏对幼儿身心的教育作用。因此，教师在主持游戏时，要注意加强幼儿的参与性和彼此间的交往，促进他们的相互交流与协作，使他们学会友好互助地与人相处。同时，要让幼儿的身体和心智都充分舒展开来，尽情地在欢乐的集体游戏气氛中得到活动。为此，教师既要把握游戏的全局，又要注意照顾那些性格怯懦、畏缩和被动的孩子，鼓励他们投入游戏中去，但也要避免对他们过分注意，以免使他们感到更加害羞和畏缩。

5. 要特别注意安全

安全是集体娱乐游戏是否成功的基本条件。教师要做好每一项安全措施，保障幼儿在安全的环境中尽情游戏。游戏前，教师要检查场地的安全性，在草地上或空地上游戏时，要预先清除杂物，平整场地。进行奔跑、跳跃等活动量大的游戏时，要考虑幼儿的服装和鞋是否适宜，并进行适当处理。有些游戏的动作带有一定的危险性，教师要格外提醒幼儿注意，并加以一定的保护。当参加游戏的幼儿的年龄、身材、力气、技巧等有相当大的距离时，极易出现安全问题。这时，教师要善于改变组合或规则，使参加者的距离接近。当某些幼儿在游戏中过分投入，出现不安全动作时，教师可暂停游戏，提醒幼儿自己尽兴时不能忘记他人的安全，并休息一会儿再继续进行。在竞争比较激烈的比赛项目中，教师也要随时提醒大家不要只顾争取胜利，不顾安全。

知识与技能检测

（1）什么是集体娱乐游戏？
（2）如何主持幼儿的集体娱乐游戏？

模块二　婴幼儿游戏

蒙台梭利说过："人生的头3年胜过以后发展的各个阶段，胜过3岁直到死亡的总和。"这说明婴幼儿阶段对人一生的发展都会产生重要影响。

一、0～3岁是婴幼儿生长发育的黄金时期

众多研究表明，0～3岁是个体生长发育的黄金时期，要幼儿在早期发育和成长的特定阶段会倾向于学习某些特定技能，人们把这一特定时期称为敏感期或者"机会之窗"，人生的头3年，不仅身体机能发育迅速，而且心理发展也十分迅速，是认知、情感、社会性、人格及良好习惯发展的关键时期，因此，成人应把握这"黄金时期"，为幼儿创设一个良好的成长环境。

二、游戏对0～3岁婴幼儿发展有重要意义

游戏是婴幼儿喜爱的活动，它可以促进身体的生长发育和认知、情绪、情感及社会性的发展。首先，游戏活动可以给婴幼儿提供大量的刺激，促使其身体器官的生长发育；其次，游戏中婴幼儿积极情绪的体验和消极情绪的转移与宣泄有助于其心理健康发展；最后，游戏中的交往与互动，使幼儿的自我意识、交往技能等得到发展，有助于其社会化的完成。因此，游戏对0～3岁婴幼儿的全面发展具有极重要的意义。

三、婴儿的发展与游戏引导

0～4个月的婴儿处于睡眠时期。当婴儿睡醒的时候，妈妈要用微笑和丰富的表情看着婴儿，多和婴儿说话，多接触婴儿的皮肤，多搂抱和抚摸婴儿，让婴儿充分感受母爱。这一时期，主要选择一些适合视觉和听觉能力发展的玩具，如红气球或其他色彩鲜艳的玩具以及

铃铛、拨浪鼓等带响的玩具。要用各种手段加强婴儿的感觉训练，让婴儿多听、多看、多活动。

5～8个月的婴儿进入会坐时期。对这一时期的婴儿来说，触摸和看、听一样重要。触觉游戏：要多让他触摸不同质感的东西，辨别物体轻重、形状、察觉物体温度变化，多让他玩一些能够拿在手里摇动、敲打的玩具如小鼓、小容器、积木等，尽量利用婴儿的手指头来玩游戏。视觉游戏：分辨明暗、分辨黑白、分辨颜色、识别轮廓。听觉游戏：寻找声源、辨音游戏。

9～10个月的婴儿处在爬行时期。这一时期的婴儿愈来愈好动，很难停下来。他对任何事物都感兴趣，游戏的范围明显扩大。主要以感知觉游戏为主，可多进行大运动游戏，如：俯卧游戏、仰躺游戏、翻身游戏、爬行游戏、站的游戏。跟他玩时，他会表现出高兴或想继续玩的神情，这段时期母子间的游戏也将更加有趣。妈妈应给婴儿安排一个可以自由自在游戏的空间，尽量别对他说"不"。此外，还要通过适当摇摆身体的游戏，来训练婴儿的平衡感。

11个月左右的婴儿进入站立时期。这段时期要多跟他玩活动游戏，让婴儿两脚有足够的力量来支撑身体，培养步行所需要的体力。这时期的婴儿不管摸到什么东西都要往嘴里塞，特别喜欢撕纸、把手伸到小洞里、从高处丢东西、把柔软的东西捏碎、把收拾好的东西弄乱，等等。这些行为都与婴儿的发展息息相关，妈妈要采取柔和宽容的态度，积极引导婴儿游戏，千万不要厌烦。

1岁左右的幼儿进入学步期。能独立行走，对幼儿心理及其他能力的发展有很大的意义。这时的幼儿更适合大运动类游戏，如：站的游戏、独自走的游戏、倒退走的游戏、钻爬游戏等。这期间应尽量让幼儿活动身体，尽力引起幼儿对走路的兴趣，带他多出去走走，拓展他的游戏空间，促进他身心的健康成长。在家里玩游戏的时候，要让幼儿的活动范围尽可能地大一些，注意活动范围不要有危险因素，最好在地板或地毯上活动。活动时间安排在幼儿想游戏的时候进行，无须限时，可以让幼儿尽兴玩耍。

1～2岁这段时期，还要注意加强训练幼儿手指的精细动作。如抓握游戏、抓捏游戏、花花游戏、敲打游戏等。这一时期的幼儿还有一个特点，就是喜欢不厌其烦地重复他感兴趣的事。对此，大人千万不能表现出不耐烦，因为幼儿的行为正好符合"反复学习"的原理。适时地给予协助和指导，对于引发幼儿的潜能是很重要的。

1～2岁也是节奏感的形成时期。为了培养幼儿的音乐节奏感，可以多和幼儿做有音乐节奏的游戏。拍拍手、跺跺脚、玩玩小木鱼、小铃铛、小拨浪鼓、拉锯、送锯、你来、我去等，让幼儿在游戏中增强对音乐节奏感的认识。

适合于1～2岁幼儿的玩具主要有：训练手眼协调的玩具，如套碗、套塔、套环等；发展语言和认知能力的玩具，如画有简单形象的图片等；发展手的动作和思维、想象力的玩具，如积木、塑料拼图等可拼拆的玩具；认识物体及其性质、用途的玩具，如小盆、小桶、小铲、小瓶子等玩具；有利于幼儿模仿日常生活的玩具，如小餐具、小被单、小枕头、梳子、洋娃娃等；自己娱乐的玩具，如各种能玩的打击乐器——小木琴、小扬琴等，各种有发条、电动、声控的玩具等。同时爸爸妈妈要注意的是，玩具并不是越多越好，2岁孩子的玩具在20种左右即可。

四、婴幼儿游戏的类型

1. 感觉——探索游戏

婴儿最早的感觉游戏是听觉游戏和触觉游戏。听觉游戏从母亲亲切的呼唤开始。当婴儿能发出声音时，母亲要注意通过模仿重复婴儿的声音，与婴儿形成呼应，让婴儿"以发声为乐"，"以发声后有母亲的回应为乐"。

触觉游戏是全身性的，但以敏感区为主，如脸部、手心、脚心等处。每天一次的洗澡是最好的全身接触游戏，条件适宜下的日光浴也是大面积触觉游戏的好时机，母亲要尽可能轻柔地触摸婴儿的每一寸肌肤。喂奶和醒着的时候，母亲可以反复轻柔触摸婴儿的脸部和手心。同时仔细观察孩子的反应，让婴儿从肌肤的接触中体验到快乐。

视觉游戏应该从鲜艳的基本色玩具开始，逐步过渡到组合色。给婴儿看的物体要由静到动，由近及远，由简单到复杂，循序渐进。

2. 活动游戏

活动游戏侧重于培养婴儿各种基本的动作技能，促进婴儿手眼协调能力的发展，增强婴儿体质，帮助婴儿形成活泼开朗的性格。活动游戏主要是通过基本动作和机体运动表现出来的，如抬头、翻身、抓握、蹬腿、坐、爬、站、走、攀登等运动。婴儿活动游戏首先从大肌肉、骨骼活动开始，逐渐加入小肌肉动作游戏。

真正的活动游戏是从婴儿会爬以后开始的。成人此时要注意：第一，正确引导，如诱导婴儿向前爬；第二，逐步加大活动量；第三，婴儿活动能力达到一定程度时，要注意安全，防止婴儿从床上跌落；活动区内不能放置容易伤害婴儿的物品。站立和行走是婴儿继爬行之后很重要的动作练习和活动游戏，其中身体动作如蹬伸、屈伸腿臂、弯腰、转体等都可以得到进一步的发展。

3. 模拟游戏

模拟游戏是学步期幼儿开始的新游戏。最初的模拟游戏一般是以幼儿的生活内容为主，而且模拟动作都与自己有关，如用玩具梳子假装梳头，用玩具勺子假装吃饭。但此时幼儿还不能将自己意识成某一个角色，仅仅是模拟着别人的动作，模拟游戏尚处于低级阶段、只有幼儿能意识到自己在扮演角色的时候，模拟游戏才进入高级阶段——角色游戏阶段。

4. 接受游戏

接受游戏是以接收信息为乐的游戏。这些信息一般是由成人通过声音、语言、生动形象的动作以及玩具主动给予的、以期引起婴幼儿安逸、快乐的情绪。从信息是被给予的这个意义上讲，婴幼儿是游戏、信息的接受者，故称接受游戏。接受游戏包括收听收录机，看画册、电视、电影、戏剧及各种联欢会，去公园、动物园、少年宫、科技馆等场所游玩。接受游戏审美的、娱乐的、益智的效果主要依赖于儿童的心理活动完成。显然，接受游戏虽然从婴儿期开始，但大量的游戏是在以后长时期内进行的。

对婴幼儿来说，接受游戏在信息选择上一般是由成人包办代替的。这就要求成人花时间预先做好选择工作。以画册为例，给婴幼儿选择的画册都要色彩鲜艳，形象生动有趣，这样才能吸引婴幼儿，使他们感到有趣。特别重要的是，画册的内容必须是婴幼儿在生活环境中常见的和熟悉的事物。使用画册的同时，最好与其他游戏相结合，如扮演画册中的动物，表演画册内容等。

五、婴幼儿游戏的指导要点

1. 要侧重游戏的活动性

婴幼儿主要处于感知运动的认知水平，并满足于感官运动和机体活动的生理性快乐，游戏应具有较突出的嬉戏性，多以四肢动作、身体的运动、愉快的表情以及出声的语言等形式为主，具有较少的深度认知性成分。

2. 游戏时间不宜太长

婴幼儿以无意注意为主，有意注意发展很不完善，注意力不易集中，易受无关刺激的干扰，而且身体也容易疲劳，游戏的目的性和坚持性较差，所以开展游戏活动一般以不超过15分钟为宜，而且要注意动静交替，灵活转变，以使婴幼儿身体的不同部位和器官得到轮流休息和放松。

3. 要确保安全

幼儿的自理能力和独立性较差，还有待于长时间的发展和完善，因此游戏时成人要始终守在他们身边，以确保安全。投放的玩具要大小适中、手感好、不易损坏、安全、卫生、可靠等。

4. 以个别指导为主

越是年龄小的婴幼儿越需要成人多方面的指导和多方面的关注，因此，1岁以内的婴儿采取个别指导；1~2岁的幼儿仍应以个别指导为主，可短时间分组进行集体活动。

知识与技能检测

0~2岁婴幼儿的游戏类型有哪些？指导要点是什么？

参考文献

[1] 曹中平. 儿童游戏论——文化学、心理学和教育学三维视野 [M]. 银川：宁夏人民出版社，1999.

[2] 杨枫. 学前儿童游戏 [M]. 北京：高等教育出版社，2006.

[3] 姜晓燕. 学前儿童游戏教程 [M]. 北京：教育科学出版社，2012.

[4] 文姬. 婴儿早期教育指导课程 [M]. 北京：北京师范大学出版社，2012.

[5] 杨燕起. 史记全译 [M]. 贵阳：贵州人民出版社，2001.

[6] 吕逸. 中国古代儿童游戏研究 [D]. 西安：陕西师范大学，2006.

[7] 李姗泽. 学前儿童游戏 [M]. 桂林：广西师范大学出版社，2012.

[8] 车文博. 弗洛伊德主义论评 [M]. 长春：吉林教育出版社，1992.

[9] 秦丽. 幼儿园游戏本质的再认识——从皮亚杰活动理论谈游戏活动的指导 [J]. 太原教育学院学报，2005，23（2）.

[10] 刘焱. 儿童游戏的当代理论与研究 [M]. 成都：四川教育出版社，1988.

[11] 华爱华. 幼儿游戏理论 [M]. 上海：上海教育出版社，1998.

[12] 王小英. 儿童游戏意义的多维视角解析 [J]. 长春：吉林大学，2003.

[13] 许政涛. 幼儿园游戏与玩具 [M]. 北京：北京师范大学出版社，2001.

[14] 汪荃. 幼儿园游戏课程模式 [M]. 北京：中国妇女出版社，2003.

[15] 邱学青. 学前儿童游戏 [M]. 苏州：江苏教育出版社，2005.

[16] 冯林林. 幼儿园游戏课程的构建 [J]. 学前教育研究，2010（3）：70-72.

[17] 徐翠花. 利用表演游戏培养幼儿的合作能力 [J]. 早期教育：教科研版，2011（11）：40-41.

[18] 何世红. 置于幼儿园课程视野中的川西民间游戏 [J]. 教育科学论坛，2006（3）：69-70.

[19] 赵丽琼，李方玉. 幼儿园体育活动设计与指导 [M]. 成都：西南财经大学出版社，2013.

[20] 姜晓燕. 学前儿童游戏教程 [M]. 北京：教育科学出版社，2012.

[21] 翟理红. 学前儿童游戏教程 [M]. 上海：复旦大学出版社，2013.

[22] 管旅华. 3~6岁儿童学习与发展指导——案例式解读 [M]. 武汉：华东师范大学出版社，2013.

[23] 张燕，郝杰兰，姜维静. 幼儿园游戏指导 [M]. 北京：北京师范大学出版社，1996.

[24] 董旭花. 幼儿园游戏 [M]. 北京：科学出版社，2009.

[25] 姜晓燕. 学前儿童语言教育 [M]. 北京：高等教育出版社，2011.

[26] 高庆春. 学前儿童健康教育 [M]. 北京：高等教育出版社，2011.

[27] 郦燕君. 学前儿童科学教育 [M]. 北京：高等教育出版社，2011.

[28] 徐则民，洪晓琴. 走进游戏 走近幼儿 [M]. 上海：上海教育出版社，2010.

[29] 郑艺. 运动 快乐 健康——幼儿快乐运动教学探究 [M]. 上海：上海教育出版社，2010.